# Weimar im Widerstreit

Schriftenreihe der
Stiftung Reichspräsident-
Friedrich-Ebert-
Gedenkstätte

Band 10

R. Oldenbourg Verlag München 2002

# Weimar im Widerstreit

Deutungen der ersten deutschen Republik im geteilten Deutschland

Herausgegeben
von Heinrich August Winkler

R. Oldenbourg Verlag München 2002

Redaktion des Bandes: Bernd Braun

Die Deutsche Bibliothek – CIP-Einheitsaufnahme

Weimar im Widerstreit : Deutungen der ersten deutschen Republik im geteilten
Deutschland / hrsg. von Heinrich August Winkler. - München : Oldenbourg, 2002
  (Schriftenreihe der Stiftung Reichspräsident-Friedrich-Ebert-Gedenkstätte ; Bd. 10)
ISBN 3-486-56653-9

© 2002 Oldenbourg Wissenschaftsverlag GmbH, München
Rosenheimer Straße 145, D-81671 München
Internet: http://www.oldenbourg.de

Das Werk einschließlich aller Abbildungen ist urheberrechtlich geschützt. Jede Verwertung
außerhalb der Grenzen des Urheberrechtsgesetzes ist ohne Zustimmung des Verlages unzulässig und strafbar. Das gilt insbesondere für Vervielfältigungen, Übersetzungen, Mikro-
verfilmungen und die Einspeicherung und die Bearbeitung in elektronischen Systemen.

Umschlaggestaltung: Dieter Vollendorf
Gedruckt auf säurefreiem, alterungsbeständigem Papier (chlorfrei gebleicht).
Gesamtherstellung: R. Oldenbourg Graphische Betriebe Druckerei GmbH, München

ISBN 3-486-56653-9

# Inhalt

Geleitwort von Henning Scherf ........................... 7

Vorwort von Heinrich August Winkler .................... 9

Erster Teil:

„Klassenkompromiß" oder „verratene Revolution"?
Die Grundlagen der ersten deutschen Republik im Widerstreit
der Meinungen

*Klaus Schönhoven*
Die Entstehung der Weimarer Republik aus dem Krieg:
Vorbelastungen und Neuanfang ......................... 13

*Heinrich August Winkler*
Ein umstrittener Wendepunkt: Die Revolution von 1918/19
im Urteil der westdeutschen Geschichtswissenschaft .......... 33

*Jürgen John*
Das Bild der Novemberrevolution 1918 in Geschichtspolitik
und Geschichtswissenschaft der DDR .................... 43

Zweiter Teil:

Verteidigung der Verfassung oder Vorbereitung der Revolution?
Die gespaltene Arbeiterbewegung und das Scheitern der
Weimarer Republik

*Eberhard Kolb*
Rettung der Republik: Die Politik der SPD in den Jahren 1930
bis 1933 .............................................. 85

*Andreas Wirsching*
„Hauptfeind Sozialdemokratie" oder „Antifaschistische Aktion"?
Die Politik von KPD und Komintern in der Endphase der
Weimarer Republik ................................... 105

*Werner Bramke*
Kommentar zu den Beiträgen von Eberhard Kolb und Andreas
Wirsching............................................ 131

*Hermann Weber*
Kommentar zu den Beiträgen von Eberhard Kolb und Andreas
Wirsching............................................ 141

Dritter Teil:

Lehren aus Weimar:
Die Folgerungen der Bundesrepublik Deutschland und die Sicht
der DDR

*Dieter Grimm*
Mißglückt oder glücklos? Die Weimarer Reichsverfassung im
Widerstreit der Meinungen .............................. 151

*Martin Sabrow*
Kampfplatz Weimar. DDR-Geschichtsschreibung im Konflikt
von Erfahrung, Politik und Wissenschaft .................. 163


Anhang

Verzeichnis der Autoren ................................ 185
Abkürzungen ......................................... 189
Personenregister ...................................... 191

# Geleitwort

„Gespaltenes Geschichtsbild in Deutschland – Der Streit um den historischen Ort der Weimarer Republik in Ost und West seit 1945", so lautete der Titel des spannenden Symposiums, das die in Heidelberg beheimatete Stiftung Reichspräsident-Friedrich-Ebert-Gedenkstätte anläßlich des 75. Todestages ihres Namensgebers am 24. und 25. Februar des Jahres 2000 in Leipzig durchführte. Spannend war diese Tagung aus mehreren Gründen. Da war zum einen der Ort der Veranstaltung, die „Heldenstadt" Leipzig, die Stadt der Montagsdemonstrationen, die eine zentrale Bedeutung auf dem Weg zur deutschen Einheit darstellten. Und zum Ort gehört die Örtlichkeit: das Zeitgeschichtliche Forum, ein Neubau, ein neues Haus für eine neue Geschichtsbetrachtung, das sich harmonisch in seine Umgebung einfügt, gleichsam ein Symbol für die Tagung. Denn Geschichte und Geschichtsschreibung leben von Kontinuität und Wandel, auch die vom Selbstanspruch her von rein objektiven Gesichtspunkten geleitete Historiographie ist durch Brüche gekennzeichnet. Historische Beurteilungen folgen nicht selten dem politischen Zeitgeist, in Diktaturen müssen sie sich dem Deutungsmonopol des Staates völlig unterordnen.

Deshalb war auch das Thema dieser Tagung spannend. Denn noch nie konnten Historiker in Deutschland so ideologiefrei und so freimütig über die Weimarer Republik diskutieren wie heute, ein Jahrzehnt nach der deutschen Einheit. Das Ziel konnte, das Ziel sollte es gar nicht sein, zu einem einheitlichen Geschichtsbild über diese Epoche zu gelangen, denn dies würde letztlich zu einer ahistorischen Betrachtungsweise führen. Ziel sollte es sein, eine Zwischenbilanz zu ziehen, auf Gemeinsamkeiten und Unterschiede hinzuweisen, die das Ergebnis eines freiheitlichen Diskurses und nicht einer von oben verordneten Politschablone darstellen. Dabei haben im Dialog der Historiker unzweifelhaft Annäherungen stattgefunden wie in der Beurteilung der Revolution 1918/19, während etwa die Sichtweisen über das Ende der Republik noch stärker differieren. Darunter die Frage nach den möglichen Erfolgsaussichten eines Aktionsbündnisses von SPD und KPD zur Rettung der Republik.

Ohne die Beiträge der namhaften Historiker aus Ost und West resümieren zu wollen, möchte ich den Punkt herausgreifen, der bei allen Teilnehmern unumstritten war: die Aktualität der Weimarer Republik. Als seither nicht mehr übertroffener Zeitraum kultureller und wissenschaftlicher Höchstleistungen bleiben die Jahre von 1918 bis 1933 von zeitloser Präsenz. Vor allem aber bleibt Weimar als erster Versuch einer gesamtdeutschen parlamentarischen Demokratie immerwährender Maßstab für Erfolg und Scheitern einer demokratischen Staatsordnung. Diejenigen politischen Akteure, die – um nur einige zu nennen – wie Friedrich Ebert, Hugo Preuß, Walther Rathenau, Joseph Wirth, Gustav Stresemann oder Hermann Müller in schwierigster Zeit politische Verantwortung übernahmen, haben Anspruch auf jene Anerkennung, die ihnen zu Lebzeiten zumeist verweigert wurde.

Das Stichwort Anerkennung gibt mir abschließend die Gelegenheit, dieselbe allen zu sagen, die zum Gelingen der Tagung und des nun vorliegenden Tagungsbandes beigetragen haben. Dabei sind zuerst die Mitarbeiterinnen und Mitarbeiter der Stiftung Reichspräsident-Friedrich-Ebert-Gedenkstätte in Heidelberg zu nennen für die geräuschlose Organisation der Tagung, dann der Hausherr des Zeitgeschichtlichen Forums, Herr Dr. Rainer Eckert, für die Gastfreundschaft. Im übertragenen Sinn ist zwei weiteren Gastgebern, die durch ihre Begrüßungsansprachen auch Gastredner der Tagung waren, zu danken: dem Oberbürgermeister von Leipzig, Wolfgang Tiefensee, und dem Ministerpräsidenten des Freistaates Sachsen, Professor Dr. Kurt Biedenkopf. Ich danke allen Referenten der Veranstaltung, allen Mitgliedern des Wissenschaftlichen Beirates der Heidelberger Stiftung, namentlich Prof. Dr. Eberhard Kolb und Prof. Dr. Heinrich August Winkler, der als spiritus rector des Symposiums dankenswerterweise den nun vorliegenden Tagungsband herausgibt. Herrn Dr. Bernd Braun aus Heidelberg danke ich für die redaktionelle Betreuung des Tagungsbandes. „Leipzig hat Geschichte gelebt" – so lautete das Motto des ersten deutschen Historikertages in Leipzig 1894. Der Leser dieses Buches möge diese Einschätzung teilen!

Bremen, im Oktober 2001                                          Henning Scherf

# Vorwort

Das wiedervereinigte Deutschland tut sich im Umgang mit seiner Geschichte noch immer schwer. Es ist ein Land mit einer geteilten Erinnerung und einer gespaltenen Geschichtskultur. Das gilt nicht nur im Hinblick auf die vier Jahrzehnte, in denen die Deutschen in zwei Staaten lebten. Es gilt auch für die Zeit davor. In der Bundesrepublik Deutschland und in der Deutschen Demokratischen Republik haben sich nach 1949 höchst unterschiedliche Bilder von der deutschen Geschichte herausgeformt, und das wirkt bis heute nach.

Die alte Bundesrepublik war ein pluralistisches Gemeinwesen, und entsprechend pluralistisch waren dort auch die Auffassungen von deutscher Geschichte. Es gab einen frei ausgetragenen Meinungsstreit, der dazu führte, daß sich das Verhältnis zur Vergangenheit im Verlauf der Jahrzehnte stark veränderte: Die eher nationalkonservativen Lesarten, die in den fünfziger Jahren, in der Geschichtswissenschaft wie in der öffentlichen Meinung, den Rang der „herrschenden Lehre" gehabt hatten, wurden nach 1960 allmählich durch einen eher traditionskritischen Zugang zur deutschen Geschichte abgelöst. Wandlungen des Geschichtsbildes gab es auch in der DDR. Aber es blieb beim offiziellen, für Wissenschaft und Gesellschaft verbindlichen Geschichtsdeutungsmonopol der SED. Eine Partei, die darauf beharrte, immer recht zu haben, konnte die Geschichte gar nicht zum Gegenstand eines herrschaftsfreien Diskurses machen, ohne sich selbst zur Disposition zu stellen.

Kaum ein Kapitel der deutschen Geschichte war zwischen der Bundesrepublik und der DDR so strittig wie die Weimarer Republik. Im Westen Deutschlands bildete sich nach 1945 eine Art „Elitenkonsens" in der Bewertung der ersten deutschen Demokratie heraus, der seinen Niederschlag im Grundgesetz fand. Eine abwehrbereite, funktionstüchtige, repräsentative Demokratie war die Antwort auf jene Mängel der Weimarer Reichsverfassung von 1919, in denen der Parlamentarische Rat *eine* Ursache des Scheiterns der ersten deutschen Republik sah. Nie wieder sollten Feinde der Demokratie die Möglichkeit erhalten, die Demokratie auf legale Weise zu beseitigen: Das war die *antitotalitäre* Konsequenz aus Weimar, die zu einem konstitutiven Element des westdeutschen „Verfassungspatriotismus" wurde. Bonn wurde auch deswegen nicht Weimar, weil es Weimar gegeben hatte: Die erste deutsche Republik stellte sich im Rückblick als der eindringlichste und kostspieligste Anschauungsunterricht in Sachen parlamentarischer Demokratie dar, den die Geschichte kennt.

Ganz anders die Lesart der SED: Im Untergang der ersten Republik erfüllte sich demnach die Logik der von den Sozialdemokraten verratenen Revolution von 1918/19. Die Sozialdemokratie traf aus dieser Sicht auch die Hauptschuld daran, daß es nicht zur antifaschistischen Einheitsfront kam, die die vom Monopolkapital betriebene Machtübernahme Hitlers hätte verhindern können. Aus Weimar mußten also *antifaschistische* Konsequenzen gezogen werden. Es galt, die kapitalistische Gesellschaftsordnung, aus der der Faschismus hervorgegangen war, durch eine sozialistische zu ersetzen, und diese Aufgabe konnte nur eine geeinte, von einer marxistisch-leninistischen Partei geführte Arbeiterklasse meistern, die sich am Vorbild der Sowjetunion und ihrer Kommunistischen Partei orientierte. Die Weimarer Erfahrungen erforderten also gebieterisch die Errichtung einer Diktatur des Proletariats, die freilich gut daran tat, sich nicht als solche, sondern als Arbeiter- und Bauernmacht zu bezeichnen. Denn schließlich kam es darauf an, dem demokratischen Alleinvertretungsanspruch der kapitalistischen „BRD" wirksam entgegenzutreten.

Die DDR ist 1989/90 untergegangen, ihre ehedem führende Partei aber lebt in der Partei des Demokratischen Sozialismus fort. Die PDS hat sich vom Stalinismus losgesagt, mit dem Leninismus aber bislang nicht konsequent gebrochen. Bei aller Kritik an historischen Fehlentscheidungen von KPD und SED sieht sich die PDS doch in der Tradition des kommunistischen Flügels der marxistischen Arbeiterbewegung. Daß die Sozialdemokraten in der Spätphase der Weimarer Republik als „Sozialfaschisten" diffamiert wurden, gilt als verhängnisvoller Fehler der Kommunistischen Internationale und ihres deutschen Zweiges, der KPD. Doch noch immer wird den Sozialdemokraten vorgeworfen, daß sie 1918/19 keine sozialistische Umwälzung angestrebt, sondern auf einen Klassenkompromiß mit der Bourgeoisie gesetzt haben.

Die parlamentarische Demokratie von Weimar wäre gar nicht zustande gekommen, hätte die Sozialdemokratie 1918/19 nicht die Zusammenarbeit mit der bürgerlichen Mitte gesucht: Das ist im Westen Deutschlands unter den Historikern kaum noch strittig, mag es ansonsten auch nach wie vor unterschiedliche Meinungen über die damalige Politik der SPD geben. Im Osten Deutschlands aber wirkt, über die Anhängerschaft der PDS hinaus, jenes Bild von der Revolution von 1918/19 und der Weimarer Republik nach, das die SED jahrzehntelang gepflegt hat und von dem ihre Erbin bislang nur halbherzig abgerückt ist. Die deutschen Kommunisten gelten als Kämpfer für den Fortschritt, die sich manchmal gründlich geirrt, aber alles in allem doch die historisch richtige Sache vertreten haben. Die Weimarer Sozialdemokraten erscheinen hingegen als irrende Klassenbrüder, die, von opportunistischen Führern verführt, objektiv dem Klassenfeind zugearbeitet und damit wider Willen dem Faschismus den Weg geebnet haben.

Da sich im wiedervereinigten Deutschland an Weimar also noch immer die Geister scheiden, lag es nahe, ebendieses Thema zum Gegenstand einer Tagung mit Historikern aus den alten und den neuen Ländern zu machen. Veranstalter des Leipziger Symposiums war die Stiftung Reichspräsident-Friedrich-Ebert-Gedenkstätte, die damit nicht das erste Mal der Einsicht folgte, daß auch von Trennendem die Rede sein muß, wenn, nach dem berühmten Wort von Willy Brandt, zusammenwachsen soll, was zusammengehört. Dieser Band enthält die überarbeiteten Beiträge der Leipziger Tagung. *Ein* Text, der Aufsatz von Dieter Grimm, konnte auf der Konferenz infolge eines Unfalls des Referenten nicht vorgetragen werden. Um so wichtiger ist es, daß er in diesem Band nachgelesen werden kann.

Die Debatte um den historischen Ort der Weimarer Republik wird weitergehen. Die Autoren dieses Bandes versuchen herauszuarbeiten, was da warum lange Zeit strittig war und zum Teil noch strittig ist. Aber auch *das* ist auf der Leipziger Tagung deutlich geworden: Die Positionen der Historiker aus den alten und den neuen Ländern haben sich einander stark angenähert. Von den populären Geschichtsbildern läßt sich das noch nicht sagen. Die Erfahrung lehrt, daß wissenschaftliche Erkenntnisse Zeit benötigen, um ins allgemeine Bewußtsein überzugehen. Der vorliegende Band könnte immerhin dazu beitragen, daß sich dieser Prozeß beschleunigt.

Berlin, im Mai 2001                         Heinrich August Winkler

## Klaus Schönhoven

# Die Entstehung der Weimarer Republik aus dem Krieg: Vorbelastungen und Neuanfang

Am 7. Juli 1914, neun Tage nach dem Attentat von Sarajewo, notierte Kurt Riezler, der Sekretär des deutschen Reichskanzlers, in sein Tagebuch: Bethmann Hollweg erwarte „von einem Krieg, wie er auch ausgeht, eine Umwälzung alles Bestehenden". Das Bestehende sei „sehr überlebt, ideenlos", alles sei „so sehr alt geworden".[1] Gut vier Jahre später, am 1. Oktober 1918, vertraute Riezler seinem Tagebuch an: „Das ist also die Niederlage. Ich glaube nicht einmal, daß wir den Waffenstillstand bekommen können. Die Niederlage in ihrer schlimmsten Form – wenn nicht ein Wunder geschieht, oder die gegnerische Koalition in Unordnung gerät, werden wir nahezu das Diktat acceptieren müssen. Sklaverei auf 100 Jahre. Der Welttraum zuende auf immer. Das Ende jeder Hybris. Die Zerstreuung der Deutschen über die Welt. Schicksal der Juden".[2] Diese Tagebuchnotiz formulierte Riezler zwei Tage nachdem Generalquartiermeister Ludendorff dem Kaiser klar gemacht hatte, daß das Deutsche Reich so schnell wie möglich ein Waffenstillstands- und Friedensangebot an den amerikanischen Präsidenten Wilson richten müsse, weil es an der Westfront vor dem militärischen Zusammenbruch stehe.

Zwischen den beiden Tagebucheintragungen vom Sommer 1914 und Herbst 1918 lagen die Jahre des Ersten Weltkrieges. Er hatte im Stile eines klassischen europäischen Kabinettkrieges begonnen, war aber spätestens seit der russischen Februarrevolution von 1917 und dem Kriegseintritt der USA zwei Monate später zu einer weichenstellenden Konfrontation von unterschiedlichen Staatsphilosophien und Herrschaftssystemen geworden. In diesem Krieg standen sich nämlich nicht nur

---

[1] Zitiert nach: Kurt Riezler: Tagebücher, Aufsätze, Dokumente. Eingeleitet und hrsg. von Karl Dietrich Erdmann, Göttingen 1972, S. 183.
[2] Ebd., S. 480.

feindliche Heere gegenüber, sondern in ihm rangen demokratische, monarchisch-autoritäre und schließlich auch noch sowjetkommunistische Ordnungsmodelle miteinander um die Vorherrschaft in Europa. Mit dem Ersten Weltkrieg endete das „lange" 19. Jahrhundert und begann das „kurze" 20. Jahrhundert, das als „Zeitalter der Extreme"[3] und als Periode der Konfrontation von Demokratie und Diktatur in die Geschichte eingegangen ist. Auch wenn in Deutschland die Erinnerung an den Ersten Weltkrieg stärker verblaßt ist als die Erinnerung an den Zweiten Weltkrieg, bleibt dessen Bedeutung als Epochenscheide doch unbestritten. In ihm veränderte sich nicht nur die Struktur des internationalen Mächtesystems grundlegend, von ihm gingen auch prägende Erfahrungen aus, die jahrzehntelang in der politischen Kultur der beteiligten Staaten nachwirkten und sich im Verfassungs- und Alltagsleben von Siegern und Besiegten sowohl als Triumph wie auch als Trauma widerspiegelten.

Für die Weimarer Republik gilt dies in besonderem Maße. Einerseits war sie der von vielen Bürgern nicht geliebte Nachfolgestaat des deutschen Kaiserreichs, andererseits war sie die erste Demokratie auf deutschem Boden, die trotz ihrer kurzen Lebensdauer als pluralistische Zivilgesellschaft eine zukunftsweisende Bedeutung besaß. Fragt man nach den Vorbelastungen, die Weimar als Erbe des Kaiserreichs aufgebürdet wurden, und fragt man nach den Zäsuren und Brüchen, die Krieg und Kriegsniederlage mit sich brachten, wird man – je nach Wahl der Perspektive und des Untersuchungsfelds – zu verschiedenen Befunden kommen. Bethmann Hollwegs Prognose vom Juli 1914, ein Krieg werde zu einer „Umwälzung alles Bestehenden" führen, erfüllte sich allerdings ebensowenig wie das apokalyptische Fazit seines Privatsekretärs Riezler vom Oktober 1918, der nach der Kriegsniederlage des Kaiserreichs eine hundertjährige Versklavung der Unterlegenen und den staatlichen Untergang Deutschlands erwartete.

Aus größerer zeitlicher Distanz zu den Ereignissen kann man feststellen, daß der Erste Weltkrieg überall in Europa, aber auch in Asien und Amerika in eine Phase des grundlegenden politischen, ökonomischen und gesellschaftlichen Wandels eingebettet war, die am Ende des 19. Jahrhunderts unter dem Vorzeichen des Hochimperialismus begon-

---

[3] So der deutsche Titel der Überblicksdarstellung von Eric Hobsbawm (München 1995), deren Originalausgabe unter dem Titel Age of Extremes. The Short Twentieth Century 1914–1991, London 1994, erschienen ist.

nen hatte. Während dieser Phase vollzog sich in Deutschland der Durchbruch zur industriellen Massengesellschaft und formten sich gleichzeitig die faszinierenden wie die fatalen Möglichkeiten der modernen Welt in Wissenschaft und Technik aus. In den vier Kriegsjahren zwischen 1914 und 1918 verdichteten sich dann die widersprüchlichen Erfahrungen von Endzeitstimmung und Aufbruchshoffnung, von nationaler Kraftentfaltung und von wachsenden Klassenspannungen, von politischen Reformforderungen und von reaktionärer Selbstbehauptung so dramatisch, daß diese Zeitspanne zu einem Katalysator für die Krisenzeit der klassischen Moderne wurde.[4]

Diese These soll im folgenden aus drei verschiedenen Blickwinkeln näher beleuchtet werden: Aus politikgeschichtlicher Perspektive steht zunächst der Wandel des Verfassungssystems während der Kriegsjahre im Mittelpunkt; dann folgt aus sozialgeschichtlicher Sicht eine Analyse des Legitimitätsverfalls des Obrigkeitsstaates in dieser Zeit; abschließend werden einige mentalitätsgeschichtliche Befunde diskutiert, weil die an der Front und in der Heimat gemachten Kriegserlebnisse und Alltagserfahrungen nach dem Sturz der Monarchie und der revolutionären Republikgründung in den Menschen weiterwirkten und während der Zwischenkriegszeit in ihrer Rückerinnerung immer wieder auflebten.

## 1. Probleme des Verfassungswandels im Ersten Weltkrieg

Der Krieg begann bekanntlich im Zeichen des innenpolitischen Burgfriedens, auf den sich alle politischen und gesellschaftlichen Kräfte des Kaiserreichs im August 1914 verpflichteten. Dieser Konsens war jedoch von Anfang an brüchig, weil die zur nationalen Einheitsfront gebündelten parlamentarischen und außerparlamentarischen Führungsgruppen mit diesem Schulterschluß völlig unterschiedliche Ziele verfolgten. Während man sich in großen Teilen der Sozialdemokratie erhoffte, daß das Bekenntnis zur Vaterlandsverteidigung die Partei aus ihrer Pariastellung in Staat und Gesellschaft herausführen und ihr politische Mitgestaltungsmöglichkeiten in einer parlamentarischen Monarchie eröffnen

---

[4] Vgl. dazu die Einleitung von Detlev J. K. Peukert zu seiner Studie: Die Weimarer Republik. Krisenjahre der klassischen Moderne, Frankfurt/M. 1987; aus lokaler Sicht: Martin H. Geyer: Verkehrte Welt. Revolution, Inflation und Moderne. München 1914–1924, Göttingen 1998.

werde, stand die Frage eines Systemwandels weder für die Angehörigen der adeligen Hofgesellschaft noch für die Akteure in Regierung, Verwaltung und Wirtschaft auf der Tagesordnung. Zwar machte wenige Monate nach Kriegsbeginn das Schlagwort von der innenpolitischen „Neuorientierung" auch in Regierungskreisen die Runde,[5] doch dieser Begriff sollte keine verfassungspolitischen Zugeständnisse an die Arbeiterbewegung signalisieren. Er zielte vielmehr auf die Einbindung von SPD und Gewerkschaften in die Kriegsanstrengungen des Kaiserreichs, also auf eine breitere Festigung der konservativen Machtgrundlagen der preußisch-deutschen Monarchie und nicht auf ihre Veränderung. Aus konservativer Sicht schlug im Krieg ohnehin „die Stunde des Militärs"[6] und bestand für eine Reform der konstitutionellen Monarchie überhaupt kein Anlaß.

Erst nach dem Scheitern des geplanten Blitzkrieges und erst nach der Erstarrung der Fronten in einem blutigen Stellungskrieg verlor die von Bethmann Hollweg praktizierte „Politik der Diagonale"[7] zwischen Rechts und Links an Plausibilität und parlamentarischem Rückhalt. Im Streit um die Kriegführung und die Kriegsziele und unter dem Druck der deutlich schwerer werdenden Kriegslasten schrumpfte der Bewegungsspielraum der Reichsregierung zwischen den verschiedenen gesellschaftlichen Gruppen immer mehr.[8] Ab Herbst 1916 stand die Exekutive

---

[5] So die Feststellung des Staatssekretärs des Innern, Clemens Delbrück, in einer Parteiführerbesprechung am 6. November 1914. Vgl. Erich Matthias unter Mitwirkung von Rudolf Morsey (Bearb.): Der Interfraktionelle Ausschuß, 2 Teile, Düsseldorf 1959, Erster Teil, S. XIII.

[6] Thomas Nipperdey: Deutsche Geschichte 1866–1918, Bd. 2: Machtstaat vor der Demokratie, München 1992, S. 758.

[7] Vgl. dazu Konrad Jarausch: The Enigmatic Chancellor. Bethmann Hollweg and the Hubris of Imperial Germany, New Haven 1973; Gunther Mai: Das Ende des Kaiserreichs. Politik und Kriegsführung im Ersten Weltkrieg, München 1987, S. 31 ff., S. 116 ff.; Volker Ullrich: Die nervöse Großmacht 1871–1918. Aufstieg und Untergang des deutschen Kaiserreichs, Frankfurt/M. 1997, S. 446 ff.

[8] Die politischen Grenzen, zwischen denen Bethmann Hollweg manövrieren mußte, definierte der preußische Innenminister von Loebell im November 1915 folgendermaßen: „Ganz nach rechts kann sich die Regierung nicht legen, weil dann der unbedingt notwendige Versuch einer Eingliederung der Sozialdemokratie in das nationale politische Leben unterbleiben müßte und andere notwendige Reformen undurchführbar blieben. Ebensowenig vermag sich die Regierung ganz nach links zu halten, weil die demokratischen Zugeständnisse ihre Grenze an den staatlichen und verfassungsmäßigen Notwendigkeiten finden müssen." Der Weg der Regierung ende da, „wo die Demokratie den ihren eigentlich anzufangen wünscht: vor den Verfassungsfragen, vor der Vertei-

schließlich im Kreuzfeuer der Kritik. Die sich im Hauptausschuß und im Interfraktionellen Ausschuß des Reichstags formierende Parlamentsmehrheit drängte als politische Repräsentanz des Volkes nun auf eine stärkere Mitsprache,[9] während die unter der Führung von Hindenburg und Ludendorff im Sommer 1916 neu formierte Oberste Heeresleitung sich einer Parlamentarisierung der Militärmonarchie entschlossen entgegenstellte und jeden Versuch des Reichstags abblockte, auf die strategische und politische Kriegführung Einfluß zu nehmen.[10]

In den letzten beiden Kriegsjahren, in denen die Massenstreiks vom April 1917 und vom Januar 1918 den dramatischen Legitimitätsverfall des Kaiserreichs offenbarten und in denen nach dem Kanzlersturz in der Julikrise von 1917 die Nachfolger Bethmann Hollwegs an der Regierungsspitze nur noch ein Schattendasein fristeten, verharrte das Verfassungssystem in einem „eigentümlichen Zwischenzustand zwischen Konstitutionalismus und Parlamentarismus".[11] Die Oberste Heeresleitung hatte bereits bei der Verabschiedung des Hilfsdienstgesetzes im Herbst 1916 gelernt, daß sie ihre prinzipiell antiparlamentarische Orientierung in konkreten politischen Einzelfragen immer wieder korrigieren mußte, weil sonst die gesellschaftliche Basis des Burgfriedens völlig zerstört worden wäre. Die Reichstagsmehrheit konnte ihr Gewicht als Gegenspieler der Militärs jedoch nicht voll zur Geltung bringen und ihr Votum für einen Verständigungsfrieden gegen das nationalistische Establishment nicht durchsetzen. Solange führende Politiker in den Reihen der Reichstagsmehrheit selbst noch auf einen deutschen Sieg hofften und mitten im Krieg den Übergang zu einer parlamentarischen Monarchie nach englischem Vorbild keinesfalls anbahnen wollten, weil dieser Verfassungswandel ohne schwere Konflikte zwischen Krone und Reichstag nicht zu haben war, solange blieb der halbparlamentarische Zwitterzustand des Konstitutionalismus erhalten.

Die geringe Konfliktbereitschaft der parlamentarischen Führungsgruppen gegenüber dem etablierten Machtapparat der preußischen Mili-

---

lung der innenpolitischen Macht zwischen Regierung und Volksvertretung". Zitiert nach Ullrich, Großmacht [wie Anm. 7], S. 450f.

[9] Vgl. dazu die Quellenedition von Reinhard Schiffers/Manfred Koch (Bearb.): Der Hauptausschuß des Deutschen Reichstags 1915–1918, 4 Bde., Düsseldorf 1981, sowie die in Anmerkung 5 genannte Edition von Matthias/Morsey.

[10] Vgl. dazu die Quellenedition Wilhelm Deist (Bearb.): Militär und Politik im Weltkrieg 1914–1918, 2 Teile, Düsseldorf 1980.

[11] Vgl. Nipperdey, Deutsche Geschichte 1866–1918, Bd. 2 [wie Anm. 6], S. 843.

tärmonarchie war zugleich auch ein Beleg für die geringe Belastbarkeit ihrer Zusammenarbeit im Interfraktionellen Ausschuß des Reichstags. Trotz aller parlamentarischer Lern- und Annäherungsprozesse, die vor und während des Ersten Weltkrieges zwischen Liberalismus, politischem Katholizismus und Sozialdemokratie zu beobachten sind, gab es zwischen diesen politischen Richtungen keine prinzipielle Übereinstimmung in der Frage der Verfassungsreform. Die Parteien vertraten nach wie vor unterschiedliche soziale, konfessionelle und regionale Interessen. Ihre programmatischen Gegensätze und ihre sozialmoralisch fundierten Mentalitäten und Milieukulturen wurden während des Krieges zwar durch ihr gemeinsames Bekenntnis zur nationalen Selbstbehauptung überlagert, doch dieser patriotische Schulterschluß begründete kein festgefügtes Reformbündnis. Die immer wieder zwischen den Mittelparteien im Reichstag aufbrechenden Binnendifferenzen über den Weg zum Frieden, die Uneinigkeit der sozialdemokratischen, liberalen und katholischen Abgeordneten über die Frage, wie weit man die Parlamentarisierung der Monarchie gemeinsam vorantreiben sollte, und ihre Unentschlossenheit, die Budgetverweigerung als parlamentarischen Hebel zur Systemveränderung einzusetzen, dokumentieren eindeutig, daß die Reichstagsmehrheit den Durchbruch zur Demokratie aus eigener Kraft weder erzwingen konnte noch wollte.[12]

Während der Kriegsjahre verbesserten sich jedoch die parteipolitischen Voraussetzungen für eine Parlamentarisierung des Kaiserreichs. Mit der institutionalisierten Kooperation der Reichstagsmehrheit im Interfraktionellen Ausschuß rückten die Parteieliten der Mitte näher zusammen, verminderten sich ihre traditionellen Vorbehalte gegen eine gemeinsame Koalitionsbildung, wurde ihre Fragmentierung in miteinander nicht handlungsfähige Fraktionen überbrückt, entstanden persönliche Beziehungen und parlamentarische Arbeitszusammenhänge zwischen den Abgeordneten von Liberalismus, Katholizismus und Sozialdemokratie, die den Krieg überdauerten.

Aber nicht nur die spätere Weimarer Koalition hatte ihre Geburtsstunde im Ersten Weltkrieg. Gleichzeitig radikalisierten sich die Ränder auf der Rechten und Linken des politischen Spektrums. Die im Septem-

---

[12] Zur Geschichte der Parteien vor und im Ersten Weltkrieg liegt mittlerweile eine Fülle von Monographien vor; vgl. zuletzt den Sammelband: Dieter Dowe/Jürgen Kocka/ Heinrich August Winkler (Hrsg.): Parteien im Wandel. Vom Kaiserreich zur Weimarer Republik, München 1999.

ber 1917 gegründete Deutsche Vaterlandspartei vertrat einen extremen Nationalismus und ein alldeutsches Annexionsprogramm. Als Kartell von reaktionären Agitationsvereinen und wirtschaftlichen Interessenverbänden, vor allem aber als Massenbewegung mit rund 800 000 Mitgliedern wurde die Partei zu einem Sammelbecken des völkischen Extremismus und damit zu einer Vorläuferorganisation der NSDAP.[13] Ebenso folgenreich war auf der Linken die Spaltung der Arbeiterbewegung, die bekanntlich während der Weimarer Republik im Dauerkonflikt zwischen dem sozialdemokratischen Reformismus und dem kommunistischen Radikalismus mündete.[14] Deshalb muß man betonen, daß zum parteipolitischen Erbe des Kaiserreichs nicht nur der Brückenschlag zwischen den demokratiebejahenden Teilen des Bürgertums und der reformorientierten Mehrheitssozialdemokratie gehörte, sondern auch die politische Formierung von rechts- und linksextremen Feinden einer pluralistischen Demokratie.

Die im April 1917 mit der Gründung der USPD auch organisatorisch vollzogene Preisgabe der sozialdemokratischen Einheit war jedoch keineswegs nur das Ergebnis der sich im Krieg immer mehr zuspitzenden ideologischen Dauerkonfrontation zwischen einer revolutionär-internationalistischen Parteiminderheit und einer um fast jeden Preis zur Vaterlandsverteidigung entschlossenen Parteimehrheit. Die Frage Reform oder Revolution stellte nicht das ausschlaggebende Kriterium für die Gründung der USPD dar, die eine pazifistische Sammlungsbewegung verschiedener sozialdemokratischer Strömungen und keine bolschewistische Kaderpartei war. Allerdings läßt sich die Ausgrenzung der im Spartakusbund vereinten radikalen Linken als eine notwendige Entscheidung der Sozialdemokratie deuten, weil die Mehrheit der Parteimitglieder auf die Parlamentarisierung und nicht auf die Revolutionierung des Kaiserreichs setzte. Bereits in den ersten beiden Kriegsjahren hatten sich aber die reformerischen Emanzipationsstrategien des sozial-

---

[13] Vgl. zum „proto-faschistischen" Charakter der Vaterlandspartei Dirk Stegmann: Die Erben Bismarcks. Parteien und Verbände in der Spätphase des Wilhelminischen Deutschlands. Sammlungspolitik 1897–1918, Köln 1970, S. 497ff; Geoff Eley: Reshaping the German Right. Radical Nationalism and Political Change after Bismarck, Ann Arbor ²1992, S. 335ff; Heinz Hagenlücke: Deutsche Vaterlandspartei. Die nationale Rechte am Ende des Kaiserreichs, Düsseldorf 1997.

[14] Vgl. dazu das dreibändige Standardwerk von Heinrich August Winkler zur Geschichte der Arbeiter und Arbeiterbewegung während der Weimarer Republik, Berlin/Bonn 1984ff.; vgl. auch Klaus Schönhoven: Reformismus und Radikalismus. Gespaltene Arbeiterbewegung im Weimarer Sozialstaat, München 1989.

demokratischen Parteivorstandes und die auf einen proletarischen Umsturz abzielenden Pläne des Spartakusbundes so stark auseinanderentwickelt, daß der Bruch zwischen den Repräsentanten dieser beiden schon in der Vorkriegssozialdemokratie miteinander rivalisierenden Konzeptionen zur unausweichlichen Konsequenz wurde. Die Folgen der Parteispaltung haben die Historiker – je nach Blickwinkel – durchaus unterschiedlich beurteilt: Für die Anhänger von marxistisch-leninistischen Deutungen hat die Mehrheitssozialdemokratie im Krieg „Klassenverrat" begangen und sich mit dem wilhelminischen Imperialismus verbündet;[15] für die Verfechter von weniger deterministischen Interpretationsmustern war die Spaltung der Sozialdemokratie „sowohl eine schwere Vorbelastung der ersten deutschen Demokratie als auch eine ihrer Vorbedingungen".[16]

Dies zeigte sich bereits in der Endphase des Krieges, als Reichstagsmehrheit und Oberste Heeresleitung im Herbst 1918 – allerdings aus unterschiedlichen Motiven – die nun eskalierende Systemkrise in letzter Minute mit der Schaffung einer parlamentarischen Monarchie kanalisieren wollten. Während die Mehrheitssozialdemokratie sich trotz schwerer Bedenken diesem gemeinschaftlichen Rettungswerk von Parlamentariern und Militärs für das Kaiserreich nicht versperrte und die Oktoberreformen der Regierung Max von Badens mittrug, setzte die radikale Linke auf die Karte der Revolution. Aber nicht ihr Putschismus, sondern die reaktionäre Halsstarrigkeit des Monarchen und seiner Seekriegsleitung lösten die Umsturzbewegung aus, die Anfang November 1918 das zu spät und zu halbherzig reformierte Kaiserreich in den Abgrund stürzte und die Mehrheitssozialdemokraten zu „Revolutionären wider Willen" werden ließ.[17]

---

[15] So der Tenor der DDR-Geschichtsschreibung, der in den Bänden 2 und 3 der Geschichte der deutschen Arbeiterbewegung kanonisiert wurde. Vgl. Institut für Marxismus-Leninismus beim ZK der SED (Hrsg.): Geschichte der deutschen Arbeiterbewegung, Bd. 2, 3, Berlin (Ost) 1966f.

[16] Heinrich August Winkler: Triumph des Zufalls? Zu einem Versuch, das 20. als das ‚deutsche Jahrhundert' zu porträtieren, in: HZ, Bd. 268 (1999), S. 681–688, Zitat S. 685. Vgl. auch Walter Mühlhausen: Die Sozialdemokratie am Scheideweg. Burgfrieden, Parteikrise und Spaltung im Ersten Weltkrieg, in: Wolfgang Michalka (Hrsg.): Der Erste Weltkrieg. Wirkung, Wahrnehmung, Analyse, München 1994, S. 649–671. Dort auch viele Hinweise auf die Standardwerke zur sozialdemokratischen Parteigeschichte im Ersten Weltkrieg.

[17] So überschrieb Heinrich August Winkler das Kapitel seines Werkes, das sich mit dem Verhalten der SPD in den letzten Wochen des Kaiserreichs befaßt: Von der Revolution zur Stabilisierung. Arbeiter und Arbeiterbewegung in der Weimarer Republik 1918 bis

Ihre reformistische Konzeption des Wegs zur Macht wurde auf dem Höhepunkt der Staatskrise von oben wie von unten attackiert. Doch der Kaisermythos ließ sich im Oktober 1918 nicht wiederbeleben, nachdem Wilhelm II. als Kriegsherr persönlich versagt hatte und seine Autorität als Monarch während der Kriegsjahre mehr und mehr verfallen war.[18] Und auch der Spartakusbund, der nach dem spontan entstandenen Staatsumsturz dem Vorbild der in Rußland erfolgreichen Bolschewiki folgen wollte und kompromißlos eine Diktatur des Proletariats anstrebte, gewann für seinen revolutionären Aktionismus in der Umbruchzeit zwischen Monarchie und Republik nicht die breite und rückhaltlose Unterstützung der Arbeitermassen. In der Stunde seines Untergangs war das Deutsche Kaiserreich nicht nur ein gescheiterter Obrigkeitsstaat, sondern auch eine weitentwickelte Bürgergesellschaft, die einerseits das Risiko einer kommunistischen Radikalisierung scheute und andererseits die Rückkehr zum Krypto-Absolutismus der Hohenzollernmonarchie ablehnte. Trotz aller verfassungspolitischen Vorbelastungen und parteipolitischer Vorbehalte bestand jetzt in Deutschland die Chance zu einem Neuanfang auf republikanischen Fundamenten.

## 2. Wirtschaftliche und soziale Folgelasten des Krieges

Aus wirtschafts- und sozialgeschichtlicher Perspektive fing mit dem Ersten Weltkrieg eine neue Periode an. Auf ein Vierteljahrhundert der Hochindustrialisierung, des wirtschaftlichen Wachstums und des sozialen Fortschritts folgte nun ein Jahrzehnt der Krisen und Katastrophen. Es begann mit der Zerstörung der Handelsbeziehungen zwischen den kriegführenden Mächten und der kriegswirtschaftlichen Reglementierung ihrer inneren Märkte; es wurde überall in Europa geprägt von dirigistischen Eingriffen des Staates in die Privatwirtschaft und einer schlei-

---

1924, Bonn 1984, S. 34 ff. Zur militärischen Entwicklung im letzten Kriegsjahr vgl. auch Bruno Thoß: Militärische Entscheidungen und politisch-gesellschaftlicher Umbruch. Das Jahr 1918 in der neueren Weltkriegsforschung, in: Jörg Duppler/Gerhard P. Groß (Hrsg.): Kriegsende 1918. Ereignis, Wirkung, Nachwirkung, München 1999, S. 17–37.

[18] Vgl. dazu Wilhelm Deist: Kaiser Wilhelm II. als Oberster Kriegsherr, in: ders., Militär, Staat und Gesellschaft. Studien zur preußisch-deutschen Militärgeschichte, München 1991, S. 1–18; Bernd Sösemann: Der Verfall des Kaisergedankens im Ersten Weltkrieg, in: John C. G. Röhl (Hrsg.): Der Ort Kaiser Wilhelms II. in der deutschen Geschichte, München 1991, S. 145–170.

chenden Geldentwertung, die in der Weimarer Republik schließlich 1922/23 mit dem völligen Verfall der Währung endete. Im Krisenjahrzehnt zwischen Kriegsausbruch und Hyperinflation kam es im Deutschen Reich zu vorher unbekannten gesellschaftlichen Verwerfungen in Stadt und Land, gerieten moralische und soziale Orientierungen buchstäblich aus den Fugen, scheiterte die Neustrukturierung der kollektiven Beziehungen zwischen Arbeit und Kapital, wollte man 1914/15 die gesamte erwerbsfähige Bevölkerung für den Krieg mobilisieren und hatte dann 1918/19 mit der Demobilmachung von Heer und Heimatfront besonders große Probleme. Die zehn Jahre zwischen 1914 und 1924 markieren aus sozialhistorischer Sicht eine Zeitenwende, während der die Erschütterung tradierter Ordnungsmuster, existentielle Unsicherheit und materielle Not sowie der Verlust von beruflichen und privaten Lebensperspektiven zu einer kollektiven Grunderfahrung eines Großteils der Bevölkerung wurden.[19]

Wenn man das Konzept „Organisierter Kapitalismus" überhaupt als Erklärungsmodell anwenden will, kann man mit ihm aus einer Reihe von Gründen die Kriegszeit charakterisieren. Dabei muß man jedoch beachten, daß der Staat den Kapitalismus im Krieg zur Organisation zwang. Die Kriegswirtschaft war nämlich charakterisiert durch das permanente Eingreifen des Staates in das Wirtschaftsleben. Nach einer Phase der planlosen Improvisation in den ersten Kriegsmonaten steuerte die lenkende Hand der kaiserlichen Militär- und Ministerialbürokratie nicht nur die Rüstungsproduktion, sondern auch den zivilen Markt, sie regulierte die Preise und die Versorgung der Bevölkerung mit Lebensmitteln, Kleidung und Wohnraum. Das immer weiter ausufernde Bewirtschaftungs- und Zuteilungssystem, die polykratische Verästelung der Behörden in eine nicht mehr überschaubare Vielzahl von mit- und gegeneinander agierenden Kriegsausschüssen und Steuerungsinstanzen, die Militarisierung des industriellen und gewerblichen Arbeitsmarktes durch Hindenburgs Hilfsdienstgesetz im Herbst 1916 und die immer rigider werdende Zwangsbewirtschaftung des Agrarmarktes hatten eine Fülle von ökonomischen, sozialen und politischen Folgen. Letztlich erwies sich das von den zeitgenössischen Nationalökonomen als „Kriegssozialismus" gerühmte System der obrigkeitsstaatlichen Planung und

---

[19] Vgl. dazu grundlegend Gerald D. Feldman: The Great Disorder. Politics, Economics and Society in the German Inflation 1914–1924, New York 1993; als facettenreiche lokale Fallstudie: Geyer, Verkehrte Welt [wie Anm. 4].

Lenkung als unfähig, die Interessen der Produzenten und die Grundbedürfnisse der Konsumenten zu befriedigen.[20]

Deshalb rückten noch im Krieg Arbeitgeber und Gewerkschaften von dieser dirigistischen Kommandowirtschaft ab, die staatliche Intervention und bürokratische Planung gleichermaßen diskreditiert hatte. Mit der im Herbst 1918 bereits in den Wochen vor der Revolution angebahnten Zentralarbeitsgemeinschaft zwischen Kapital und Arbeit gingen beide Seiten auf Distanz zum Staat und schlossen ein Zweckbündnis, um ihre Autonomie als Arbeitsmarktparteien wiederherzustellen. Nach den Erfahrungen des Krieges setzten die Gewerkschaften in der Stunde des Umbruchs auf die Karte der Zusammenarbeit mit den Unternehmern. Doch dieser sozialpartnerschaftliche Gründungskompromiß der Republik hatte keinen langen Bestand, weil für die führenden Industriellen die Anomalie des Kriegssozialismus erst beendet war, als sie ihre volle unternehmerische Freiheit wiederhergestellt sahen: Kapital und Arbeit gingen in der Republik schon bald wieder getrennte Wege, eine bekanntlich folgenreiche Weichenstellung für das Scheitern Weimars als soziale Demokratie.[21]

Zum Autoritätsverfall der Monarchie im Krieg trug die offenkundige Unfähigkeit der zivilen und militärischen Behörden maßgeblich bei. Sie bekamen die wirtschaftlichen Probleme nicht in den Griff und es gelang ihnen nicht, die sozialen Lasten gerecht zu verteilen. Das im August 1914 propagandistisch verklärte „Wunder der inneren Einheit"[22] erwies sich sehr schnell als ein Trugbild, das in der Realität immer blasser und

---

[20] Vgl. dazu Dieter Krüger: Kriegssozialismus. Die Auseinandersetzung der Nationalökonomen mit der Kriegswirtschaft 1914–1918, in: Michalka, Erster Weltkrieg [wie Anm. 16], S. 506–529; Gerald D. Feldman: Armee, Industrie und Arbeiterschaft in Deutschland 1914 bis 1918, Berlin 1985; Friedrich Zunkel: Industrie und Staatssozialismus. Der Kampf um die Wirtschaftsordnung in Deutschland 1914–1918, Düsseldorf 1974; Ursula Ratz: Zwischen Arbeitsgemeinschaft und Koalition. Bürgerliche Sozialreformer und Gewerkschaften im Ersten Weltkrieg, München 1994.
[21] Zur Geschichte der Arbeitsbeziehungen in und nach dem Krieg vgl. Klaus Schönhoven: Die deutschen Gewerkschaften, Frankfurt/M. 1987, S. 94 ff.; ders. (Bearb.): Die Gewerkschaften in Weltkrieg und Revolution 1914–1919, Köln 1985; Gerald D. Feldman/Irmgard Steinisch: Industrie und Gewerkschaften 1918–1924. Die überforderte Zentralarbeitsgemeinschaft, Stuttgart 1985.
[22] Vgl. Thomas Raithel: Das ‚Wunder' der inneren Einheit. Studien zur deutschen und französischen Öffentlichkeit bei Beginn des Ersten Weltkrieges, Bonn 1996. Zur Vielschichtigkeit und Widersprüchlichkeit der Massenstimmung bei Kriegsbeginn vgl. grundlegend Jeffrey T. Verhey: The Spirit of 1914. Militarism, Myth and Mobilization in Germany, Cambridge 2000.

brüchiger wurde, je länger der Krieg dauerte. Das „Augusterlebnis" wurde aber gerade in der zweiten Kriegshälfte von konservativen Kreisen immer wieder beschworen, um soziale Spannungen in der Kriegsgesellschaft wenigstens emotional einzudämmen. Doch unter dem extremen Druck der Sorgen und Nöte des Kriegsalltags verflog an der Heimatfront die patriotische Hochstimmung sehr schnell und machte zunächst überall Ernüchterung und Enttäuschung, schließlich Verbitterung, Kriegsmüdigkeit und Friedenssehnsucht Platz.

In diesem Stimmungswandel, von dem Stadt und Land gleichermaßen ergriffen wurden, spiegelte sich die Kriegsrealität in der Arbeitswelt und im Familienleben wider, die weit entfernt war von der Wunschvorstellung einer solidarischen Volksgemeinschaft. Auch im Krieg blieb die deutsche Gesellschaft eine Klassengesellschaft,[23] wobei die Distanz zwischen Arm und Reich, zwischen der breiten Masse der Notleidenden und der schmalen Schicht der Privilegierten immer größer wurde. Hungerunruhen und Teuerungskrawalle, spontane Proteste und punktuelle Arbeitsverweigerungen waren 1915/16 die ersten Anzeichen für ein Anwachsen der sozialen Spannungen. In den beiden letzten Kriegsjahren wurde diese von der Erfahrung des Mangels und der Ungerechtigkeit angefachte Antikriegsstimmung immer stärker politisiert. Dies belegen die bei den Massenstreiks der Rüstungsarbeiter 1917 und 1918 formulierten Forderungskataloge, die materielle und politische Ziele beinhalteten; dies dokumentieren die Lageberichte der Überwachungsbehörden, in denen die vorrevolutionäre Radikalisierung breiter Bevölkerungsschichten immer wieder umfassend thematisiert wurde; dies beweist schließlich die schichtübergreifende Protestbewegung, vor der im November 1918 überall in Deutschland die regierenden Fürstenhäuser kampflos kapitulierten.[24]

Die sozialen Folgelasten des verlorenen Krieges lassen sich in wenigen Worten nicht umfassend bilanzieren. Die militärische und wirt-

---

[23] Dazu grundlegend Jürgen Kocka: Klassengesellschaft im Krieg. Deutsche Sozialgeschichte 1914–1918, Göttingen ²1978. Seitdem sind eine Fülle von Studien zum Kriegsalltag in Fabrik und Familie erschienen, die Kockas Befunde untermauern, z.B. Volker Ullrich: Kriegsalltag. Hamburg im Ersten Weltkrieg, Köln 1982; Ute Daniel: Arbeiterfrauen in der Kriegsgesellschaft. Beruf, Familie und Politik im Ersten Weltkrieg, Göttingen 1989.

[24] Entsprechende Befunde haben seit den 60er Jahren viele Lokal- und Regionalstudien erbracht; vgl. zuletzt die einzelnen Beiträge in dem Sammelband: Gerhard Hirschfeld/ Gerd Krumeich/Dieter Langewiesche/Hans-Peter Ullmann (Hrsg.): Kriegserfahrungen. Studien zur Sozial- und Mentalitätsgeschichte des Ersten Weltkrieges, Essen 1997.

schaftliche, gesellschaftliche und politische Mobilisierung der Bevölkerung während der Kriegsjahre hinterließ tiefe Spuren im Sozialgefüge. Die deutsche Nachkriegsgesellschaft war nicht nur demographisch verformt, weil rund zwei Millionen Soldaten nicht mehr aus dem Krieg zurückgekommen waren und weil Mangelkrankheiten und Grippeepidemien bis Kriegsende einer weiteren Million Deutschen das Leben gekostet hatten, sie war auch sozial destabilisiert, weil sich in der Kriegszeit die statistisch meßbaren und die subjektiv wahrgenommenen Richtgrößen für Einkommen und Lebenshaltung grundlegend verändert hatten. Im Krieg waren die überkommenen sozialen Beziehungsgeflechte zwischen Stadt und Land zerstört und tiefe Konfliktlinien zwischen den bäuerlichen Produzenten und den im sekundären oder tertiären Sektor erwerbstätigen urbanen Konsumenten aufgerissen worden; Angestellte und Beamte mußten schwere Einbußen in ihrem Sozialstatus hinnehmen und wurden durch die Geldentwertung mit der Gefahr der Deklassierung konfrontiert; weniger eindeutig sah die wirtschaftliche Bilanz beim gewerblichen Mittelstand aus, der aber von Proletarisierungsängsten geplagt war, während viele Großindustrielle ihre im Krieg erwirtschafteten Profite in der Inflationszeit gewinnbringend anzulegen vermochten. In den Arbeiterhaushalten prägte weiterhin materielle Unsicherheit den Alltag, blieben die Spielräume für die Erfüllung von Wünschen, die über das Lebensnotwendigste hinausgingen, denkbar klein, konnte von beruflicher oder gesellschaftlicher Chancengleichheit mit anderen Sozialschichten auch weiterhin keine Rede sein.

Unter den gegebenen sozialen Bedingungen bestanden für eine dauerhafte Stabilisierung der demokratischen Nachkriegsordnung keine besonders günstigen Aussichten, sofern es den republikanischen Regierungen nicht rasch gelang, Klassenspannungen abzubauen und die zerklüftete Kriegsgesellschaft auch innerlich zu befrieden. Dazu fehlten in der Nachkriegszeit nicht nur die materiellen, sondern auch die ideellen Voraussetzungen, wie ein Blick auf die destruktiven Folgen des Krieges auf die politische Kultur belegen kann.

## 3. Kriegserfahrungen und Kriegserinnerungen

An Anfang und Ende des Ersten Weltkrieges standen Massenkundgebungen, in denen sich ein einheitlicher Wille der Bevölkerung zu artikulieren schien. Doch hinter der in öffentlichen Kundgebungen manifestierten Kriegsbegeisterung im August 1914 und hinter den imposanten Friedensdemonstrationen im Oktober und Anfang November 1918 verbargen sich ambivalente Stimmungen und uneinheitliche Strömungen.[25] Sowohl bei Kriegsbeginn als auch bei Kriegsende lagen Hoffnung und Verzweiflung, Optimismus und Pessimismus nahe beieinander. Auch deshalb wurde die Gesellschaft der Weimarer Republik in vielerlei Hinsicht zu einer Nachkriegsgesellschaft, in der nicht nur die materielle, sondern auch die mentale Bewältigung des Krieges ein Dauerproblem darstellte. Der „Kampf um die Erinnerung" fragmentierte und polarisierte die politische Kultur der Republik, die permanente Auseinandersetzung mit den Kriegserlebnissen und den Kriegserfahrungen wurde zu einer „Fortsetzung des Krieges mit anderen Mitteln".[26] Rechte und linke Veteranenverbände tradierten das Frontgeschehen höchst unterschiedlich, wobei die pazifistisch akzentuierte Rückerinnerung des sozialdemokratisch dominierten Reichsbanners sich scharf unterschied von der Heroisierung des Heldentods durch die militante Rechte, die sich in den Freikorps, im Stahlhelm, dem Kyffhäuserbund oder im Jungdeutschen Orden sammelte und die Gefallenen des Ersten Weltkrieges von der nachwachsenden Generation gerächt sehen wollte.[27]

Neben die Sakralisierung des nationalen Opfertodes trat ein soldatisches Menschenbild, in dem Disziplin und Kameradschaft, Pflichterfül-

---

[25] Zur Relativierung des „Augusterlebnisses" von 1914 liegen mittlerweile eine Reihe von Studien vor; vgl. neben Raithel, Das Wunder, und Verhey, The Spirit [wie Anm. 22]: Wolfgang Kruse: Krieg und nationale Integration. Eine Neuinterpretation des sozialdemokratischen Burgfriedensschlusses 1914/15, Essen 1993. Aus international vergleichender Sicht siehe auch Niall Ferguson: Der falsche Krieg. Der Erste Weltkrieg und das 20. Jahrhundert, Stuttgart 1999, S. 216 ff.

[26] Vgl. Bernd Ulrich: Die umkämpfte Erinnerung. Überlegungen zur Wahrnehmung des Ersten Weltkrieges in der Weimarer Republik, in: Duppler/Groß, Kriegsende 1918 [wie Anm. 17], S. 367–375, Zitat S. 367. Vgl. auch Sabine Behrenbeck: Der Kult um die toten Helden. Nationalsozialistische Mythen, Riten und Symbole 1923 bis 1945, Vierow 1996; Gerhard Hirschfeld/Gerd Krumeich/Irina Renz (Hrsg.): Keiner fühlt sich hier mehr als Mensch.... Erlebnis und Wirkung des Ersten Weltkrieges, Essen 1993.

[27] Derartige Gedanken formulierte bereits in der Nationalversammlung der katholische Zentrumsabgeordnete und spätere Reichskanzler Konstantin Fehrenbach, als er den Siegermächten drohte: „Aber auch in Zukunft werden deutsche Frauen Kinder gebären, und die Kinder, die in harter Fron aufwachsen, werden imstande sein, nicht nur die Hand zur Faust zu ballen, sie werden mit dem Willen erzogen werden, die Sklavenketten zu brechen und die Schmach abzuwaschen, die unserem Antlitz zugefügt werden will." Zitiert nach: Eduard Heilfron (Hrsg.): Die Deutsche Nationalversammlung im Jahre 1919 in ihrer Arbeit für den Aufbau des neuen Volksstaates, Bd. 4, Berlin 1919, S. 2716.

lung, Treue und Gehorsam zu den höchsten menschlichen Tugenden stilisiert wurden und mit dem man den Mythos der Schützengrabengemeinschaft in die Zivilgesellschaft transportierte. Zu den eifrigsten Propagandisten einer kriegerischen Zukunft zählte in der Zwischenkriegszeit Ernst Jünger, der beispielsweise 1922 schrieb: „Dieser Krieg ist nicht das Ende, sondern der Auftakt der Gewalt. Er ist die Hammerschmiede, in der die neue Welt in neue Grenzen und neue Gemeinschaften zerschlagen wird. Neue Formen wollen mit Blut gefüllt werden, und die Macht will gepackt werden mit harter Faust. Der Krieg ist eine große Schule, und der neue Mensch wird von unserem Schlage sein".[28] Die Wiedergewinnung der verlorenen Ehre in einem weiteren Krieg wurde zur fixen Idee einer gedemütigten Nation und zum erklärten Ziel des Nationalsozialismus, der seinen Weg zu einem rassistischen Weltanschauungskrieg auch als Sammlungsbewegung des soldatischen Nationalismus begann.

Der Streit um die authentische Deutung der Kriegsjahre entwickelte sich zu einer die Republik von Anfang an belastenden und zerreißenden vergangenheitspolitischen Konfrontation, in der Überlebende und Hinterbliebene, Schriftsteller und bildende Künstler, Wissenschaftler und Publizisten, Politiker und Militärs miteinander um die ideologische Hegemonie rangen. Zwischen den politisch und sozialmoralisch ohnehin bereits weit voneinander entfernten Milieukulturen des Sozialismus, Katholizismus und Konservativismus vergrößerte die unterschiedliche Verarbeitung der Kriegsereignisse die Gegensätze und häufte neuen Konfliktstoff auf. Die verklärende Erinnerung an den Ersten Weltkrieg wurde für das nationale Lager zu einem sinnstiftenden Element, das bäuerliche und städtische Sozialschichten während der zwanziger Jahre wieder näher zusammenführte. Zugleich entstand in der Arbeiterbewegung eine an ihre subkulturellen Erfahrungen im Kaiserreich anknüpfende Interpretation, die in ihren Rückblicken auf die Kriegsjahre nicht die Frontkameradschaft oder die Volksgemeinschaft beschwor, sondern den Kadavergehorsam, die Klassenspannungen und die Kriegsentbehrungen in den Vordergrund rückte.[29] Dies gilt auch für die „militanten

---

[28] Ernst Jünger: Der Kampf als inneres Erlebnis, in: ders.: Sämtliche Werke, Bd. 7, Stuttgart 1980, S. 9–103, Zitat S. 73. Vgl. dazu die Analysen von Kurt Sontheimer: Antidemokratisches Denken in der Weimarer Republik. Die politischen Ideen des deutschen Nationalismus zwischen 1918 und 1933, München 1968, S. 93 ff.; vgl. auch Klaus Theweleit: Männerphantasien, 2 Bde., Reinbek 1980.
[29] Vgl. dazu die Hinweise und Überlegungen in zwei Aufsätzen von Benjamin Ziemann:

Republikaner" in den Reihen der Sozialdemokratie, die sich als ehemalige Frontkämpfer allerdings in ihren parlamentarischen Wortgefechten mit den Nationalsozialisten vehement gegen den Vorwurf der Feigheit vor dem Feind zur Wehr setzten und sich nicht als „Drückeberger" denunzieren lassen wollten.[30]

Zur Vorgeschichte dieser ebenso leidenschaftlichen wie spektakulären Auseinandersetzungen gehörte die Erfindung der Dolchstoßlegende, die von der Obersten Heeresleitung schon bei Kriegsende als Entlastungsstrategie formuliert worden war, um das eigene Versagen zu vertuschen und die Verantwortung für das militärische Desaster auf die Parteien der Reichstagsmehrheit, auf Juden und auf Bolschewisten abzuwälzen.[31] Aber auch die kollektive Verweigerung einer offenen Diskussion über die Kriegsschuldfrage sowie die emotionalen Attacken gegen den Versailler Vertrag, an denen sich die Repräsentanten aller Parteien von rechts bis links beteiligten,[32] gehörten zum Erbe des Krieges. In der Erinnerungskultur der Weimarer Republik reflektierte man weder die Kriegsursachen noch die deutsche Kriegspolitik, sondern konzentrierte sich auf die „nationale Schmach" der Niederlage. Weite Kreise der Bevölkerung waren sich mit den tonangebenden Eliten in dem Bestreben einig, durch Legenden- und Mythenbildung, durch Selbstmitleid und durch die Suche nach Schuldigen die eigene Verantwortung zu verdrängen.

Auch die Republikgründer scheuten vor einer schonungslosen Analyse des imperialistischen Machtstrebens und des politischen Bankrotts des kaiserlichen Obrigkeitsstaates zurück und blockierten damit die Ori-

---

Republikanische Kriegserinnerung in einer polarisierten Öffentlichkeit. Das Reichsbanner Schwarz-Rot-Gold als Veteranenverband der sozialistischen Arbeiterschaft, in: HZ, Bd. 267 (1998), S. 357–398; ders.: Die Erinnerung an den Ersten Weltkrieg in den Milieukulturen der Weimarer Republik, in: Thomas F. Schneider (Hrsg.): Kriegserlebnis und Legendenbildung. Das Bild des „modernen" Krieges in Literatur, Theater, Photographie und Film, Osnabrück 1999, S. 249–270.

[30] Zu dieser Gruppe gehörten beispielsweise Julius Leber, Kurt Schumacher und Carlo Mierendorff. Vgl. zu ihrem Denken Richard Albrecht: Der militante Sozialdemokrat. Carlo Mierendorff 1897 bis 1943. Eine Biographie, Berlin/Bonn 1987; Volker Schober: Der junge Kurt Schumacher 1895–1933, Bonn 2000.

[31] Vgl. Wilhelm Deist: Der militärische Zusammenbruch des Kaiserreichs. Zur Realität der „Dolchstoßlegende", in: ders.: Militär, Staat und Gesellschaft. Studien zur preußisch-deutschen Militärgeschichte, München 1991, S. 211–233.

[32] Zur parteiübergreifenden Empörung Nachkriegsdeutschlands über den Versailler Vertrag vgl. Heinrich August Winkler: Weimar 1918–1933. Die Geschichte der ersten deutschen Demokratie, München 1993, S. 87 ff.

entierung der deutschen Öffentlichkeit auf die demokratische Zukunft.[33] Für sie wurde der Spiegelsaal des Versailler Schlosses, in dem die deutsche Siegernation 1871 ihren Triumph über Frankreich mit der feudalen Inszenierung der Reichsgründung gefeiert hatte, zu einem traumatischen Ort, weil man sie hier 1919 als die Vertreter der Verlierernation gedemütigt hatte. Diese Demütigung blieb auch im demokratischen Deutschland unvergessen. Sie bereitete dem außenpolitischen Revisionismus und einer gefährlichen Republikfeindschaft den Boden und sie fand in den Angriffen der Nationalsozialisten auf die „Novemberverbrecher" ihren rechtsradikalen Widerhall. In den Köpfen der Menschen lebten die „Ideen von 1914"[34] weiter und wurden zum antidemokratischen Kitt einer fundamental verunsicherten Nachkriegsgesellschaft, deren geistige Demobilmachung nach 1918 auch deshalb gründlich mißlang, weil ihr nationales Selbstwertgefühl tief beschädigt war.

Aber auch das Kriegsgeschehen blieb in der Erinnerung gegenwärtig. Die zermürbenden Materialschlachten und das Massensterben im Ersten Weltkrieg hatten Gewalt und Tod zu einer elementaren Grunderfahrung von Millionen Menschen werden lassen, die ihnen die Rückkehr in die bürgerliche Normalität oft verbaute oder zumindest erschwerte. Ferner wirkten die im Krieg geformten Feindbilder noch fort und fanden in einem schwer einzudämmenden Maß an Aggressivität gegen die Siegerstaaten, die im kollektiven Gedächtnis Gegner blieben, ihr grelles Nachkriegskolorit. Zusätzlich aufgeladen wurde die Atmosphäre durch neue Bedrohungsszenarien, in denen die antirepublikanische Rechte den Antibolschewismus mit dem Antisemitismus zu Zwillingsbrüdern verband und eine jüdisch-bolschewistische Weltverschwörung als globales Schreckgespenst erfand. Bis tief in das konservative und liberale Bildungs- und Besitzbürgertum drang ein emotional vermittelter Radikalnationalismus vor, der sich schon in der Frühzeit der Republik nur noch in Nuancen vom Nationalsozialismus unterschied. Als die NSDAP nach

---

[33] Vgl. Ulrich Heinemann: Die verdrängte Niederlage. Politische Öffentlichkeit und Kriegsschuldfrage in der Weimarer Republik, Göttingen 1983. Vgl. auch die Überlegungen von Aleida Assmann zur deutschen Gedächtnisgeschichte in der von ihr und Ute Frevert gemeinsam publizierten Studie: Geschichtsvergessenheit, Geschichtsversessenheit. Vom Umgang mit deutschen Vergangenheiten nach 1945, Stuttgart 1999, S. 30ff.

[34] Vgl. dazu Wolfgang J. Mommsen (Hrsg.): Kultur und Krieg. Die Rolle der Intellektuellen, Künstler und Schriftsteller im Ersten Weltkrieg, München 1996; Kurt Flasch: Die geistige Mobilmachung. Die deutschen Intellektuellen und der Erste Weltkrieg. Ein Versuch, Berlin 2000.

ihrem im November 1923 gescheiterten putschistischen Anlauf zur Machtübernahme zu Beginn der dreißiger Jahre zu einer parlamentarischen Herausforderung der Republik heranwuchs, konnte sie diese extremen Grundstimmungen bei ihrem Frontalangriff auf die demokratische Ordnung erneut entfachen und für ihre Zwecke instrumentalisieren. Warnungen vor dem Nationalsozialismus waren schließlich nur noch die Sache einer immer kleiner werdenden Schar von streitbaren Republikanern aus den Reihen der Sozialdemokratie, des Linksliberalismus und des politischen Katholizismus.[35]

Vor allem aber prägte das Signum der Gewalt die deutsche Nachkriegsgesellschaft. Die alltägliche Brutalität des Krieges hatte die moralische Substanz vieler Menschen ausgehöhlt und den Boden dafür bereitet, daß Gewaltvorstellungen und Gewaltbereitschaft die Friedensjahre nach 1918 nur zu einer Zwischenkriegszeit werden ließen.[36] Bekanntlich blieb es nach 1918 nicht bei der verbalen Verherrlichung von Gewalt. Politische Morde gehörten schon in der frühen Weimarer Republik zur Normalität, wobei von den bis 1924 registrierten politisch motivierten 376 Morden über 90 Prozent auf das Konto rechtsextremer Täter gingen. Die meisten dieser Verbrechen wurden nicht gesühnt, weil die Justiz der Weimarer Republik den Rechtsschutz verweigerte.[37] Tod und Gewalt waren in Weimar stets gegenwärtig. Diese Hypothek lastete noch schwerer auf der ungefestigten Demokratie als die politischen, sozialen und wirtschaftlichen Probleme, die ihr der Erste Weltkrieg hinterlassen hatte.

Der Erste Weltkrieg vagabundierte also im Gedächtnis der Menschen weiter und er manifestierte sich in der Politik der Extremisten. Bis zum Beginn des Zweiten Weltkrieges prägte er die Lebenserinnerungen und die Generationserfahrungen von Siegern und Besiegten und wurde während der sogenannten „Friedensjahre" zwischen 1918 und 1939 in mehreren europäischen Staaten zum Ausgangs- und Bezugspunkt von natio-

---

[35] Vgl. Klaus Schönhoven/Hans-Jochen Vogel (Hrsg.): Frühe Warnungen vor dem Nationalsozialismus. Ein historisches Lesebuch, Berlin 1998.
[36] Dazu hat Michael Geyer eine Reihe von Studien vorgelegt; zuletzt: Das Stigma der Gewalt und das Problem der nationalen Identität in Deutschland, in: Christian Jansen/Lutz Niethammer/Bernd Weisbrod (Hrsg.): Von der Aufgabe der Freiheit. Politische Verantwortung und bürgerliche Gesellschaft im 19. und 20. Jahrhundert. Festschrift für Hans Mommsen zum 5. November 1995, Berlin 1995, S. 673–698.
[37] Vgl. Klaus Schönhoven: Republik ohne Rechtsschutz. Politische Justiz in der Weimarer Republik, in: Franz-Josef Hutter/Carsten Tessmer (Hrsg.): Die Menschenrechte in Deutschland. Geschichte und Gegenwart, München 1997, S. 73–88.

nalistischem Revisionismus und militärischem Revanchismus. In Deutschland war die ideologische Verherrlichung von Kampf und Krieg schon in der Zeit der Weimarer Republik besonders weit verbreitet und besonders tief von völkischem Radikalismus durchtränkt. Hier wurden während der zwanziger Jahre im außerparlamentarischen Netzwerk der „Nationalen Opposition", zu dem neben den Wehrverbänden und Kriegervereinen, politischen Sekten und konservativen Parteigruppen auch intellektuelle Zirkel und Führungskräfte in Wirtschaft und Verwaltung, Kirchen und Universitäten gehörten, bereits die ideologischen Weichen für den nächsten Krieg gestellt.[38] Gleichzeitig leitete die Generalität der Reichswehr in ihren strategischen Planspielen und in ihrer geheimen Aufrüstungspolitik aus dem Verlauf des Ersten Weltkrieges ab, welche militärtechnologischen Anforderungen und welche gesellschaftlichen Belastungen ein zweiter moderner Massenkrieg den Deutschen abverlangen würde.[39] Und für die Nationalsozialisten war der Erste Weltkrieg Vorbild und Vorspiel ihres eigenen „totalen Krieges", den sie radikal und maßlos konzipierten, weil ihr zukünftiger Krieg nicht so enden sollte wie der verlorene vergangene Krieg. Dies betonte Hitler bereits in seinen Reden und Schriften in den zwanziger Jahren immer wieder, bevor er dann ab 1933 beim Auf- und Ausbau der NS-Diktatur sein politisches Handeln ganz auf die Vorbereitung eines neuen Krieges abstellte: Hitler hatte „nicht nur den Krieg als totale Mobilisierung antizipiert, sondern auch den totalen Staat als seine Voraussetzung".[40] Als „Mobilisierungs- und Kriegsstaat" knüpfte die NS-Diktatur an die Kriegspolitik des Kaiserreichs im Ersten Weltkrieg an, um diese dann aber in seiner eigenen Kriegspraxis, in der Raumeroberung und Rassenvernichtung untrennbar miteinander verknüpft waren, weit hinter sich zu lassen.

---

[38] Dazu grundlegend Wolfram Wette: Ideologien, Propaganda und Innenpolitik als Voraussetzungen der Kriegspolitik des Dritten Reiches, in: Das Deutsche Reich und der Zweite Weltkrieg, Bd. 1, Stuttgart 1979, S. 23–173.
[39] Vgl. dazu Michael Geyer: Aufrüstung oder Sicherheit. Die Reichswehr in der Krise der Machtpolitik 1924–1936, Wiesbaden 1980.
[40] So Ludolf Herbst: Entkoppelte Gewalt – Zur chaostheoretischen Interpretation des NS-Herrschaftssystems, in: Tel Aviver Jahrbuch für Deutsche Geschichte, Bd. 28 (1999), S. 117–158, dort dies und das folgende Zitat S. 146. Vgl. auch ders.: Das nationalsozialistische Deutschland 1933–1945. Die Entfesselung der Gewalt: Rassismus und Krieg, Frankfurt/M. 1996.

## 4. Fazit

Im 20. Jahrhundert bewahrheiteten sich die Überlegungen des preußischen Militärtheoretikers Carl von Clausewitz. Er hatte schon zu Beginn des 19. Jahrhunderts unter dem Eindruck der Französischen Revolution und ihrer europäischen Folgewirkungen in der Ära der napoleonischen Feldzüge darauf hingewiesen, daß der moderne Krieg als Volkskrieg ein absoluter Krieg sei, der rücksichtslos und mit zerschmetternder Energie geführt werde. Seine Prophezeiungen wurden im Ersten Weltkrieg zur Wirklichkeit. Dieser Krieg hob die europäische Welt buchstäblich aus den Angeln und wurde zur „Urkatastrophe" des 20. Jahrhunderts, deren Folgen bis heute nachwirken.[41] Zu dieser Erkenntnis kamen nicht erst die Historiker, sondern bereits die Zeitgenossen des Ersten Weltkrieges. Julius Leber, der sich 1914 freiwillig als Soldat gemeldet hatte, von 1924 bis 1933 dem Reichstag als sozialdemokratischer Abgeordneter angehörte, dann vier Jahre in Gefängnissen und Konzentrationslagern gequält und schließlich 1945 als Widerstandskämpfer von den Nationalsozialisten hingerichtet wurde, schrieb nach dem Scheitern der Weimarer Republik im Rückblick auf den Ersten Weltkrieg: „Lüge und Leichtsinn, Leidenschaft und Furcht von 30 Diplomaten, Fürsten und Generälen hatten friedliche Millionen vier Jahre lang in Mörder, Räuber und Brandstifter aus Staatsraison verwandelt, um am Ende den Erdteil verroht, verseucht, verarmt zurückzulassen. Kein Volk erwarb sich dauernden Gewinn. Alle verloren, was nicht Jahrzehnte wiederbringen."[42]

---

[41] Vgl. George F. Kennan: Bismarcks europäisches System in der Auflösung, Frankfurt/M. 1981, S. 12. Vgl. auch Ernst Schulin: Die Urkatastrophe des 20. Jahrhunderts, in: Michalka, Erster Weltkrieg [wie Anm. 16], S. 3–27.
[42] Julius Leber: Ein Mann geht seinen Weg. Schriften, Reden und Briefe. Hrsg. von seinen Freunden, Berlin/Schöneberg/Frankfurt/M. 1952, S. 60.

*Heinrich August Winkler*

# Ein umstrittener Wendepunkt: Die Revolution von 1918/19 im Urteil der westdeutschen Geschichtswissenschaft

Historische Urteile sind zeit- und standortgebunden. Da das immer so ist, kann es im Hinblick auf unser Thema nicht anders sein. Als der Kieler Historiker Karl Dietrich Erdmann 1955 seinen Aufsatz „Die Geschichte der Weimarer Republik als Problem der Wissenschaft" in den Vierteljahrsheften für Zeitgeschichte veröffentlichte, strebte die Ära Adenauer ihrem Höhepunkt zu. Was Erdmann damals über die deutsche Revolution von 1918/19 schrieb, war nicht nur eine Aussage über ein Ereignis, das über dreieinhalb Jahrzehnte zurücklag, sondern auch ein Stück historischer Selbstverortung der jungen Bundesrepublik Deutschland. Sein vielzitiertes Verdikt lautete, es sei 1918/19 um eine klare Alternative gegangen, nämlich entweder „ die soziale Revolution im Bündnis mit den auf eine proletarische Diktatur hindrängenden Kräften oder die parlamentarische Republik im Bündnis mit den konservativen Kräften wie dem alten Offizierskorps".[1]

In Erdmanns These konnte sich die konservative Demokratie der 1950er Jahre wiedererkennen, und auch deswegen erlangte sein Urteil über 1918/19 eine Zeitlang geradezu kanonische Geltung in der westdeutschen Geschichtswissenschaft. Wenn der Kieler Historiker recht hatte, dann hatten die mehrheitssozialdemokratischen Akteure um Friedrich Ebert zwischen dem Sturz der Monarchie am 9. November 1918 und der Wahl der Verfassunggebenden Nationalversammlung am 19. Januar 1919 nur das tun können, was sie taten. Ihre Zusammenarbeit mit den alten Herrschaftseliten in Militär, ziviler Verwaltung, Groß-

---

[1] Karl Dietrich Erdmann: Die Geschichte der Weimarer Republik als Problem der Wissenschaft, in: VfZ 3 (1955), S. 1–19, Zitat S. 7.

unternehmertum und Großlandwirtschaft war dann rundum gerechtfertigt. Hätten die Volksbeauftragten der MSPD anders gehandelt, wäre Deutschland auf die bolschewistische Bahn geraten. Da dies außer den Anhängern der Bolschewiki niemand wollte, gab es zu der Politik Eberts, Noskes und der anderen führenden Mehrheitssozialdemokraten keine verantwortbare Alternative.

Anfang der 1960er Jahre begann sich das westdeutsche Bild von der Revolution von 1918/19 zu wandeln. Einige Historiker und Politikwissenschaftler der jüngeren Generation griffen eine ältere Deutung auf, die in Deutschland aber noch so gut wie gar nicht rezipiert worden war: die These vom „Dritten Weg" zwischen der Politik der Mehrheitssozialdemokraten und derjenigen der Kommunisten. Diese These hatte als erster ein Historiker des deutschen Exils, der unabhängige Marxist Arthur Rosenberg, 1935 in seinem in Karlsbad erschienenen Buch „Geschichte der Deutschen Republik" aufgestellt, das 1961 in einer Neuausgabe herauskam. Rosenberg, von Hause aus Althistoriker und von 1924 bis zu seinem Bruch mit Stalin im Jahre 1927 Reichstagsabgeordneter der KPD, sah in den Arbeiter- und Soldatenräten ein demokratisches, genauer gesagt: überwiegend sozialdemokratisches Potential, auf das sich die Volksbeauftragten der MSPD hätten stützen können, wenn ihnen denn ernsthaft daran gelegen gewesen wäre, die Republik auf ein solides gesellschaftliches Fundament zu stellen.[2]

In diesem wesentlichen Punkt stimmten die Autoren der beiden wichtigsten neueren Bücher über die Revolution von 1918/19 mit Rosenberg überein: Eberhard Kolb in seinem 1962 erschienenen Buch „Die Arbeiterräte in der deutschen Innenpolitik 1918–1919" und Peter von Oertzen in seiner Darstellung „Betriebsräte in der Novemberrevolution" aus dem Jahre 1963.[3] Auf dem Historikertag in Berlin im Oktober 1964 widmete sich eine Sektion der Rolle der Räte in der Revolution von 1918/19, und mit ebendieser Debatte hörte die These Erdmanns auf, die „herrschende Lehre" zu repräsentieren. Es war mehr als ein Zufall, daß auf demselben Historikertag eine andere Revision stattfand, die in der Öffentlichkeit noch sehr viel stärker beachtet wurde: die Abkehr von der gängigen

---

[2] Arthur Rosenberg: Entstehung und Geschichte der Weimarer Republik (Neuausgabe), hrsg. und eingeleitet von Kurt Kersten, Frankfurt/M. 1988.

[3] Eberhard Kolb: Die Arbeiterräte in der deutschen Innenpolitik 1918–1919, Düsseldorf 1962; Peter von Oertzen: Betriebsräte in der Novemberrevolution, Düsseldorf 1963.

Auffassung, Deutschland sei 1914 wie die anderen europäischen Großmächte in den Ersten Weltkrieg „hineingeschlittert".[4]

Die Kriegsschuld- und Kriegszieldiskussion auf dem Berliner Historikertag von 1964 war der Höhepunkt der Kontroverse um Fritz Fischers Buch „Griff nach der Weltmacht", das 1961 erschienen war. Am Ende *dieser* Debatte stand die Einsicht, daß das Deutsche Kaiserreich in der Julikrise von 1914 seinen Verbündeten Österreich-Ungarn bewußt in den Krieg mit Serbien hineingetrieben hatte und damit die Hauptverantwortung für die Auslösung des Ersten Weltkriegs trug. Die „Rätedebatte" von 1964 mündete in die Erkenntnis, daß es 1918/19 nicht um die Erdmannsche Alternative – hier Pakt mit den konservativen Machteliten, dort kommunistische Revolution – ging, sondern um die Frage, was damals an vorbeugenden Eingriffen zur Festigung der Demokratie möglich gewesen wäre. Beide Debatten, die über 1914 und die über 1918/19, signalisierten einen Bewußtseinswandel, der seinerseits mit einem Generationswechsel und Veränderungen des politischen Klimas zusammenhing. Die Ära Adenauer neigte sich dem Ende zu, die sozialliberale Ära hatte noch nicht begonnen, aber sie zeigte sich in ersten Umrissen.

Die Historiker, die den Hauptanteil an der Revision des bis dahin vorherrschenden Bildes von der Revolution von 1918/19 hatten – außer Kolb und Oertzen sind vor allem Walter Tormin und Reinhard Rürup, Ulrich Kluge, Erich Matthias und Susanne Miller zu nennen –, bemühten sich um den Nachweis von Handlungsspielräumen und Alternativen zur damaligen Politik.[5] Eine kommunistische Revolution, darin stimmten sie überein, konnte schon deswegen nicht die Alternative zur „Weimarer Lösung" sein, weil der Massenrückhalt der jungen KPD verschwindend gering war. Mit Hilfe der zunächst überwiegend sozialde-

---

[4] Bericht über die 26. Versammlung deutscher Historiker in Berlin, 7. bis 11. Oktober 1964, Stuttgart 1965, S. 42–51 („Rätedebatte"), S. 63–72 („Fischer-Kontroverse").

[5] Walter Tormin: Zwischen Rätediktatur und sozialer Demokratie, Düsseldorf 1954; Reinhard Rürup: Probleme der Revolution in Deutschland 1918, Wiesbaden 1968; ders.: Demokratische Revolution und „Dritter Weg". Die deutsche Revolution von 1918/19 in der neueren wissenschaftlichen Diskussion, in: Geschichte und Gesellschaft 9 (1983), S. 278–301; Ulrich Kluge: Soldatenräte und Revolution. Studien zur Militärpolitik in Deutschland 1918/19, Göttingen 1975; ders.: Die deutsche Revolution 1918/19. Staat, Politik und Gesellschaft zwischen Weltkrieg und Kapp-Putsch, Frankfurt/M. 1985; Erich Matthias: Einleitung zu: Die Regierung der Volksbeauftragten 1918/19. 2 Bände, bearbeitet von Susanne Miller/Heinrich Potthoff, Düsseldorf 1969, Bd. 1, S. XI–CXXXI (separat unter dem Titel: Zwischen Räten und Geheimräten. Die deutsche Revolutionsregierung 1918/19, Düsseldorf 1970).

mokratisch orientierten Arbeiter- und Soldatenräte aber hätte es gelingen können, einige Bastionen der geschworenen Gegner der Demokratie zu schleifen. Als „möglich" erschienen im Rückblick erste Schritte zum Aufbau eines republikanischen Militärwesens, zur Demokratisierung der zivilen Verwaltung, zur Vergesellschaftung des Steinkohlenbergbaus.

Keine dieser Aufgaben wurde in Angriff genommen, weil sich die Mehrheitssozialdemokraten andere Prioritäten gesetzt hatten: eine rasche Demobilisierung, einen zügigen Übergang von der Kriegs- zur Friedenswirtschaft, die Aufrechterhaltung von Ruhe und Ordnung, die Bewahrung der Reichseinheit. Diese Ziele waren nur im Zusammenwirken mit der Obersten Heeresleitung, dem hohen Beamtentum und der Unternehmerschaft zu erreichen. Über Strukturreformen sollte, so sahen es Ebert und die anderen maßgeblichen Mehrheitssozialdemokraten, die Verfassunggebende Nationalversammlung entscheiden, die, anders als der Rat der Volksbeauftragten, über ein zweifelsfreies demokratisches Mandat verfügen würde. Die Volksbeauftragten der MSPD fühlten sich nicht als Gründerväter einer Demokratie, sondern, wie Friedrich Ebert es am 6. Februar 1919 in seinem Rechenschaftsbericht vor der Nationalversammlung in Weimar ausdrückte, als „Konkursverwalter des alten Regimes".[6]

Die Ziele der Volksbeauftragten ergaben sich aus den Umständen, die sie vorfanden, und aus den Umständen erwuchs ein Zwang zur Zusammenarbeit mit bisherigen Funktionsträgern: Das ist in der neueren Revolutionsforschung nicht mehr strittig. Kritik zieht aber nach wie vor die Ausschließlichkeit auf sich, mit der die Volksbeauftragten diese Ziele verfolgten. Anders gewendet: Die Zusammenarbeit mit den alten Eliten ging weiter, als es die Verhältnisse erforderten. Bei stärkerem Gestaltungswillen hätten die Mehrheitssozialdemokraten mehr verändern können und weniger bewahren müssen. So etwa läßt sich der Minimalkonsens der Historiker umschreiben, die der Erdmann-These kritisch gegenüberstanden.

Die Diskussion über die Handlungsspielräume und Alternativen von 1918/19 ist seit den sechziger Jahren weitergegangen. Von einem „Dritten Weg" spricht kaum noch jemand, und die Rolle der Räte wird heute sehr viel nüchterner gesehen, als das unter dem Einfluß der Studenten-

---

[6] Verhandlungen der Verfassunggebenden deutschen Nationalversammlung. Stenographische Berichte, Bd. 326, S. 2 f. (Sitzung vom 6. 2. 1919).

bewegung von 1968 zeitweilig der Fall war. 1918/19 ging es nicht um die Errichtung eines „modernen" Rätesystems, wie das Oertzen und in seinem Gefolge viele „68er" annahmen. Es ging vielmehr um die präventive Sicherung der parlamentarischen Demokratie in der parlamentslosen Übergangszeit zwischen dem Sturz der Monarchie und der Wahl der Verfassunggebenden Nationalversammlung.

In der großen Mehrheit wollten die Arbeiter- und Soldatenräte zu jener Zeit die vordemokratischen Selbstverwaltungsorgane auf gemeindlicher und Kreisebene so lange kontrollieren, bis demokratisch legitimierte Körperschaften gewählt waren. Nur eine Minderheit dachte an ein dauerhaftes Nebeneinander von Parlamenten und Räten, und noch geringer war die Zahl derer, die ein „reines Rätesystem" anstrebten, in dem die Trennung von gesetzgebender, ausübender und rechtsprechender Gewalt aufgehoben war. Ein solches System wäre nichts anderes gewesen als die „Diktatur des Proletariats" – in der Praxis also die Diktatur einer revolutionären Avantgarde über das Proletariat und den Rest der Gesellschaft.[7]

In den letzten drei Jahrzehnten hat sich die Diskussion verstärkt der Frage zugewandt, wo die tieferen Gründe dafür zu suchen sind, daß die deutsche Revolution nicht zu den großen Revolutionen der Weltgeschichte gehört. Der Politikwissenschaftler und Publizist Richard Löwenthal hat 1974 darauf hingewiesen, daß die klassischen demokratischen Revolutionen des Westens, darunter die US-amerikanische und die Französische Revolution, alle im vorindustriellen Zeitalter, also in überwiegend agrarischen Gesellschaften, stattgefunden haben. In hochkomplexen, arbeitsteiligen Industriegesellschaften gebe es ein starkes Bedürfnis nach administrativer Kontinuität, das sich in „Angst vor dem ‚Chaos'" auswirke. Nicht nur die Führer der deutschen Mehrheitssozialdemokraten, sondern auch ihre Anhänger hätten darum 1918/19 den „Angriff auf den vordemokratischen, im Effekt antidemokratischen Staat" vermieden.[8]

[7] Vgl. Gerhard A. Ritter: „Direkte Demokratie" und Rätewesen in Geschichte und Theorie (1968), in: ders.: Arbeiterbewegung, Parteien und Parlamentarismus. Aufsätze zur deutschen Sozial- und Verfassungsgeschichte des 19. und 20. Jahrhunderts, Göttingen 1976, S. 292–316.
[8] Richard Löwenthal: Einleitung zu George Eliasberg: Der Ruhrkrieg von 1920, Bonn 1974, S. IV–XXI, hier zitiert nach dem Wiederabdruck: Die deutsche Sozialdemokratie in Weimar und heute. Zur Problematik der „versäumten" demokratischen Revolution, in: ders., Gesellschaftswandel und Kulturkrise. Zukunftsprobleme der westlichen Demokratien, Frankfurt/M. 1979, S. 197–211, Zitate S. 201 und S. 203.

Ganz ähnlich hatte schon über ein halbes Jahrhundert vorher ein von Löwenthal nicht zitierter Autor argumentiert: Eduard Bernstein in seinem 1921 erschienenen, bald vergessenen Buch über die deutsche Revolution von 1918/19. Neben dem Grad der Industrialisierung machte Bernstein aber noch einen anderen revolutionshemmenden Faktor aus: den in Deutschland bereits erreichten Grad an Demokratie. Dieser zweite Faktor verdient es, etwas ausführlicher erörtert zu werden. Denn er erklärt in der Tat, warum es in Deutschland nach dem Ersten Weltkrieg nicht um einen wie auch immer drapierten Abbau von Teilhaberechten gehen konnte, sondern nur um *mehr* Demokratie.[9]

Deutschland kannte bis zum Oktober 1918 zwar keine parlamentarisch verantwortliche Regierung, wohl aber seit rund einem halben Jahrhundert das allgemeine, gleiche und direkte Reichstagswahlrecht für Männer: Es galt seit 1867 im Norddeutschen Bund, seit 1871 im Deutschen Reich. Nachdem die konstitutionelle Monarchie sich durch die Oktoberreform von 1918 in eine parlamentarische Monarchie verwandelt hatte, hieß „mehr Demokratie" zunächst vor allem: volle Verwirklichung des parlamentarischen Systems auch in den Einzelstaaten, Demokratisierung des Wahlrechts in den Einzelstaaten, Kreisen und Gemeinden, Einführung des Frauenwahlrechts. Der Ruf nach baldigen Wahlen einer Konstituante lag nach dem 9. November 1918 förmlich in der Luft. Die Sozialdemokraten, die Vorkämpfer der Demokratisierung im Kaiserreich, hätten ihre demokratische Glaubwürdigkeit verloren, wenn sie dieser Forderung entgegengetreten wären.

Die parlamentarische Demokratie stand 1918 nicht nur deshalb auf der Tagesordnung, weil die siegreichen Demokratien des Westens, mit Amerika und seinem Präsidenten Woodrow Wilson an der Spitze, sie forderten. Die parlamentarische Demokratie lag auch in der Logik der politischen Entwicklung Deutschlands. Ein parlamentarisches System verlangt, soweit keine Partei über eine Mehrheit verfügt, die Bereitschaft zu Koalitionen. In Deutschland hieß das 1918: Die Parlamentarisierung konnte nur gelingen, wenn die Mehrheitssozialdemokraten und die Parteien der bürgerlichen Mitte bereit waren, miteinander zu koalieren.

---

[9] Eduard Bernstein: Die deutsche Revolution von 1918/19. Geschichte der Entstehung und ersten Arbeitsperiode der deutschen Republik (1921), hrsg. und eingeleitet von Heinrich August Winkler, annotiert von Teresa Löwe, Bonn 1998, S. 237 f.

Die noch ungeteilte marxistische Vorkriegssozialdemokratie hatte Koalitionen eine Absage erteilt, weil sie dem Dogma vom Klassenkampf widersprachen. Wäre die Sozialdemokratie nicht im Ersten Weltkrieg am Streit um die Kriegskredite zerbrochen, dann an einem Eintritt von Sozialdemokraten in ein Koalitionskabinett. Nur weil mit den Gegnern der Kriegskredite auch die unbedingten Verfechter des Klassenkampfes die SPD verlassen hatten, konnte die SPD nach 1918 die Koalitionspolitik treiben, ohne die es die erste deutsche Demokratie gar nicht gegeben hätte. Die Spaltung der marxistischen Sozialdemokratie war also, so paradox es klingt, *beides*: eine schwere Vorbelastung der Weimarer Republik *und* eine ihrer Vorbedingungen.[10]

Als Friedrich Ebert, der Vorsitzende der Mehrheitssozialdemokraten, am 23. September 1918 in einer gemeinsamen Sitzung von Parteiausschuß und Reichstagsfraktion seine Parteifreunde von der Notwendigkeit einer Regierungsbeteiligung zu überzeugen versuchte, verwies er, um seiner Forderung Nachdruck zu verleihen, auf ein abschreckendes Beispiel: „Wollen wir jetzt keine Verständigung mit den bürgerlichen Parteien und der Regierung, dann müssen wir die Dinge laufen lassen, dann greifen wir zur revolutionären Taktik, stellen uns auf die eigenen Füße und überlassen das Schicksal der Partei der Revolution. Wer die Dinge in Rußland erlebt hat, der kann im Interesse des Proletariats nicht wünschen, daß eine solche Entwicklung bei uns eintritt. Wir müssen uns im Gegenteil in die Bresche werfen, wir müssen sehen, ob wir genug Einfluß bekommen, unsere Forderungen durchzusetzen, und, wenn es möglich ist, sie mit der Rettung des Landes zu verbinden, dann ist es unsere verdammte Pflicht und Schuldigkeit, das zu tun."[11]

Die Angst vor Chaos und Bürgerkrieg war nicht vorgespiegelt. Seitdem Lenins Bolschewiki am 18. Januar 1918 die freigewählte russische Konstituante gewaltsam aufgelöst hatten, fürchteten nicht nur die Mehrheitssozialdemokraten, sondern auch die gemäßigten Unabhängigen,

---

[10] Heinrich August Winkler: Von der Revolution zur Stabilisierung. Arbeiter und Arbeiterbewegung in der Weimarer Republik 1918–1924, Berlin ²1985, S. 19 ff.; ders.: Weimar 1918–1933. Die Geschichte der ersten deutschen Demokratie, München ³1998, S. 13 ff.; ders.: Die Revolution von 1918/19 und das Problem der Kontinuität in der deutschen Geschichte, in: HZ 250 (1990), S. 300–319; Wolfgang J. Mommsen: Die deutsche Revolution 1918–1920, in: Geschichte und Gesellschaft 4 (1970), S. 362–391.

[11] Die Reichstagsfraktion der deutschen Sozialdemokratie 1898 bis 1918, Band 2, bearbeitet von Erich Matthias und Eberhard Pikart, Düsseldorf, 1966, S. 417–460, Zitat S. 442.

daß Ähnliches auch in Deutschland geschehen könnte. Das russische Beispiel zeigte, daß eine zu allem entschlossene revolutionäre Minderheit der Mehrheit ihren Willen aufzwingen konnte.

Als ein Jahr später, Anfang Januar 1919, Teile des Berliner Proletariats einen Aufstand begannen, der nach dem erklärten Willen Karl Liebknechts zum Sturz der Regierung Ebert-Scheidemann führen sollte, war das strategische Ziel der Erhebung klar: Sie sollte die Wahl der deutschen Konstituante am 19. Januar 1919 verhindern. Die Volksbeauftragten *mußten* den Aufstand niederwerfen, weil andernfalls der Bürgerkrieg ganz Deutschland zu erfassen drohte. Ein solcher Bürgerkrieg hätte sofort die Alliierten auf den Plan gerufen, also europäisches Ausmaß angenommen. Für die deutsche Sozialdemokratie und für die überwältigende Mehrheit der Deutschen war dies die Katastrophe schlechthin.[12]

Der Berliner Januaraufstand wurde mit Hilfe von neugebildeten Freikorps niedergekämpft, die in der Regel von Offizieren des alten Heeres geführt wurden und in der Mehrzahl politisch weit rechts standen. Die Folge waren blutige Gewaltexzesse, bis hin zur Ermordung der Führer der KPD, Karl Liebknecht und Rosa Luxemburg. Eine mittelbare Verantwortung für die Art und Weise, in der der Aufstand der äußersten Linken niedergeschlagen wurde, trugen der für das Militärwesen zuständige Volksbeauftragte Gustav Noske und der Rat der Volksbeauftragten insgesamt. Nach dem 9. November 1918 war so gut wie nichts geschehen, was einen militärpolitischen Neuanfang erlaubt hätte. Es gab, anders als in Österreich, keine politisch zuverlässige Volkswehr, auf die die Volksbeauftragten im Ernstfall hätten zurückgreifen können. Ebert hatte sich auf die Loyalität der Obersten Heeresleitung verlassen und sich damit mehr als nach Lage der Dinge unvermeidbar von ihr abhängig gemacht.[13]

Ob es Ende 1918 hinreichend viele Arbeiter gab, die bereit waren, die Republik notfalls mit der Waffe in der Hand gegen jedweden Umsturzversuch zu verteidigen, ist allerdings zweifelhaft. Auch im besonders umstrittenen Bereich der Militärpolitik fällt es schwer, „kontrafaktisch" zu argumentieren – also die Realisierbarkeit einer Option zu beweisen, die dem rückblickenden Beobachter als möglich und wünschenswert erscheint. Auf gesichertem Terrain steht lediglich die These, daß die

---

[12] Vgl. Winkler, Weimar [wie Anm. 10], S. 56 ff.
[13] Vgl. Kluge, Soldatenräte [wie Anm. 5], S. 126 ff.; Francis L. Carsten: Revolution in Mitteleuropa 1918–1919, Köln 1973, S. 63 ff.

Volksbeauftragten, die mehrheitssozialdemokratischen wie die aus der USPD, der Selbstverteidigung der Republik nicht die erforderliche Beachtung geschenkt haben – sich also Versäumnisse vorhalten lassen müssen.

Skepsis ist auch angesichts einer anderen, sehr viel weiterreichenden „kontrafaktischen" Annahme angebracht, von der, ausgesprochen oder unausgesprochen, manche Beiträge zur kritischen Neubewertung der Revolutionszeit ausgehen: Eine Politik der radikalen Erneuerung in den ersten Monaten nach dem 9. November 1918 hätte Weimar das Überleben in der großen Krise nach 1929 ermöglicht und Deutschland die Katastrophe von 1933 erspart.

Gut begründet ist nur die sehr viel bescheidenere These, daß die regierenden Sozialdemokraten ihren Handlungsspielraum nicht ausgeschöpft haben: Was für den Militärbereich gilt, trifft auch für die Personalpolitik in den oberen Rängen des öffentlichen Dienstes zu. *Eines* aber konnten die neuen Machthaber nicht tun. Sie konnten nicht große gesellschaftliche Gruppen als antirepublikanisch oder antidemokratisch brandmarken und entmachten, ohne den allgemeinen Bürgerkrieg zu entfesseln. Die Republik mußte folglich mit der Tatsache leben, daß es nicht nur an den „Spitzen der Gesellschaft", sondern in breiten bürgerlichen Schichten massive Vorbehalte gegenüber den Resultaten des Regimewechsels vom November 1918 gab.

Der Verlauf der deutschen Revolution von 1918/19 gibt nicht denen recht, die sich damals offen zum revolutionären Bürgerkrieg bekannten und den Sozialdemokraten, die den Bürgerkrieg vermeiden wollten, „Verrat" vorwarfen. Den Bürgerkrieg forderten nach dem Sturz der Monarchie nicht nur irgendwelche Desperados in der Spartakusgruppe und der späteren KPD. Auch Rosa Luxemburg hielt ihn für unvermeidbar. „Der ‚Bürgerkrieg', den man aus der Revolution zu verbannen sucht, läßt sich nicht verbannen", schrieb sie am 20. November 1918 in der „Roten Fahne". „Denn Bürgerkrieg ist nur ein anderer Name für Klassenkampf, und der Gedanke, den Sozialismus ohne Klassenkampf, durch parlamentarischen Mehrheitsbeschluß einführen zu können, ist eine lächerliche kleinbürgerliche Illusion."[14]

Am Ende eines deutschen Bürgerkrieges hätte vermutlich keine Demokratie, sondern eine Diktatur gestanden und zwar, wie die gesell-

---

[14] Rosa Luxemburg: Die Nationalversammlung, in: Gesammelte Werke, Bd. 4, Berlin 1974, S. 407–410, Zitat S. 408.

schaftlichen Kräfteverhältnisse in Deutschland lagen, wohl eher eine rechte als eine linke Diktatur. Da ein deutscher Bürgerkrieg aber nicht auf Deutschland beschränkt bleiben konnte, führt die kontrafaktische Sicht unvermeidlich zu der Frage nach dem Ausgang eines europäischen oder gar eines Weltbürgerkrieges. Eine wissenschaftliche Antwort auf diese Frage gibt es nicht. Die Historiker tun aber gut daran, bei ihren Urteilen über die Revolution von 1918/19 dieser Frage nicht auszuweichen. Denn nur wenn sie bei kontrafaktischen Betrachtungen von realistischen Szenarien ausgehen, können ihre Folgerungen dem kritischen Anspruch standhalten, an dem jedes wissenschaftliche Urteil sich messen lassen muß.[15]

---

[15] Andreas Wirsching: Vom Weltkrieg zum Bürgerkrieg? Politischer Extremismus in Deutschland und Frankreich 1918–1933/39. Berlin und Paris im Vergleich, München 1999; Heinrich August Winkler: Demokratie oder Bürgerkrieg. Die russische Oktoberrevolution als Problem der deutschen Sozialdemokraten und der französischen Sozialisten, in: VfZ 47 (1999), S. 1–23.

*Jürgen John*

# Das Bild der Novemberrevolution 1918 in Geschichtspolitik und Geschichtswissenschaft der DDR

## Vorbemerkungen

Der Beitrag skizziert das DDR-Bild der deutschen Revolution 1918/19 mit Blick auf seine möglichen geschichtskulturellen Nachwirkungen. Er untersucht Gestalt und Wandel des Revolutionsbildes in der offiziellen Geschichtskultur der DDR, seine geschichtspolitische Ausprägung, seinen Niederschlag in propagandistischen und wissenschaftlichen Publikationen sowie in Deutungsmustern fachinterner Debatten, soweit sie direkt oder indirekt öffentlich wirksam wurden.[1] Damit erfaßt er die SED-dominierte Geschichtspolitik wie die an Universitäten, Akademie- und SED-Instituten angesiedelte DDR-Geschichtswissenschaft. Deren Strukturen, Rahmen-, Existenz- und Wirkungsbedingungen dürften weitgehend bekannt sein. Sie sind in den letzten Jahren intensiv untersucht, häufig dargestellt[2] und mehrfach in

---

[1] Dieser diskursanalytische Ansatz beschränkt sich auf die Analyse des gedruckten Schriftgutes. Auf die ergänzende Auswertung von Nachlässen und Archivalien mußte aus Zeit- und Platzgründen verzichtet werden.
[2] Vgl. v. a. Konrad H. Jarausch (Hrsg.): Zwischen Parteilichkeit und Professionalität. Bilanz der Geschichtswissenschaft der DDR, Berlin 1991; ders./Matthias Middell (Hrsg.): Nach dem Erdbeben. (Re-) Konstruktion ostdeutscher Geschichte und Geschichtswissenschaft (Beiträge zur Universalgeschichte und vergleichenden Gesellschaftsforschung 5), Leipzig 1994; Martin Sabrow/Peter Th. Walther (Hrsg.): Historische Forschung und sozialistische Diktatur. Beiträge zur Geschichtswissenschaft der DDR, Leipzig 1995; Martin Sabrow (Hrsg.): Verwaltete Vergangenheit. Geschichtskultur und Herrschaftslegitimation in der DDR (Geschichtswissenschaft und Geschichtskultur im 20. Jahrhundert 1), Leipzig 1997; George G. Iggers u. a. (Hrsg.): Die DDR-Geschichtswissenschaft als Forschungsproblem (Historische Zeitschrift. Bei-

Erinnerungs- und Reflexionsschriften ehemaliger DDR-Historiker[3] beschrieben worden.

Als politisch gebundene Fach- und Legitimationswissenschaft bewegte sich die professionelle Geschichtsschreibung der DDR in einem klar definierten Bezugsfeld von Politik und Wissenschaft, das ihre Möglichkeiten und Grenzen markierte und mit dem Begriff „Herrschaftsdiskurs" gut umschrieben ist.[4] Dieses Bezugsfeld wandelte sich in den vier Jahrzehnten der DDR, blieb aber in seinem Kern konstant. Die etablierte Geschichtswissenschaft war einem marxistischen Welt- und Geschichtsbild mit anfangs mehr, später weniger verbindlichen Denk- und Deutungsmustern verpflichtet, aber keineswegs nur verlängerter Arm der Staatspartei und ihrer politischen Vorgaben. Diese beanspruchte die Deutungshoheit über die Vergangenheit. Sie übte die Diskursherrschaft vor allem auf jenen Feldern historischer Untersuchung und Darstellung aus, die ihre eigene Vorgeschichte unmittelbar berührten. Das betraf in erster Linie die Geschichte der Arbeiterbewegung und diejenige des 20. Jahrhunderts und dabei nicht zuletzt die Deutung der Revolution 1918/19, in deren Kontext die KPD als Vorläufer und Hauptquelle der SED entstand. In den 1950er/60er Jahren erzwang die SED einen tiefgreifenden Elitenwandel in den geisteswissenschaftlichen Fächern, wobei die im Deutungshoheits-Anspruch konkurrierenden früheren bildungsbürgerlichen Eliten weitgehend ausgeschaltet wurden.[5] Es ent-

---

hefte NF 27), München 1998; Martin Sabrow: „Beherrschte Normalwissenschaft". Überlegungen zum Charakter der DDR-Historiographie, in: Geschichte und Gesellschaft 24 (1998), S. 412–445; Rolf Possekel: Kuriositätenkabinett oder Wissenschaftsgeschichte? Zur Historisierung der DDR-Geschichtswissenschaft, ebenda, S. 446–462; Martin Sabrow (Hrsg.): Geschichte als Herrschaftsdiskurs. Der Umgang mit der Vergangenheit in der DDR (Zeithistorische Studien 14), Köln/Weimar/Wien 2000; ders.: Das Diktat des Konsenses. Geschichtswissenschaft in der DDR 1949–1989 (Ordnungssysteme. Studien zur Ideengeschichte der Neuzeit 8), München 2001.

[3] Für die hier untersuchten Vorgänge vgl. v. a. Jürgen Kuczynski: Frost nach dem Tauwetter. Mein Historikerstreit, Berlin 1993; Fritz Klein: Drinnen und Draußen. Ein Historiker in der DDR. Erinnerungen, Frankfurt/M. 2000; Joachim Petzold (unter Mitwirkung von Waltraud Petzold): Parteinahme wofür? DDR-Historiker im Spannungsfeld von Politik und Wissenschaft (Potsdamer Studien 15), hrsg. von Martin Sabrow, Potsdam 2000.

[4] Vgl. Sabrow, Geschichte als Herrschaftsdiskurs [wie Anm. 2].

[5] Vgl. Ralph Jessen: „Bildungsbürger", „Experten", „Intelligenz". Kontinuität und Wandel der ostdeutschen Bildungsschichten in der Ulbricht-Ära, in: Lothar Ehrlich/Gunther Mai (Hrsg.): Weimarer Klassik in der Ära Ulbricht, Köln/Weimar/Wien 2000, S. 113–134; vgl. auch ders.: Akademische Eliten und kommunistische Diktatur. Die ostdeut-

stand eine überwiegend parteigebundene neue Wissenschaftselite, die sich in der Folgezeit ausfächerte, spezialisierte und zu einem DDR-bezogenen Selbstbewußtsein fand.[6] Die so formierte und etablierte Geschichtswissenschaft war Teil einer gebundenen Wissenschaftskultur. In ihr unterlag sie keineswegs nur Zwang und äußeren Vorgaben, sondern wurde selbst höchst aktiv. Sie entwickelte eigene Deutungskonzepte und stellte diese bewußt in den Dienst der DDR-Geschichtspolitik.

Darin liegt an sich nichts Ungewöhnliches. Kollektives Erinnern ist stets mit der Vergangenheit wie mit der Gegenwart verknüpft und somit „gegenwärtige Vergangenheit". In diesem Bezugsfeld haben Historiker von jeher selbst Erinnerungspolitik betrieben, historisches Wissen für aktuelle Zwecke mobilisiert und dabei die Nähe zur Politik gesucht. Doch prägte sich dieses Bestreben in der Wissenschaftskultur der DDR – freiwillig oder gezwungenermaßen – besonders stark aus. Das Selbstverständnis „politischer Wissenschaft" erstrebte die Einheit von Wissenschaft und Politik. Das entsprach den Erwartungen der politischen Führungselite und verkörperte zugleich eigenen Gestaltungswillen. Die Annahme, DDR-Historiker seien bloße Erfüllungsgehilfen offizieller Geschichtspolitik, durchweg bevormundet und simple „Parteiarbeiter an der historischen Front"[7] gewesen, entspricht weder ihren Intentionen noch ihrer tatsächlichen Lage und Wirkung. Es überdeckt ihre wissenschaftlichen und geschichtspolitischen Eigeninteressen. Und es täuscht über die – oft auch institutionell bedingten – Spannungs- und Konfliktfelder hinweg.

---

sche Hochschullehrerschaft in der Ulbricht-Ära (Kritische Studien zur Geschichtswissenschaft 135), Göttingen 1999.

[6] Zur Geschichtswissenschaft vgl. Ulrich Neuhäuser-Wespy: Die SED und die Historie. Die Etablierung der marxistisch-leninistischen Geschichtswissenschaft der DDR in den fünfziger und sechziger Jahren, Bonn 1996; Ilko-Sascha Kowalczuk: Legitimation eines neuen Staates. Parteiarbeiter an der historischen Front. Geschichtswissenschaft in der SBZ/DDR 1945 bis 1961, Berlin 1997; Gerald Diesener: Überlegungen zu einer Geschichte der DDR-Geschichtswissenschaft, in: Jarausch/Middell, Nach dem Erdbeben [wie Anm. 2], S. 68–87; Wolfgang Küttler: Das Historismus-Problem in der Geschichtswissenschaft der DDR, in: Otto Gerhard Oexle/Jörn Rüsen (Hrsg.): Historismus in den Kulturwissenschaften. Geschichtskonzepte, historische Einschätzungen, Grundlagenprobleme (Beiträge zur Geschichtskultur 12), Köln/Weimar/Wien 1996, S. 239–262; Matthias Middell: Wissenschaftliche Schulen in der Geschichtswissenschaft der DDR?, in: Sabrow, Verwaltete Vergangenheit [wie Anm. 2], S. 67–115 sowie die Beiträge von Matthias Middell, Bernd Florath und Helga Schultz in: Iggers u.a., Die DDR-Geschichtswissenschaft [wie Anm. 2].

[7] So der Untertitel bei Kowalczuk, Legitimation [wie Anm. 6].

Vor diesem Hintergrund behandelt der Beitrag das Bezugs- und Spannungsfeld geschichtspolitischer und fachwissenschaftlicher Deutung der Revolution 1918/19, den Wandel entsprechender Deutungsmuster und die damit verbundenen Konfliktfelder. Diese waren weder mit dem offiziell gewünschten „wissenschaftlichen Meinungsstreit"[8] deckungsgleich noch bloßer Ausdruck eines durchweg „von oben" inszenierten Täuschungsmanövers, in dem die Fachhistoriker gleichsam nur als gelenkte Handlungspuppen agierten.[9] Von den skizzierten Konstellationen grundsätzlich abweichende Deutungen der Novemberrevolution konnten sich in der DDR kaum öffentlich artikulieren und traten erst in der Bürgerrechts-Bewegung 1989/90 mit ihrer Suche nach einem „dritten Weg" stärker hervor. Sie bleiben deshalb hier außer Betracht.

## Deutsch-deutsche Revolutions- und „Weimar"-Bilder

Aus der Novemberrevolution 1918 ging die Weimarer Republik hervor. Beider Deutungen waren stets eng miteinander verbunden. Nach 1945 bezogen sich die Gestaltungs- und Verfassungsdebatten in Ost und West – traditionssuchend oder abgrenzend – auf die Revolution 1918 und die erste deutsche Republik. So oder so wurde mit diesem Thema in beiden deutschen Staaten Geschichtspolitik betrieben und versucht, politische Identität zu stiften.[10] Der kritische Bezug auf die Vorgänge 1918 bis 1933 mit den Formeln „Bonn ist nicht Weimar" (West) oder „Kein Zu-

---

[8] Vgl. Martin Sabrow: Der „ehrliche Meinungsstreit" und die Grenzen der Kritik. Mechanismen der Diskurskontrolle in der Geschichtswissenschaft der DDR, in: Gustavo Gorni/Martin Sabrow (Hrsg.): Die Mauern der Geschichte. Historiographie in Europa zwischen Diktatur und Demokratie, Leipzig 1996, S. 79–117.

[9] So Joachim Petzold: „Meinungsstreit" im Herrschaftsdiskurs, in: Sabrow, Geschichte als Herrschaftsdiskurs [wie Anm. 2], S. 287–314; ders., Parteinahme wofür? [wie Anm. 3], v. a. S. 34 ff.; diese durch Aktenstudien ergänzte Autobiographie ist als offenkundige, von früheren Zweifeln wie von späteren Einsichten und Enttäuschungen geprägte und deshalb heftig umstrittene Rechtfertigungsschrift für die hier untersuchten Zusammenhänge ebenso aufschlußreich wie in ihren rückprojizierten ex-post-Urteilen kritisch zu beurteilen.

[10] Vgl. auch Edgar Wolfrum: Geschichtspolitik. Der lange Weg zur bundesrepublikanischen Identität, Darmstadt 1999; eine entsprechend durchgängige Untersuchung identitätsbemühter DDR-Geschichtspolitik fehlt bislang; in deutsch-deutsch vergleichender Perspektive vgl. aus der Fülle der – meist auf den Umgang mit der NS-Zeit bezogenen – Literatur u. a. Aleida Assmann/Ute Frevert: Geschichtsvergessenheit – Geschichtsversessenheit. Vom Umgang mit deutschen Vergangenheiten nach 1945, Stuttgart 1999.

rück zu Weimar" (Ost) schloß den Anspruch ein, die jeweils richtigen Lehren aus ihnen gezogen zu haben. In der Bundesrepublik Deutschland verband sich das mit revolutionsdistanzierten Konzepten der „wehrhaften Demokratie", in der DDR mit revolutionsrhetorisch untermauerten kommunistisch-antifaschistischen Legitimations- und Zukunftsmustern. Dem bundesdeutschen Negativbild einer bolschewistisch beeinflußten Umsturzbewegung, die zum Bürgerkrieg führte und die junge parlamentarische Demokratie gefährdete, stand in der DDR das Positivbild eines am Ende des Ersten Weltkrieges eingeleiteten revolutionären Aufbruchs in die kommunistische Zukunft gegenüber. Das wurde freilich vor allem auf die erfolgreiche russische „Modellrevolution" 1917 und kaum auf die gescheiterte deutsche Revolution 1918 projiziert. Zwar sah man beide in engem Wirkungszusammenhang, ordnete aber die deutsche Revolution eher einem zu Ende gehenden, vom imperialistischen Zeitalter überlagerten bürgerlichen Revolutionszyklus zu. Allein die KPD-Gründung habe in die kommunistische Zukunft gewiesen. Die Weimarer Republik erschien in dieser Interpretationsperspektive weniger als Fortschritt und Ergebnis der Revolution denn als fortschrittshemmendes Produkt der Konterrevolution. Die deutsch-deutschen Kontrasturteile waren auch von alten und neuen Gegensätzen zwischen Sozialdemokraten und Kommunisten geprägt. Im gleichen Maße, wie sich die SPD in der Bundesrepublik zur staatstragenden Volkspartei wandelte und dabei auf die Weimarer Republik und ihre Vorgeschichte berief, führte die SED einen geistigen Doppelkrieg gegen die westdeutsche Sozialdemokratie und gegen den Sozialdemokratismus in den eigenen Reihen und prangerte dabei „Verrat", konterrevolutionäre und arbeiterfeindliche Bündnisse der SPD-Führer seit 1914 an.[11]

Auf diese Weise standen die geschichtspolitisch wirksamen Revolutions- und Republikbilder in der Bundesrepublik und in der DDR mit ihren jeweils vorherrschenden Werte-, Denk- und Interpretationsmodellen in schärfstem inhaltlichen Kontrast. Zugleich zeigten die vom jeweiligen Standpunkt aus betonten Gegensatzpaare – Räte- versus parlamentarisches Repräsentativsystem, „proletarische Hegemonie" versus „bürgerliche Demokratie" oder die trennende Gegenüberstellung von Revo-

---

[11] Dabei wurde die „Verrats"-These vor allem auf 1914 und weit geringer – zumindest nicht so dezidiert wie bei Sebastian Haffner: Die verratene Revolution, Bern u. a. 1969 – auf die Revolution 1918/19 projiziert; eher sprach man von „arbeiterfeindlichen" und „konterrevolutionären Bündnissen" der Sozialdemokraten 1918/19 mit Imperialismus, Militarismus und Bourgeoisie.

lution und Republikgründung – aufschlußreiche Berührungspunkte. Beide Seiten lehnten verbindende, gleichsam „dritte" Wege ab und machten die Gründungskompromisse der Weimarer Republik – wegen der sozialdemokratisch-bürgerlichen Bündnisse oder weil diese nicht tief genug reichten – für ihr Scheitern mitverantwortlich. Solche Sichtweisen wurden in der Bundesrepublik seit den 1960er Jahren aufgebrochen oder relativiert. In der DDR geschah das nur zögernd, spät und ohne wirklich Eingang in das offizielle Bild von der Novemberrevolution und der Weimarer Republik zu finden. Auch unterblieb ein geistiger Paradigmenwechsel wie in der Bundesrepublik. Den festgefahrenen Traditionsbildern zuwiderlaufende Einsichten und Forschungsbefunde konnten sich nur schwer, kaum direkt oder gar durch Druck „von unten" durchsetzen. Sie mußten Um- und kanalisierte Reformwege „von oben" suchen. Bestimmte Tabuzonen blieben bis zum Ende der DDR bestehen.

Das „Weimar"-Bild der DDR-Geschichtspolitik und -wissenschaft[12] ist nicht Untersuchungsgegenstand dieses Beitrages. Doch sind seine Zusammenhänge mit der Deutung der Novemberrevolution durchweg zu beachten. Das gilt auch für die gegensätzlichen West-Ost-Interpretationen dieser Revolution, ihre wechselseitigen Bezüge, Abgrenzungen und Feindbilder.[13] Sie sind aus bundesdeutscher Sicht mehrfach verglichen worden.[14] Die DDR-Seite mied meist solche Vergleiche und legte

---

[12] Vgl. auch Wolfgang Bialas: Historische Diskursformen ostdeutscher Intellektueller – die Weimarer Republik und die „Sieger der Geschichte", in: Iggers u.a., Die DDR-Geschichtswissenschaft [wie Anm. 2], S. 309–321 sowie den Beitrag von Martin Sabrow in diesem Band.
[13] Vgl. Martin Sabrow: Gegensätzliche Geschichtsbilder – gegnerische Geschichtsbilder? Die deutsch-deutsche Historikerkonkurrenz als Wahrnehmungsgeschichte, in: Christoph Kleßmann u.a. (Hrsg.): Deutsche Vergangenheiten – eine gemeinsame Herausforderung. Der schwierige Umgang mit der doppelten Nachkriegsgeschichte, Berlin 1999, S. 139–160; ders.: Die Geschichtswissenschaft der DDR und ihre „objektiven Gegner", in: Iggers u.a., Die DDR-Geschichtswissenschaft [wie Anm. 2], S. 53–91; vgl. auch Norbert Kapferer: Das Feindbild der marxistisch-leninistischen Philosophie in der DDR 1945–1988, Darmstadt 1990 sowie Christian Jahr u.a. (Hrsg.): Feindbilder in der deutschen Geschichte, Berlin 1994.
[14] Vgl. Lutz Winckler: Die Novemberrevolution in der Geschichtsschreibung der DDR, in: Geschichte in Wissenschaft und Unterricht 21 (1970), S. 216–234 (auch im Vergleich mit dem damaligen Stand bundesdeutscher Forschung); Ulrich Kluge: Die deutsche Revolution 1918/19. Staat, Politik und Gesellschaft zwischen Weltkrieg und Kapp-Putsch, Frankfurt/M. 1985, S. 14–38; Eberhard Kolb: Die Weimarer Republik (Oldenbourg Grundriß der Geschichte 16), München 5 2000, S. 157–168; zum Wandel bundesdeutscher Revolutionsbilder vgl. auch ders.: Revolutionsbilder: 1918/19 im zeitgenössischen Bewußtsein und in der historischen Forschung (Kleine Schriften Stif-

in der Regel getrennte Analysen vor.[15] Es ist nicht Anliegen dieses Beitrages, die Ergebnisse der DDR-Revolutionsforschung und ihre einzelnen Deutungselemente im Detail zu referieren. Hier interessieren zentrale Deutungsmuster in Geschichtspolitik und -wissenschaft, Grundzüge und Wandel des DDR-Bildes von der Novemberrevolution, entsprechende Debatten um ihren Charakter sowie ihr Gebrauchs- und Stellenwert in der Gedenk- und Geschichtskultur der DDR. Das alles stand in engem Bezug zur bundesdeutschen Revolutionsdeutung. Auch auf diesem Gebiet verhielten sich Bundesrepublik und DDR wie feindliche Brüder, die sich gegenseitig die Folgen früherer verfehlter Politik bzw. die Schuld für die „unbewältigte Vergangenheit" vorwarfen und jeweils für sich reklamierten, das nunmehr „bessere Deutschland" zu verkörpern. Dabei war die DDR-Seite offenkundig stärker auf die bundesdeutsche Seite fixiert als umgekehrt[16] und suchte deshalb eine wirksame Methodologie für entsprechende Auseinandersetzungen.[17] Diese wurden in den ersten Jahrzehnten beiderseits in der harten Sprache des Kalten Krieges geführt, im Zuge der Entspannungs- und Dialogpolitik der 1970er/80er Jahre dann tendenziell abgeschwächt und gelockert.

---

tung Reichspräsident-Friedrich-Ebert-Gedenkstätte 15), Heidelberg 1993 sowie den Beitrag von Heinrich August Winkler in diesem Band.

[15] Zur DDR-Forschung vgl. die aus Anlaß internationaler Historikerkongresse erschienenen Sonderbände der Zeitschrift für Geschichtswissenschaft mit den Beiträgen von Hellmuth Kolbe: Arbeiten über die Novemberrevolution 1918 und die Gründung der KPD, in: Historische Forschungen in der DDR. Analysen und Berichte, Berlin 1960, S. 325–343; Hans-Joachim Fieber/Heinz Wohlgemuth: Forschungen zur Novemberrevolution und zur Gründung der KPD, in: Historische Forschungen in der DDR 1960–1970. Analysen und Berichte, Berlin 1970, S. 508–514; Siegfried Ittershagen/Kurt Wrobel: Forschungen zu den Auswirkungen der Oktoberrevolution auf Deutschland, zur Novemberrevolution und zur Gründung der KPD, in: Historische Forschungen in der DDR 1970–1980. Analysen und Berichte, Berlin 1980, S. 230–240; zur bundesdeutschen Revolutionsforschung vgl. Gerhard Meisel: Novemberrevolution 1918 in Deutschland, in: Gerhard Lozek u. a. (Hrsg.): Unbewältigte Vergangenheit. Kritik der bürgerlichen Geschichtsschreibung in der BRD, Berlin ³1977, S. 594–606; als ein eher seltenes Beispiel vergleichender Analysen vgl. Heinz Küster/Roland Grau: Über die Rolle der Arbeiter- und Soldatenräte in der Novemberrevolution, in: BzG 10 (1968), Sonderheft, S. 61–78.

[16] So schon die Beobachtung von Winckler, Die Novemberrevolution [wie Anm. 14], S. 226.

[17] Vgl. Gerhard Lozek: Zur Methodologie einer wirksamen Auseinandersetzung mit der bürgerlichen Geschichtsschreibung, in: ZfG 17 (1970), S. 608 ff.

## Gespaltene Geschichtsbilder?

Vor diesem Hintergrund fragte die Tagung, deren Beiträge in diesem Band versammelt sind, nach den geschichtskulturellen Nachwirkungen und entsprechend „gespaltenen Geschichtsbildern" im heutigen Deutschland. Ihre Initiatoren gingen von einer immer noch „gespaltenen Geschichtskultur" als Resultat gegensätzlicher Geschichtsdeutung und -politik in den beiden deutschen Staaten aus. Doch ist fraglich, ob diese Annahme zutrifft. Es scheint, sie *unterschätzt* frühere Wandlungen und Spannungen in den Geschichtsbildern. Und sie *überschätzt* die Nachwirkungen einstiger Geschichtspolitik wie überhaupt geschichtswissenschaftliche und -propagandistische Möglichkeiten, nachhaltig auf das allgemeine Geschichtsdenken einzuwirken.[18] Eher schon ist das Nachwirken recht starrer und vereinfachter Geschichts- und Revolutionsbilder zu vermuten, die – in der Bundesrepublik pluraler, in der DDR eher monolithisch – über die Schulen verbreitet wurden.[19] Hier fanden neue Forschungsergebnisse und Einsichten nur zögernd Eingang. In der DDR vermieden es vorgegebene Lehrpläne, Schulbücher und Unterrichtshilfen zudem, unterschiedliche Deutungen und Historikerurteile zur Dis-

---

[18] Der Selbstanspruch der – etwa in der ZfG und in der SED-Zeitschrift „Einheit" in den 1960er bis 1980er Jahren geführten – Debatten über „Geschichte und Geschichtsbewußtsein", nachhaltig erzieherisch und meinungsbildend wirken zu können, sollte nicht für bare Münze genommen werden; vgl. auch Dieter Riesenberger: Geschichte und Geschichtsbewußtsein in der DDR. Aspekte und Tendenzen, Göttingen 1973; in der Rückschau fallen selbst die Urteile an diesen Debatten Beteiligter verhalten aus; vgl. etwa Helmut Meier: Geschichtsbewußtsein und historische Identität in der DDR. Versuch einer kritischen Bilanz (hefte zur ddr-geschichte 31), Berlin 1996, der nun nur noch meinte, das Geschichtsinteresse in der DDR habe einen „gewissen Stellenwert" gehabt (S. 16); mit Blick auf die Entwicklung seit 1990 kam er zu dem vorsichtigen Fazit, bestimmte Inhalte und Standpunkte seien im allgemeinen „Identitätswandel" selbstverständlich aufgegeben oder gar ein bewußter Positionswechsel vollzogen worden; an anderen werde nach wie vor festgehalten, woraus sich eine gewisse, historisch fundierte „Ostidentität" ergebe (S. 39ff.).

[19] Vgl. Matthias Steinbach: Gefühle im historischen Konflikt. Zum Umgang mit der Novemberrevolution im Schulbuch, in: Michael Zöller (Hrsg.): Vom Betreuungsstaat zur Bürgergesellschaft – kann die Gesellschaft sich selbst regeln und erneuern? (Veröffentlichungen der Hanns Martin Schleyer-Stiftung 55), Köln 2000, S. 159–169; ders./Andrea Mohring: „Entweder regiert Ebert oder Liebknecht". Zum Umgang mit der Revolution von 1918/19 in Schulbuch und Unterricht – Skizze eines deutsch-deutschen Vergleiches, in: Geschichte. Politik und ihre Didaktik. Zeitschrift für historisch-politische Bildung 28 (2000), S. 184–200; vgl. auch Friedemann Neuhaus: Geschichte im Umbruch. Geschichtspolitik, Geschichtsunterricht und Geschichtsbewußtsein in der DDR und den neuen Bundesländern 1983–1993, Frankfurt/M. u. a. 1998.

kussion zu stellen. Das blieb den Lehrern überlassen. Engagierte Geschichtslehrer taten dies. Andere – wohl die Mehrheit – hielten sich an die einseitigen Vorgaben. Diese recht grob geschnitzten, dem jeweiligen Wertekanon verpflichteten Schul-Geschichtsbilder waren mit ihren „einfachen Wahrheiten" im direkten Lehrer-Schüler-Verhältnis sicher wirkungsvoller als Fachpublikationen oder die offizielle Geschichts- und Erinnerungskultur.

Doch ist selbst hier Skepsis angebracht. Rückfragen zeigen, wie schwach die Novemberrevolution 1918 im heutigen allgemeinen Geschichtsbewußtsein auch bei denen verankert ist, die durch die DDR-Schulen gegangen sind. Eher schon könnte man früheren DDR-Deutungen verpflichtetes Denken bei den Geschichtslehrern der „neuen Bundesländer" vermuten. Nach dem Wegfall der einst verkündeten Klassenkampf-Logik schienen sie zunächst rat- und orientierungslos. Doch haben sie sich – eigenständig oder erneut angepaßt – unterdes wohl längst im konkurrierenden Nebeneinander unterschiedlicher Deutungen ein- und ausgerichtet, das dem Umgang mit der Revolution von 1918 die einst polarisierende Schärfe genommen hat. Ohnehin scheint es um diese Revolution recht still geworden zu sein. Im Revolutionsgedenkjahr 1998 spielte ihr 80. Jahrestag kaum eine Rolle – in auffälligem Kontrast zu dem für eine eher revolutionsdistanzierte Gesellschaft ungewöhnlich aufwendig inszenierten 150. Jubiläum der Revolution von 1848.[20] Über das unterschiedliche Gewicht der beiden Jubiläen hinaus[21] hatte dies offenkundig tiefere geschichtspolitische und -kulturelle Gründe. Es scheint, als reibe sich niemand mehr so recht an der für die damals aufstrebenden neuen gesellschaftlichen Eliten ja trotz ihrer Niederlage letztlich keineswegs erfolglosen 1848er Revolution, während die mit allen Problemlagen des 20. Jahrhunderts behaftete „proletarische Revolution" 1918 lieber gemieden wird.

---

[20] Vgl. Dieter Langewiesche: 1848 und 1918 – zwei deutsche Revolutionen. Vortrag vor dem Gesprächskreis Geschichte der Friedrich-Ebert-Stiftung in Bonn am 4. November 1998 (Gesprächskreis Geschichte 20), Bonn 1998.

[21] Immerhin wurde des 80. Jahrestages der Gründung der Weimarer Republik wenig später recht intensiv, meist mit nur geringem Bezug zur Revolution 1918/19 und eher in Abgrenzung zu ihr gedacht.

## Geschichtspolitische Grundeindrücke

Zweifellos kontrastiert dieser Eindruck eines geringen Stellenwertes der Revolution 1918 in der heutigen Geschichtskultur[22] mit der rückschauenden Bilanz der mit diesem Thema in der DDR betriebenen Geschichts- und Identitätspolitik. Mit Blick auf die Fragestellungen dieses Bandes sind vor allem Grundkoordinaten, Gebrauchswert und Wandel des DDR-Bildes von der Novemberrevolution zwischen 1948 und 1988 aufschlußreich. Dabei zeichnen sich einige Grundeindrücke ab. Sie seien eingangs thesenhaft benannt, um dann diesen Befunden etwas genauer nachzugehen.

Vor allem fällt ein ambivalentes – um nicht zu sagen „gespaltenes" – Verhältnis der SED-Spitzen zur Revolution von 1918/19 auf. Sie agierten durchweg in dem Dilemma, sie einerseits zu traditionsbildenden, identitätsstiftenden und legitimierenden Zwecken zu nutzen und sich zugleich inhaltlich von ihr zu distanzieren. Das hing mit den Erfahrungen, Enttäuschungen und Traditionen der KPD zusammen, aber auch mit der zum Vorbild und Muster erhobenen „Großen Sozialistischen Oktoberrevolution" 1917 in Rußland, der gegenüber die deutsche Revolution als fehlgeleitet und weitgehend mißglückt erschien; darüber hinaus mit den geistigen, herrschafts- und geschichtspolitischen Problemlagen der DDR selbst. Trotz des revolutionären Selbstverständnisses und entsprechender Revolutionsrhetorik und obwohl die SED schon durch ihre Parteitradition in einem direkteren Bezug zur Revolution von 1918 als zu der von 1848 stand, blieb erstere – in mancher Hinsicht sogar weit stärker als die Revolution von 1848[23] – auch in der DDR eine zwar instrumentalisierte, aber letztlich „ungeliebte Revolution".

Daraus ergab sich ein anfangs massiver, dann deutlich nachlassender SED-offizieller Umgang mit ihr. Die bemühten Versuche der Ulbricht-Ära, mit den „Lehren aus der Novemberrevolution" DDR-Identität zu stiften, scheiterten. In der offiziellen Traditions-, Gedenk- und Erinne-

---

[22] Das zeigen auch den Konzepten des „kollektiven" und „kulturellen Gedächtnisses" und entsprechender „Gedächtnislandschaften" verpflichtete Publikationen – vgl. etwa den 2. Band der Essaysammlung von Etienne Francois/Hagen Schulze (Hrsg.): Deutsche Erinnerungsorte, München 2001, der unter dem Themenschwerpunkt „Revolution" zwar einen Essay über Rosa Luxemburg, aber keinen – dem Essay „Die Paulskirche" vergleichbaren – Essay über die Revolution von 1918/19 insgesamt enthält.

[23] Der aufschlußreiche Vergleich des geschichtspolitischen DDR-Umgangs mit diesen beiden Revolutionen und seines Wandels muß hier leider unterbleiben.

rungskultur der „Ära Honecker" besaß diese Revolution einen weit geringeren Stellenwert. Im Grunde interessierte sie geschichtspolitisch nur noch als Entstehungskontext der KPD. In mancher Hinsicht läßt sich das aus dem Wandel des Selbstverständnisses erklären – von der „Ära Ulbricht", die sich als revolutionäre Gestaltungsgesellschaft mit „nationaler Mission" gegenüber einer verbliebenen bürgerlichen Welt in der Bundesrepublik verstand und dabei auf revolutionäre Vorläufer berief, zum etablierten, äußerlich anerkannten wie von inneren Erosionstendenzen erfaßten Staats- und Gesellschaftssystem der Honecker-Ära, in der Revolutionsgedenken eher störte oder gar bedrohlich werden konnte. Das war auch eine Generationsfrage. Viele Spitzenfunktionäre der „Ära Ulbricht" hatten noch einen direkten Lebens- und Erfahrungsbezug zur Zeit vor 1933. In der „Ära Honecker" traten die NS-Zeit und die Instrumentalisierung des antifaschistischen Widerstandes weit stärker in den Vordergrund der Geschichtspolitik. Insgesamt gesehen nahm die Novemberrevolution in der „Gedächtnislandschaft" der DDR und ihrer Werte-, Symbol- und Deutungshierarchie – gemessen etwa am antifaschistischen Gründungsmythos – einen eher nachgeordneten, tendenziell sinkenden und schließlich ziemlich untergeordneten Platz ein.[24]

Damit – wie mit der Erbe-Traditions-Debatte der 1970er/80er Jahre und den sich entsprechend weitenden Geschichtsbildern – war eine Erosion zunächst verbindlich erklärter Deutungsmuster verbunden. Die geschichtspolitische Instrumentalisierung der Novemberrevolution in der als revolutionär deklarierten, zugleich massiv reglementierten Aufbruchphase der frühen DDR zog der entstehenden Geschichtswissenschaft enge konzeptionelle Grenzen, begünstigte aber die – freilich selektive – Revolutionsforschung. Die späteren Lockerungs- und Ero-

---

[24] Vgl. u. a. Herfried Münkler: Das kollektive Gedächtnis der DDR, in: Dieter Vorsteher (Hrsg.): Parteiauftrag: ein neues Deutschland. Bilder, Rituale und Symbole der frühen DDR, München/Berlin 1996, S. 458–468; ders.: Antifaschismus und antifaschistischer Widerstand als politischer Gründungsmythos der DDR, in: Aus Politik und Zeitgeschichte B 45 (1998), S. 16–29; Monika Gibas: „Auferstanden aus Ruinen und der Zukunft zugewandt!" Politische Feier- und Gedenktage der DDR, in: Sabine Behrenbeck/ Alexander Nützenadel (Hrsg.): Inszenierungen des Nationalstaats. Politische Feiern in Italien und Deutschland seit 1860/71 (Kölner Beiträge zur Nationsforschung 7), Köln 2000, S. 191–220. Der 9. November als Jahrestag der Novemberrevolution galt zwar seit 1946/48 als wichtiger politischer Gedenktag, war aber – anders als der 1. Mai, der 8. Mai und der 7. Oktober – kein offizieller Staatsfeiertag; nur indirekt an die Novemberrevolution erinnerten die jährlichen Luxemburg-Liebknecht-Gedenkfeiern zum 15. Januar mit ihren der KPD-Tradition der 1920er Jahre entlehnten, von den Inszenierungen anderer Gedenktage deutlich abweichenden Gedenkritualen.

sionstendenzen öffneten ihr unterschiedliche – meist viel zu zaghaft genutzte – Frei- und Forschungsräume. Über bestimmte parteiinstitutionell gehütete Traditionsbilder hinaus wurde die Beschäftigung mit der Revolution 1918/19 in der späten DDR immer mehr zu einer Angelegenheit weniger, sich in dieser Sache engagierender Fachhistoriker. Insgesamt blieb die Revolutionsforschung in der DDR traditionsgebunden, vereinzelt, institutionell verstreut und kaum nennenswert schulbildend. Ihr anfänglicher Vorsprung gegenüber der erst allmählich in Gang kommenden bundesdeutschen Revolutionsforschung schwand rasch dahin. Die eher insularen, auf bevorzugte Einzelaspekte gerichteten DDR-Forschungen hielten schließlich keinem Vergleich mit den komplexen Revolutionsforschungen in der Bundesrepublik mehr stand.

Diese Entwicklungstendenzen und der damit verbundene Wandel des DDR-Revolutionsbildes sind an den Revolutionsjubiläen 1948 bis 1988 ablesbar. Läßt sich die gesamte Geschichtspolitik und -propaganda der DDR anhand ihrer Jahrestage rekonstruieren,[25] so gilt das auch für die jeweils ein Jahr zuvor liegenden Revolutions-Jahrestage mit ihren – offen oder unterschwellig geführten – Debatten um den Charakter der Novemberrevolution. Dabei intervenierte die SED-Führung 1948 bis 1968 mit direkten geschichtspolitischen Vorgaben („Thesen"). Hingegen beschränkten sich vergleichbare Vorgaben der 1970er/80er Jahre auf das engere Traditionsbild der Partei – die jeweiligen Jahrestage der KPD-Gründung – mit nur noch indirekten und eher zurückhaltenden Aussagen zur gesamten Revolution von 1918/19. Der dabei anfangs geradezu verbissene, scholastisch wirkende, heute kaum noch nachvollziehbare, später nachlassende Streit um Begriffe und Definitionen war eine Folge des SED-Anspruchs, über ein wissenschaftlich-philosophisch fundiertes Weltbild zu verfügen und eine entsprechend wissenschaftlich begründete Politik im allgemeinen und Geschichtspolitik im besonderen zu betreiben.[26] So wurden denn auch für die im Kontext mit der russischen Oktoberrevolution 1917 gesehene und zugleich von ihr abgehobene deutsche Revolution 1918 Lehrsätze und Leitbilder festgeschrieben und wieder aufgebrochen, die an sich wenig aussagen, aber die geschichts-

---

[25] Vgl. Monika Gibas u. a. (Hrsg.): Wiedergeburten. Zur Geschichte der runden Jahrestage der DDR, Leipzig 1999; dies.: Propaganda in der DDR, Erfurt 2000; Gerald Diesener/Rainer Gries (Hrsg.): Propaganda in Deutschland. Zur Geschichte der politischen Massenbeeinflussung im 20. Jahrhundert, Darmstadt 1996, S. 111–190.
[26] Vgl. Christian Bergmann: Totalitarismus und Sprache, in: Aus Politik und Zeitgeschichte, B 38 (1999), S. 18–24.

politischen und fachwissenschaftlichen Auseinandersetzungen widerspiegeln.

Mit den Kontroversen um den Charakter der Novemberrevolution als einer „bürgerlichen" oder „sozialistischen" Revolution verband sich stets eine enge oder weite, selektive oder komplexe, ab- oder aufwertende Sicht dieser Revolution, ihrer Akteure, Handlungsebenen, Ergebnisse und Folgen – und damit auch der aus ihr hervorgegangenen Weimarer Republik. Letztere interessierte lange Zeit nur als relativ günstiger Kampfboden der KPD oder als Vorgeschichte der NS-Diktatur, erschien in dieser Perspektive als „Republik auf Zeit"[27] und wurde erst in den 1980er Jahren gründlicher in ihren Gesamtaspekten bedacht und erforscht. Den kontroversen Deutungen der Novemberrevolution lag keine fundierte Revolutionstheorie und -soziologie zugrunde. Sie griffen mehr oder weniger scholastisch auf die Revolutionslehre Lenins mit ihrer Konzentration auf Macht- und Eigentumsfragen zurück. Die von der SED-Spitze beanspruchte und in den 1950er Jahren durchgesetzte, später zwar in den Hintergrund tretende, aber nie aufgegebene Deutungshoheit über die Revolution von 1918 machte dieses Thema nicht gerade attraktiv für revolutionstheoretische Überlegungen. Das Leipziger Zentrum für vergleichende Revolutionsforschung hielt sich auf diesem Gebiet auffällig zurück. Es konzentrierte sich auf die neuzeitlich-bürgerlichen Revolutionszyklen des 16. bis 19. Jahrhunderts und auf die Befreiungsbewegungen in Asien, Afrika und Lateinamerika. Auf das Europa des 20. Jahrhunderts gerichtete Analysen erörterten zwar Fragen von Reform und Revolution, Revolution und Konterrevolution, der Hegemonie und der Triebkräfte im „sozialistischen Revolutionszyklus"; sie behandelten aber fast ausschließlich die russischen Vorgänge von 1917, Sowjetrußland und die sogenannten volksdemokratischen Revolutionen nach 1945. Die deutsche Revolution 1918/19 blieb weitgehend ausgeblendet.[28]

[27] Vgl. Wolfgang Ruge: Weimar – Republik auf Zeit, Berlin ²1980.
[28] Vgl. Ernstgert Kalbe/Joachim Kuhles: Methodologische Fragen der historischen Analyse des sozialistischen Revolutionszyklus, in: Manfred Kossok (Hrsg.): Vergleichende Revolutionsgeschichte – Probleme der Theorie und Methode, Berlin 1988, S. 115–198; frühere Sammelbände des Leipziger Zentrums, seine „Studien zur Revolutionsgeschichte" und „Leipziger Beiträge zur Revolutionsforschung", von denen sich v. a. die Hefte 13, 17/1, 2, 19 und 23 mit dem „sozialistischen Revolutionszyklus" beschäftigten, zeigen ähnliche Analyseschwerpunkte; die deutsche Revolution 1918/19 wurde lediglich in einem kleineren Beitrag von Hans Beyer über die Revolution in Bayern 1918/19 (in: Leipziger Beiträge zur Revolutionsforschung, Heft 13, Leipzig 1986,

## Das Revolutionsjubiläum 1948

Am Anfang – so könnte man mit Blick auf das Revolutionsjubiläum 1948 sagen – war die Vorgabe. Noch gab es keine DDR, keine marxistische Geschichtswissenschaft und keine entsprechende Revolutionsforschung. Doch boten die Jubiläen der Revolutionen 1848 und 1918 willkommene Gelegenheit, im Vorfeld deutscher Zweistaatlichkeit, wenige Jahre nach dem Ende des Krieges und des NS-Regimes geschichtspolitisch Position zu beziehen. In Ansätzen war das bereits 1945/46 mit der – etwa im KPD-Aufruf vom Juni 1945 oder im Manifest des SED-Gründungsparteitages vom April 1946 – formulierten Maxime „Keine Wiederholung der Fehler von 1918!"[29] geschehen. Am 16. September 1948 verabschiedete der SED-Parteivorstand eine Entschließung zum 30. Jahrestag der Novemberrevolution. Ihre 25 Thesen behandelten die Spaltung der deutschen Sozialdemokratie, die Novemberrevolution, die Weimarer Republik und die daraus zu ziehenden „Lehren". Dieses Grundsatzpapier stufte die Revolution 1918 als eine „unvollendete bürgerliche Revolution" ein, zeichnete damit bereits wesentliche Konturen späterer Deutungen vor und brachte zugleich das skizzierte geschichts- und identitätspolitische Interpretationsdilemma zum Ausdruck.[30]

Seine Thesen zeigten die aus eigenen politischen Erfahrungen seit 1918 wie aus der Übernahme sowjetischer Sichtweisen gespeiste Di-

---

S. 7–18) behandelt; auch andere revolutionsgeschichtlich vergleichende Studien zum 20. Jahrhundert beschränkten sich meist auf den Versuch nachzuweisen, daß sich bestimmte Grundzüge der russischen Oktoberrevolution 1917 in den sogenannten volksdemokratischen Revolutionen nach 1945 „gesetzmäßig wiederholten" und blendeten die deutsche Revolution 1918 aus – so etwa Maria Anders/Gerhard Fuchs: Die Errichtung der politischen Macht der Arbeiterklasse in der Großen Sozialistischen Oktoberrevolution und in den volksdemokratischen Revolutionen Europas. Ein revolutionsgeschichtlicher Vergleich, in: ZfG 26 (1978), S. 1059–1073; eher singulär blieb der Versuch, die „Sonderstellung Deutschlands" 1918/19 als einziges von der Revolution erfaßtes der ökonomisch hochentwickelten Länder im Vergleich der „Revolutionskomplexe" nach dem Ersten und Zweiten Weltkrieg herauszuarbeiten; vgl. Wolfgang Ruge: Zum Platz der revolutionären Nachkriegskrise 1917–1923 im revolutionären Weltprozeß, in: ZfG 26 (1978), S. 771–784.

[29] Vgl. Dokumente und Materialien zur Geschichte der deutschen Arbeiterbewegung, Reihe III, Bd. 1, Berlin 1959, S. 16 und S. 628.

[30] Vgl. Die Novemberrevolution und ihre Lehren für die deutsche Arbeiterbewegung. Entschließung des Parteivorstandes der SED, abgedruckt in: Dokumente der Sozialistischen Einheitspartei Deutschlands. Beschlüsse und Erklärungen des Parteivorstandes, des Zentralsekretariats und des Politischen Büros, Bd. II, Berlin ²1951, S. 107–124, Zitat S. 117.

stanz zu dieser im Vergleich mit der „epochalen" russischen Oktoberrevolution 1917 als „bürgerlich" apostrophierten und damit abgewerteten sozialdemokratischen Arbeiter- und Soldatenrevolution in Deutschland. Ihre Akteure und Handlungsebenen wurden – mit Ausnahme des Spartakusbundes und der aus ihm hervorgegangenen KPD – durchweg kritisch beschrieben, erst recht ihre bürgerkriegsartige zweite Phase und die Folgen ihrer Niederlage, als deren Opfer und Geprellte sich die aus der KPD kommenden Funktionäre bis in die SED-Basis hinein immer noch fühlten. Zugleich richtete sich das Urteil „unvollendete bürgerliche Revolution" gegen jene in den eigenen Reihen, die den alten KPD-Stolz auf die Novemberrevolution nicht abgelegt hatten: den Stolz darauf, daß die deutsche Arbeiterklasse „trotz alledem" – trotz widriger Umstände, sozialdemokratischen „Verrats" und der Niederlage – mit dieser „proletarischen Revolution" immerhin den Versuch unternommen habe, den „Jammer deutscher Vergangenheit" zu durchbrechen.[31] Aus solcher Sicht war die Revolution 1918 der erste – gescheiterte – Akt einer sozialistischen Revolution in Deutschland, deren zweiter Akt nun erfolgreich in Angriff genommen werden müsse. Das schien in gefährlicher Nähe zu dem gerade abgekanzelten Konzept vom „besonderen deutschen Weg zum Sozialismus" zu stehen und immer noch von weltrevolutionären Erwartungen auszugehen. Schon deshalb stieß diese Einschätzung auf den Einspruch stalinistischer Pragmatiker, die seit den 1930er Jahren die Absage an die Weltrevolution mit dem Konzept bedingungsloser Stärkung der UdSSR verbanden.

Andererseits ließen die Thesen die Absicht erkennen, den 30. Jahrestag der Revolution 1918 wie schon wenige Monate zuvor den 100. Jahrestag der 1848er Revolution[32] und das anschließende Goethe-Jahr

---

[31] So die Illustrierte Geschichte der deutschen Revolution, Berlin 1929, S. 3f., S. 231 f.; vgl. auch Otto Kindzorra: Zehn Jahre danach. Zu den Feierlichkeiten des zehnten Jahrestages der Großen Sozialistischen Oktoberrevolution 1927 in Deutschland, in: ZfG 6 (1958), Sonderheft, S. 259–277; Klaus Kinner: Die Entstehung der KPD im historischen Selbstverständnis der deutschen Kommunisten in der Zeit der Weimarer Republik, in: ZfG 26 (1978), S. 972–982; ders.: Marxistische deutsche Geschichtswissenschaft 1917 bis 1933. Geschichte und Politik im Kampf der KPD (Schriften des Zentralinstituts für Geschichte 58), Berlin 1982; Petzold, Parteinahme wofür? [wie Anm. 3], S. 87.

[32] Vgl. den Beschluß des SED-Parteivorstandes vom 15. 1. 1948 „Von der Paulskirche bis zum Volkskongreß. Politische Richtlinien zur Durchführung der Veranstaltungen ‚1848 bis 1948'", abgedruckt in: Dokumente der Sozialistischen Einheitspartei Deutschlands. Beschlüsse und Erklärungen des Zentralsekretariats und des Parteivorstandes, Bd. I, Berlin ²1951, S. 265–270.

1949[33] politisch zu nutzen: abgrenzend wie ausstrahlend und brückenschlagend zu den Westzonen; legitimierend, integrierend, mobilisierend und disziplinierend innerhalb der Ostzone und der SED, die – so ihr Anspruch – revolutionäre Wege mit entsprechend gesamtdeutscher Sogwirkung beschreite, dafür alle Kräfte bündeln müsse, Erbe fortschrittlicher Traditionen sei und zugleich die „richtigen Lehren" aus den „Irrwegen" der deutschen Nation[34] und dem Scheitern der Revolutionen von 1848 und 1918 gezogen habe. Dieses Scheitern wurde den offen gegenrevolutionären Kräften sowie vor allem denjenigen Akteuren von 1848 und 1918 zur Last gelegt, die damals vereinbarende und institutionalisierte Wege beschritten.

Zwar habe die Revolution 1918 der Monarchie und dem Krieg ein Ende gesetzt und zu einer Republik mit beträchtlichen demokratischen und sozialen Freiheiten geführt. Doch sei sie an den nationalen und gesellschaftlichen Grundfragen gescheitert, weil die Hauptschuldigen an der Katastrophe des Ersten Weltkrieges nicht entmachtet wurden. Dafür machte die Entschließung vor allem die mehrheits-sozialdemokratische Politik verantwortlich, auch die schwankende USPD und den Sozialdemokratismus beider Gestalt in den Räten, die ihre zeitweilige Macht dem Rat der Volksbeauftragten und der Nationalversammlung preisgaben. Nur die KPD habe nach anfänglichen Irrwegen die nötigen, nun auf die aktuelle Situation von 1948 bezogenen „Lehren" gezogen: Klarheit in der „Machtfrage", keine „dritten Wege" oder sozialismus- und basisromantischen Experimente;[35] kein „besonderer deutscher Weg zum Sozialismus", sondern Vorbildwirkung der russischen Oktoberrevolution und der aus ihr hervorgegangenen Sowjetunion; parteienblock-gerichtete Bündnis- statt „klassenharmonischer" Koalitionspolitik; Umgestal-

---

[33] Vgl. Entschließung des SED-Parteivorstandes „Unsere Aufgaben im Goethe-Jahr" vom 10. 3. 1949, abgedruckt in: Dokumente [wie Anm. 30], Bd. II, S. 230–232; Manifest des SED-Parteivorstandes vom 28. 8. 1949 „Zur Goethe-Feier der deutschen Nation", ebd., S. 332–334.

[34] Vgl. Alexander Abusch: Der Irrweg einer Nation. Ein Beitrag zum Verständnis deutscher Geschichte, Berlin 1946.

[35] Das richtete sich gegen die „Räteromantik" wie gegen die immer noch nachwirkende Erinnerung an die spontanen, nicht von den Moskauer Exilkommunisten kontrollierten „Antifa"-Ausschüsse des Jahres 1945, die erst relativ spät und in Reaktion auf bundesdeutsche Forschungen in das DDR-Traditionsbild eingefügt wurden; vgl. Günther Benser: Antifa-Auschüsse – Staatsorgane – Parteiorganisation. Überlegungen zu Ausmaß, Rolle und Grenzen der antifaschistischen Bewegung am Ende des Zweiten Weltkrieges, in: ZfG 26 (1978), S. 785–802.

tung der die Einheit der Arbeiterparteien verkörpernden SED zur geschlossenen Kampf-„Partei Neuen Typs", wofür die in der Novemberrevolution gegründete KPD erste Grundlagen gelegt habe. Durch die Absage an den proletarisch-sozialistischen Charakter der deutschen Revolution 1918/19 wurden auch die Massenaktionen und die Räte als Elemente der Basisrevolution niedrig eingestuft. Dahinter stand das Selbstbild einer Parteielite, die sich als massenführende und geschichtsbildende Kraft sah sowie der Wunsch nach einem einfachen, von dem komplizierten Charakter der Vorgänge und der verwirrenden Vielfalt ihrer Handlungsebenen und -akteure ungestörten Revolutionsbild. Die aus der Novemberrevolution hervorgegangene Weimarer Republik sei – trotz mancher Fortschritte gegenüber dem Kaiserreich – ein selbst hinter dem bürgerlich-demokratischen Umwälzungsprogramm von 1848 zurückgebliebener Klassenstaat gewesen, der die Keime der späteren faschistischen Diktatur in sich trug. Der zu schaffende neue antifaschistische deutsche Staat müsse deshalb konsequent mit diesen Traditionen brechen. Und das bedeute: „Kein Zurück zu Weimar".

Das alles richtete sich nicht zuletzt gegen die westzonale Sozialdemokratie wie gegen den „Sozialdemokratismus" in der SED. Ihm hielt die Entschließung das sozialdemokratische Sündenregister zu disziplinierenden Zwecken und in der Absicht vor, den mit historischen Argumenten ausgetragenen Kontroversen, Misere- und Fehlerdiskussionen in der Partei ein Ende zu setzen. Als deren nachwirkender Ausdruck kann in vieler Hinsicht Otto Grotewohls Schrift „Dreissig Jahre später" gelten. Diese damals gewichtigste ostzonale Schrift über die Revolution 1918 stützte sich auf wissenschaftliche Vorarbeiten Erich Paternas und Karl Polaks an der SED-Parteihochschule. Hier finden sich zwar ähnliche Aussagen und Lehren wie in der offiziellen Entschließung, zugleich aber eine schonungslos-umfassende Fehleranalyse, die ausdrücklich auch die kommunistische Linke, ihren „Hauptstoß gegen die sozialdemokratischen Führer" und die „schematische Übernahme russischer Kampfformen" einbezog.[36] Sie distanzierte sich damit in gewissem Maße von der bolschewistischen Revolution in Rußland und setzte so deutlich andere Akzente als die im Anhang mit abgedruckte Entschließung.

Gegen solche Positionen meinte Walter Ulbricht mit einer eigenen

---

[36] Vgl. Otto Grotewohl: Dreissig Jahre später. Die Novemberrevolution und die Lehren der Geschichte der deutschen Arbeiterbewegung, Berlin 1948, Zitate S. 101 und S. 103.

Schrift noch einmal ausdrückliche Klarheit schaffen zu müssen.[37] Die Novemberrevolution – heißt es dort – blieb eine „unvollendete bürgerliche Revolution", weil sie die „kapitalistische Klassenherrschaft bestehen" ließ und in ihren entscheidenden Momenten über keine revolutionäre Partei verfügte. Zu dieser Einsicht – so betonte Ulbricht im Vorwort – sei er spätestens im Zuge eigener „wissenschaftlicher Arbeiten" nach Erscheinen des von Stalin geprägten „Kurzen Lehrgangs der Geschichte der KPdSU(B)" 1939/40 gekommen, die er nun in komprimierter Form vorlege. Ulbricht unterstrich damit seinen erinnerungsbeherrschenden Anspruch, den er mit Hilfe dieser am bolschewistischen Muster ausgerichteten Deutung durchzusetzen gewillt war.

## Der Jahrestag 1958 und die Kontroversen um den Charakter der Novemberrevolution

1958 stand der 40. Jahrestag der Novemberrevolution an, nun erstmals unter den Bedingungen deutscher Zweistaatlichkeit wie eigenstaatlicher, seit 1952 offiziell sozialistische Wege beschreitender und zugleich die „nationale Mission" betonender DDR-Entwicklung. Das Revolutionsjubiläum 1958 wurde so – ein Jahr vor dem ersten runden Jahrestag der DDR-Gründung – zur bis dahin spektakulärsten und revolutionsrhetorisch untermauerten Gedenkinszenierung der frühen DDR. Ihr gingen heftige Kontroversen um den Charakter der Novemberrevolution voraus, die Ulbricht und die SED-Spitze schließlich bewogen, die Deutungsfrage an sich zu ziehen und reglementierend einzugreifen. Dabei ging es freilich um weit mehr als nur um die Deutung dieser Revolution. Dahinter standen tiefergehende geistige und politische Konflikte. Sie reichten von den nach dem XX. KPdSU-Parteitag 1956 einsetzenden und nach dem Ungarn-Aufstand von Repressalien überschatteten Entstalinisierungs- und Entdogmatisierungsdebatten bis zur Proklamation einer „sozialistischen Menschengemeinschaft" als Harmoniemodell mit entsprechendem Werte- und Verhaltenskodex („10 Gebote sozialistischer Moral") im Umfeld des SED-Parteitages 1958.

In diesem Kontext etablierte und institutionalisierte sich die marxistische Geschichtswissenschaft mit 1956 noch intensiven, 1958 dann weit-

---

[37] Vgl. Walter Ulbricht: Der Zusammenbruch Deutschlands im ersten Weltkrieg und die Novemberrevolution, Berlin ²1951.

gehend unterbundenen Kontakten zur Bundesrepublik, einer eigenen Historiker-Gesellschaft (1958), neuen Zeitschriften, Instituten und Gremien.[38] Bei der Revolutionsdeutung spielten vor allem die im Februar 1957 gebildete deutsch-sowjetische Historikerkommission, die auf ihrer ersten Konferenz (November 1957) das Thema „Oktoberrevolution und Deutschland" behandelte,[39] das 1956 geschaffene Institut für Geschichte der Akademie der Wissenschaften und das im gleichen Jahr neuformierte, auf die Geschichte der Arbeiterbewegung spezialisierte SED-Institut für Marxismus-Leninismus (IML) eine wichtige Rolle. Diese Institute agierten komplementär wie konkurrierend. Neben Quelleneditionen zur deutschen Arbeiterbewegung[40] bereiteten sie darstellende Großprojekte zur deutschen Geschichte (Lehrbuch) und zur Geschichte der deutschen Arbeiterbewegung mit dem Anspruch marxistischer Deutungshoheit über diese Themenfelder vor. Dabei hatte das zunächst am Museum für deutsche Geschichte, dann am Akademieinstitut angesiedelte Geschichtslehrbuch zeitlichen Vorlauf.[41] Dessen „Disposition" wurde bereits seit Anfang der 1950er Jahre diskutiert. 1959 erschien ein erster Band – freilich zum 17./18. Jahrhundert, während das auf den brisanten Zeitraum 1917/18 bis 1945 gerichtete Lehrbuch in die Mühlen der Konflikte 1957/58 geriet und erst in den 1960er Jahren mit zwei verschiedenen Bänden erschien.[42] Die vom IML betreute achtbändige „Geschichte der deutschen Arbeiterbewegung" erhielt 1962 ihren „Grundriß". Sie

---

[38] Vgl. Neuhäuser-Wespy, Die SED und die Historie [wie Anm. 6].
[39] Vgl. Albert Schreiner (Redakt.): Protokoll der wissenschaftlichen Tagung in Leipzig vom 25. bis 30. November 1957 in zwei Bänden, Bd. I: Die Oktoberrevolution und Deutschland. Referate und Diskussion zum Thema: Der Einfluß der Großen Sozialistischen Oktoberrevolution auf Deutschland, Berlin 1958; der zweite Teil der Konferenz behandelte das Thema „Probleme der Geschichte des zweiten Weltkrieges".
[40] Für den Zeitraum 1917 bis 1919 vgl. Dokumente und Materialien zur Geschichte der deutschen Arbeiterbewegung, hrsg. vom Institut für Marxismus-Leninismus beim ZK der SED, Reihe II, Bd. 2: November 1917–Dezember 1918, Berlin 1957 und Bd. 3: Januar 1919–Mai 1919, Berlin 1958; Leo Stern (Hrsg.): Die Auswirkungen der Großen Sozialistischen Oktoberrevolution auf Deutschland (Archivalische Forschungen zur Geschichte der deutschen Arbeiterbewegung 4 I/II), 2 Bde., Bd. 2: Quellenmaterial (bearb. v. Gerhard Schrader/Hellmuth Weber), Berlin 1959; der Bd. 1 (Leo Stern: Einleitung) erschien bereits 1958 in einem Vorabdruck und dann noch einmal 1959.
[41] Vgl. Martin Sabrow: Planprojekt Meistererzählung. Die Entstehungsgeschichte des „Lehrbuchs der deutschen Geschichte", in: ders., Geschichte als Herrschaftsdiskurs [wie Anm. 2], S. 227–286.
[42] Für den hier interessierenden Zeitraum vgl. Wolfgang Ruge: Deutschland von 1917 bis 1933 (Von der Großen Sozialistischen Oktoberrevolution bis zum Ende der Weimarer Republik) (Lehrbuch der deutschen Geschichte. Beiträge), Berlin 1967 ($^3$1978).

wurde dann durch ein von Ulbricht selbst geleitetes Autorenkollektiv forciert und so zum geschichtsbildprägenden Werk der späten Ulbricht-Ära für das 19./20. Jahrhundert.[43]

Das Tauwetter nach dem XX. KPdSU-Parteitag erfaßte auch die DDR-Geschichtswissenschaft. Hier lösten vor allem Jürgen Kuczynskis Texte über Meinungsstreit, Parteilichkeit und Objektivität sowie über die geschichtsprägende Rolle von Persönlichkeiten und Massen heftige Debatten und reglementierende Maßnahmen aus.[44] Kuczynskis Thesen berührten die Revolutionsdeutung und die Kontroversen um den Charakter der Novemberrevolution unmittelbar. Sein Aufsatz über Plechanow und sein Buch über die deutsche Sozialdemokratie beim Ausbruch des Ersten Weltkrieges lenkten den Blick auf Eigeninteressen und -verantwortung der Volks- und Arbeitermassen. Er meinte, Parteiführer wie -basis hätten das sozialdemokratische Handeln 1914 bestimmt und betonte die Fähigkeit der Volksmassen, im positiven wie negativen Sinne „Geschichte zu machen". Revolutionen seien „Festtage der Unterdrückten und Ausgebeuteten". Erst die schöpferische Rolle der Volksmassen bringe die Revolutionsführer hervor. Auch gescheiterte Revolutionen träten infolge objektiver Faktoren bald wieder auf die Tagesordnung.[45] Solche Ansichten widersprachen dem Selbstbild der SED-Parteieliten und der von ihnen betonten Rolle der Partei. Kuczynski wurde denn auch bald des Versuchs beschuldigt, den „sozialdemokratischen Verrat" von 1914 der Parteibasis anzulasten.[46] Er negiere die Rolle der Partei und zeige überhaupt unter der Flagge des Kampfes gegen den Dogmatismus und für den Meinungsstreit geschichtsrevisionistische Tendenzen.[47] Die Partei habe immer den Meinungsstreit gefördert. In einer antagoni-

---

[43] Für den hier interessierenden Zeitraum vgl. Geschichte der deutschen Arbeiterbewegung in acht Bänden, Bd. 3: Von 1917 bis 1923, Berlin 1966; der „Grundriß" ist abgedruckt in: Einheit 17 (1962), Sonderheft August 1962, S. 58–186.
[44] Neben den Jahrgängen 1956 bis 1958 der ZfG und der „Einheit" vgl. Kuczynski, Frost nach dem Tauwetter [wie Anm. 3]; Fritz Klein: Dokumente aus den Anfangsjahren der ZfG (1953–1957), in: ZfG 42 (1994), S. 39–55; ders., Drinnen und Draußen [wie Anm. 3], S. 193–195; Neuhäuser-Wespy, Die SED und die Historie [wie Anm. 6], S. 46–50; Sabrow, Die Geschichtswissenschaft der DDR [wie Anm. 13], S. 61–66.
[45] Vgl. Jürgen Kuczynski: Der Mensch, der Geschichte macht. Zum 100. Geburtstag von G. W. Plechanow am 11. Dezember 1956, in: ZfG 5 (1957), S. 1–17.
[46] Vgl. z. B. Günter Benser/Xaver Streb/Gerhard Winkler: Partei und Massen bei Ausbruch des ersten Weltkrieges. Zum Buche von Jürgen Kuczynski „Der Ausbruch des ersten Weltkrieges und die deutsche Sozialdemokratie", in: ZfG 6 (1958), S. 169–190.
[47] Vgl. Ernst Hoffmann: Über Tendenzen, die allen weiteren Fortschritt unserer Gesellschaft hemmen, in: Einheit 12 (1957), S. 1146–1163.

stischen Welt bedürfe er aber des klaren Klassenstandpunktes und könne nicht nach dem Motto „Laßt alle Blumen blühen" um „jeden Preis" geführt werden.[48]

Mit Kuczynskis Thesen korrespondierten empirisch gestützte Überlegungen über den Charakter der Arbeiter- und Soldatenräte in der Novemberrevolution.[49] Sie seien in deren erster Phase eigenständige revolutionäre Machtorgane und keineswegs nur in der Hand der Mehrheits-Sozialdemokratie oder unabhängiger Sozialdemokraten gewesen. In eine ähnliche Richtung zielte der von den kritischen Debatten über die Stalin-Ära und vom anstehenden 30. Jahrestag der Oktoberrevolution begünstigte neu akzentuierte Bezug zu den russischen Vorgängen 1917 und ihren Auswirkungen auf Deutschland. Mit ihm wurden nun stärker der Rätezusammenhang und die inhaltliche Nähe beider Revolutionen bis hin zu der Aussage betont, in der bereits hochentwickelten deutschen Industriegesellschaft habe der Sozialismus objektiv erst recht auf der Tagesordnung gestanden. Trotz ihres Scheiterns sei die deutsche Revolution 1918 deshalb eine wesentlich „proletarische Revolution mit sozialistischer Perspektive" gewesen.[50] Marxisten müßten vor allem vom sozialökonomischen Gehalt einer Epoche und von den entsprechenden objektiven Faktoren ausgehen. Die für das Scheitern der deutschen Re-

---

[48] Vgl. Klaus Zweiling: Einige Bemerkungen zur Diskussion über Meinungsstreit und Dogmatismus, in: Einheit 12 (1957), S. 879–888.

[49] Vgl. Peter Hintze: Zur Frage des Charakters der Arbeiter- und Soldatenräte in der Novemberrevolution 1918, dargestellt am Beispiel der Räte in Mecklenburg, in: ZfG 5 (1957), S. 264–277.

[50] Vgl. Albert Schreiner (Redakt.): Revolutionäre Ereignisse und Probleme in Deutschland während der Periode der Großen Sozialistischen Oktoberrevolution 1917/18. Beiträge zum 40. Jahrestag der Großen Sozialistischen Oktoberrevolution (Schriften des Instituts für Geschichte I/6), Berlin 1957; Stern, Die Auswirkungen [wie Anm. 40], Bd. 1; Schreiner sprach – damit an die „Illustrierte Geschichte" der 1920er Jahre [wie Anm. 31]), an der er selbst beteiligt war, anknüpfend – vom „tragischen Verlauf der deutschen Geschichte" und fragte, warum die „proletarische Revolution" in Deutschland nicht den gleichen Verlauf wie in Rußland nahm, obwohl doch beide Revolutionen Bestandteil desselben, auf den Sozialismus gerichteten weltgeschichtlichen Prozesses waren (Einleitung S. VIIIf.); Stern argumentierte zwar ähnlich und erklärte die „Tragödie der deutschen Revolution" mit Thälmanns Worten aus „dem Zwiespalt zwischen den objektiv ausgeprägten revolutionären Verhältnissen [...] und der subjektiven Schwäche des deutschen Proletariats" (S. 201 f.), mied aber – zumal sein Buch erst 1958 und damit bereits im Kontext reglementierender Eingriffe erschien – klare Aussagen zum Charakter der deutschen Revolution; zur Leipziger Konferenz der deutschsowjetischen Historikerkommission und ihrem Protokollband vgl. Anm. 39, 54, 55 und 57.

volution verantwortlichen subjektiven Faktoren – die starken sozialdemokratischen Einflüsse und das Fehlen bzw. die verspätete Gründung einer wahrhaft revolutionären Partei – dürften erst in zweiter Linie veranschlagt werden.

Zum Wortführer dieser vor allem von Robert Leibbrand und Roland Bauer[51] theoretisch begründeten Deutung und Argumentation wurde Albert Schreiner, der sich vom einstigen KPD-Funktionär und wegen seiner KPO-Vergangenheit kaltgestellten Politiker zum Historiker gewandelt hatte und immer noch an der klassenkämpferischen Revolutions- und Sozialismusromantik der 1920er Jahre festhielt.[52] Das prägte auch seine wissenschaftliche und wissenschaftsorganisatorische Tätigkeit als für den Zeitraum 1918 bis 1945 Hauptverantwortlicher des Geschichtslehrbuchs.[53] Auf der Leipziger Konferenz der deutsch-sowjetischen Historikerkommission vom November 1957 hielt Schreiner das Plenarreferat zu den „Auswirkungen der Oktoberrevolution auf Deutschland vor und während der Novemberrevolution".[54] Er legte bei dieser Gelegenheit dezidiert die Ansicht dar, daß die Novemberrevolution eine „sozialistisch-proletarische Revolution" gewesen sei, betonte – wie auch mehrere nachfolgende Beiträge – die Rolle der Räte als eigenständige Kampforgane der Arbeiterklasse und bezichtigte diejenigen, die weiter von einer „bürgerlich-demokratischen Revolution" sprachen, der Nähe zum Sozialdemokratismus. Dieser Vorwurf richtete sich vor allem gegen die sowjetischen Historiker Jakov S. Drabkin und Wladimir I. Billik, die meinten, in Deutschland sei es 1918/19 im Kern um eine bürgerlich-demokratische Umgestaltung gegangen und davor warnten, die Rolle der Räte und der entschiedenen Linken in der Novemberrevolution überzubetonen.[55] Auf deutscher Seite stellte sich namentlich Walter Nimtz von

---

51 Vgl. Robert Leibbrand: Zur Diskussion über den Charakter der Novemberrevolution, in: Einheit 12 (1957), S. 102–108; Roland Bauer: Zur Einschätzung des Charakters der deutschen Novemberrevolution 1918–1919, in: ZfG 6 (1958), S. 134–169.
52 Zu Schreiner, seiner Biographie, seinem geistig-politischen Profil und seiner Rolle in den Kontroversen 1957/58 vgl. die von der Erinnerung an eigene Assistententätigkeit bei Schreiner geprägten und durch die Auswertung des Schreiner-Nachlasses gestützten Ausführungen bei Petzold, Parteinahme wofür? [wie Anm. 3], S. 79 ff.
53 Vgl. Sabrow, Planprojekt [wie Anm. 41], S. 261–265.
54 Vollständig abgedruckt in: ZfG 6 (1958), S. 7–37; im entsprechend den „Thesen" [wie Anm. 59] redigierten offiziellen Protokollband [wie Anm. 39, S. 17–42] fehlte der gesamte Abschnitt über den Charakter der Novemberrevolution; er wurde durch eine „selbstkritische" Anmerkung Schreiners (S. 38) ersetzt.
55 Vgl. Jakov S. Drabkin: Über den Charakter der Novemberrevolution in Deutschland, in: Schreiner: Protokoll [wie Anm. 39], Bd. I, S. 190–204 (der Beitrag lag der Konfe-

der SED-Parteihochschule auf der Konferenz und in späteren Veröffentlichungen hinter Drabkin und in den Dienst der Kampagne gegen die Schreiner-Gruppe.[56] Konferenzberichte lobten ausdrücklich die lebendige und produktive Atmosphäre der Leipziger Debatten um den Charakter der Novemberrevolution und ihrer Räte – im Gegensatz zur eher sterilen und inhaltlich unergiebigen Atmosphäre anderer Arbeitskreise, etwa bei der Diskussion über die KPD-Gründung.[57]

Ganz anders sah das die SED-Spitze um Ulbricht. Die Kontroversen paßten – unabhängig vom wissenschaftlichen Gehalt der einen oder anderen Position – nicht in ihr geschichtspolitisches Kalkül, den Jahrestag der Novemberrevolution zu einer inhaltlich klar ausgerichteten Gedenkinszenierung zu nutzen. Sie schienen ihr ein Ausdruck politisch-revisionistischer Tendenzen und Fraktionsbildung zu sein. Zudem widersprachen die Positionen der Schreiner-Gruppe den 1948 verkündeten Thesen und dem damit verbundenen Anspruch der Ulbricht-Gruppe auf Deutungshoheit. All das veranlaßte diese, direkt einzugreifen, die Kontroversen zu unterbinden und die 1948 verkündete Lesart erneut verbindlich zu erklären.[58] Dies mußte freilich selbst in den Parteigremien erst

---

renz nur in schriftlicher Form vor und wurde dann in den Protokollband aufgenommen); W. I. Billik: Noch einmal über die Eigenart und über den Charakter der Revolution von 1918–1919 in Deutschland, in: Einheit 13 (1958), S. 1013–1025; beide Autoren hatten ihre Auffassungen bereits im Vorfeld der Konferenz in mehreren – auch deutsch übersetzten – Aufsätzen dargelegt; ihre Beiträge wurden 1958 gezielt gegen die Schreiner-Gruppe veröffentlicht.

56 Vgl. Walter Nimtz: Zur Frage des Charakters der Novemberrevolution, in: Schreiner: Protokoll [wie Anm. 39], Bd. I, S. 205–209; ders.: Über den Charakter der Novemberrevolution von 1918/19 in Deutschland, in: ZfG 6 (1958), S. 687–715; ders.: Die historische Bedeutung der Oktoberkonferenz der Spartakusgruppe, in: Einheit 13 (1958), S. 1327–1339; aus westlicher Sicht erschien dies als neuere, flexiblere Position gegenüber den überholten Ansichten Schreiners und Bauers; vgl. Winckler: Die Novemberrevolution [wie Anm. 14], S. 218 f.; dabei blieben freilich die Hintergründe und Nimtz' Rolle bei der Durchsetzung der „Thesen" 1958 unbeachtet.

57 Vgl. Stefan Doernberg: Die erste Konferenz der deutsch-sowjetischen Historikerkommission, in: Einheit 13 (1958), S. 76–86 sowie ZfG 6 (1958), S. 218–230, S. 362–380; ausdrücklich hoben die Berichte das abschließende Lob des Arbeitskreis-Leiters Ernst Hoffmann (Institut für Gesellschaftswissenschaften beim ZK der SED) für die rege Diskussion über den Charakter der Novemberrevolution hervor, das dieser später „selbstkritisch" zurücknahm – vgl. Ernst Hoffmann: Über die Leninsche Revolutionslehre und ihre Anwendung auf die revolutionären Vorgänge in Deutschland, in: Einheit 13 (1958), S. 1515–1532, bes. S. 1516; bezeichnenderweise wurde sein Schlußwort nicht in den offiziellen Protokollband [wie Anm. 39] aufgenommen.

58 Zu den hier nicht darlegbaren Details vgl. die von eigenem Erinnern und Aktenstudium geprägten Darlegungen bei Ernst Laboor: Zum Abbruch der Diskussion über den Cha-

durchgesetzt werden, zumal die Konfliktlinien quer durch die Parteiinstitute gingen. Da die ZfG bereits das Referat Schreiners und ausführliche Konferenzberichte veröffentlicht hatte, stellte sich zudem die Frage, wie mit dem Protokoll der Leipziger Konferenz verfahren werden solle. Ohnehin genoß der Versuch, die Novemberrevolution als eine gescheiterte sozialistische Revolution zu deuten, bei vielen SED-Funktionären Sympathie. Auch schien das 1948 verwendete Attribut „bürgerlich" doch allzusehr vom Geist der Stalin-Zeit geprägt.

Deshalb und um den Kontroversen die Spitze zu nehmen, griff die Ulbricht-Gruppe für die auszuarbeitenden „Thesen" zum 40. Jahrestag der Novemberrevolution eine offenbar von Hanna Wolf (SED-Parteihochschule) ins Spiel gebrachte Kompromißformel auf, sie sei die „erste Revolution der deutschen Arbeiterklasse gegen den deutschen Imperialismus und Militarismus" gewesen und ihrem Charakter nach eine „bürgerlich-demokratische Revolution, die in gewissem Umfang mit proletarischen Mitteln und Methoden durchgeführt wurde".[59] Ihr wichtigstes Ergebnis – hieß es in den „Thesen" – war die Gründung der KPD als „revolutionäre Kampfpartei" und „wahrhaft nationale Partei", als „völliger Bruch mit dem Opportunismus", „entscheidender Schritt zur Wiederherstellung der Einheit der Arbeiterklasse" und damit als „grundlegender Wendepunkt in der Geschichte der deutschen Arbeiterbewegung und des ganzen deutschen Volkes".[60] Die so gegenüber den Thesen von 1948 veränderte und stärker die „nationale Bedeutung" der KPD-Gründung betonende Definition des Charakters der Novemberrevolution wurde – flankiert von unterschiedlich akzentuierten Artikeln anderer SED-Funktionäre[61] und paßgerechten Texten einiger Fachhistoriker[62] – von

---

rakter der Novemberrevolution im Jahre 1958, in: BzG 37 (1995), Heft 3, S. 69–76; Petzold, „Meinungsstreit" [wie Anm. 9], S. 296–307; ders., Parteinahme wofür? [wie Anm. 3], S. 125–136.

[59] Zitiert nach: Die Novemberrevolution in Deutschland (Thesen anläßlich des 40. Jahrestages), Berlin 1958, S. 34f.

[60] Ebd., S. 28–30.

[61] Vgl. Hermann Matern: Die Revolution 1918 in Deutschland – eine der größten revolutionären Massenbewegungen der deutschen Arbeiterklasse, in: Einheit 13 (1958), S. 1428–1441; Albert Norden: Die Novemberrevolution 1918 und das Wiedererstarken des deutschen Imperialismus, in: ebd., S. 1442–1464. Norden – der Mann fürs Grobe – bezeichnete die „arbeiterfeindliche Politik der SPD-Führung" 1918/19 als Werkzeug des deutschen und des USA-Imperialismus, während Matern von einer „Volksrevolution" sprach und dabei auch die Arbeiter- und Soldatenräte hervorhob.

[62] Drabkin, Billik und Nimtz – vgl. Anm. 55 und 56.

Ulbricht selbst in mehreren Reden im Juni,[63] September[64] und November 1958[65] verkündet und begründet. Er ließ vor allem mit seiner September-Rede keinen Zweifel, daß es bei der Intervention der SED-Spitze weniger um historische Einsichten als um Machtfragen und disziplinierende Absichten ging. Man habe 1948 mühsam genug die in den 30er Jahren gemeinsam mit der sowjetischen Seite gewonnenen Erkenntnisse über den Charakter der deutschen Revolution 1918 durchgesetzt. Nach dem XX. KPdSU-Parteitag 1956 hätten dann „mehrere Historiker" gemeinsam mit einigen SED-Funktionären – hier fiel der Name Schirdewans – gemeint, nun die Positionen Stalins auch mit Blick auf die Revolution 1918 revidieren und von einer eigenständigen „sozialistischen Revolution" in Deutschland sprechen zu müssen. Zwar billigte Ulbricht ihnen die ehrenwerte Absicht zu, frühere Miseretheorien überwinden zu wollen. Doch seien sie in Subjektivismus verfallen und hätten sozialistische Handlungsmotive zum objektivierenden und charakterisierenden Kriterium erhoben. Auch hätten sie die berechtigte Spartakusbund-Losung „Alle Macht den Räten" mißverstanden, den Sozialdemokratismus der Räte übersehen, deren Rolle überbetont und damit erneut der Spontanitätstheorie Rosa Luxemburgs gehuldigt. Vor allem hätten sie mit all dem die Grundfrage jeder Revolution – die Machtfrage – und damit die wesentliche Lehre der gescheiterten Revolution von 1918/19 aus den Augen verloren, daß eine machtfähige revolutionäre „Partei Neuen Typs" damals erst verspätet entstand, sich in die Januarkämpfe verwickeln ließ und nicht mehr entscheidend in das Revolutionsgeschehen eingreifen konnte.

---

[63] Über den Charakter der Novemberrevolution. Rede in der Kommission zur Vorbereitung der Thesen über die Novemberrevolution, in: Neues Deutschland vom 18. 6. 1958; Nachdruck – auch aus disziplinarischen Gründen der „Wiedergutmachung" zuvor abgedruckter anderer Positionen – in: Einheit 13 (1958), S. 1173–1183 sowie ZfG 6 (1958), S. 717–729.

[64] Begründung der Thesen über die Novemberrevolution 1918. Referat auf der 2. Tagung des Zentralkomitees der SED am 18. und 19. September 1958, zusammen mit den „Thesen" abgedruckt in: Einheit 13 (1958), S. 1404–1427 sowie ZfG 6 (1958), Sonderheft, S. 28–54; auch abgedruckt in: Walter Ulbricht: Zur Geschichte der deutschen Arbeiterbewegung. Aus Reden und Aufsätzen, Bd. VII: 1957–1959, Berlin 1964, S. 478–511.

[65] Die Novemberrevolution und der nationale Kampf gegen den deutschen Imperialismus. Aus der Rede auf der Festveranstaltung anläßlich des 40. Jahrestages der Novemberrevolution am 9. November 1958, ebenda, S. 702–722.

Die disziplinierenden Maßnahmen beschränkten sich keineswegs auf das Belehren. Die Historiker, die 1957/58 andere Positionen bezogen hatten, wurden massivem Druck ausgesetzt und zur „Selbstkritik" gezwungen.[66] Schreiner schied als für den Zeitraum 1918 bis 1945 verantwortlicher Leiter des Geschichtslehrbuches aus. Die Absicht der deutsch-sowjetischen Historikerkommission, die Debatte über die Novemberrevolution auf ihrer zweiten Tagung im Mai 1958 fortzusetzen, wurde unterbunden. Der Protokollband der Leipziger Konferenz erschien in stark redigierter Form. Die Eingriffe wirkten sich auf die gesamte Publikationslandschaft aus. Das ZfG-Sonderheft zum 40. Jahrestag der Novemberrevolution war vor allem von den „Thesen" und dem Ulbricht-Referat geprägt.[67] Ansonsten enthielt es nur kleinere Sachbeiträge zu verstreuten Themen. Größere Publikationen im Umfeld des Revolutionsjubiläums folgten dem Kanon der „Thesen"[68] oder beschränkten sich auf Quelleneditionen[69] und Erlebnisberichte.[70] Nur Studien über Gewerkschaften[71] und Räte[72] sowie ein vor allem Basisaktionen

---

[66] Vgl. Anm. 54 und 57 sowie Albert Schreiner: Eine notwendige Korrektur, in: ZfG 6 (1958), S. 617f.
[67] Vgl. Anm. 64.
[68] Vgl. z.B. Die Gründung der Kommunistischen Partei Deutschlands. Protokoll der wissenschaftlichen Tagung des Instituts für Gesellschaftswissenschaften der Parteihochschule „Karl Marx" und des Instituts für Marxismus-Leninismus beim Zentralkomitee der SED am 22./23. Januar 1959 in Berlin anläßlich des 40. Jahrestages der Gründung der KPD, Berlin 1959.
[69] Vgl. Die Novemberrevolution 1918 in Deutschland (Dokumentation), hrsg. von der Parteihochschule „Karl Marx" beim ZK der SED, Berlin 1958; Novemberrevolution 1918 in Bildern und Dokumenten, hrsg. vom Institut für Marxismus-Leninismus beim ZK der SED, Berlin 1958; Lothar Berthold/Helmut Neef: Militarismus und Opportunismus gegen die Novemberrevolution, Berlin 1958 ($^2$1978); Dokumente und Materialien, [wie Anm. 40], Bd. 3; Stern, Die Auswirkungen [wie Anm. 40].
[70] Vgl. Walter Oehme: Damals in der Reichskanzlei. Erinnerungen aus den Jahren 1918/ 19, Berlin 1958; Vorwärts und nicht vergessen. Erlebnisberichte aktiver Teilnehmer der Novemberrevolution, Berlin 1958; 1918 – Erinnerungen von Veteranen der deutschen Gewerkschaftsbewegung an die Novemberrevolution (Die Novemberrevolution und die deutschen Gewerkschaften 2), Berlin 1958; Joachim Petzold: Der 9. November 1918 in Berlin, Berlin 1958.
[71] Vgl. Werner Richter: Gewerkschaften, Monopolkapital und Staat im ersten Weltkrieg und in der Novemberrevolution (1914–1918) (Die Novemberrevolution und die deutschen Gewerkschaften 1), Berlin 1959.
[72] Vgl. z.B. Gertrud Kling: Die Rolle des Arbeiter- und Soldatenrates von Halle in der Novemberrevolution, Halle 1958.

und die Rolle der Schriftsteller behandelnder Protokollband[73] fielen aus diesem Rahmen.

## Die Nachwirkungen und das 50. Revolutionsjubiläum 1968

Die massive geschichtspolitische Intervention der SED-Spitze 1958 hatte kurz- und mittelfristig höchst zwiespältige Folgen. Einerseits wirkten sie und der Beschluß, die Geschichte der deutschen Arbeiterbewegung umfassend aufarbeiten zu lassen, forschungsstimulierend. Im Umfeld der achtbändigen Gesamtdarstellung dieser Geschichte und ihrer Dokumentenbände[74] kam es zu einer breiten Basisforschung mit durchaus respektablen Ergebnissen – darunter ersten größeren Monographien über die Novemberrevolution aus der Feder derjenigen, die 1957/58 im Sinne der „Thesen" argumentiert hatten.[75] Andererseits werteten die Intervention und die „Thesen" 1958 die deutsche Revolution noch einmal ausdrücklich ab. Sie unterbanden die Versuche, sie als eigenständige „sozialistische" Revolution in einem gesellschaftlich fortgeschrittenen Land mit entsprechend weitem Blick auf ihre Akteure und Handlungsebenen zu deuten. Damit engten sie das Revolutionsbild erneut ein. Das erschwerte basisgerichtete Forschungen etwa über die weniger als Subjekte der Revolution denn als Objekte der Politik wahrgenommenen Räte. Gegenüber der nun einsetzenden bundesdeutschen Räteforschung gerieten die eher sporadischen, meist lokal und regional ausgerichteten DDR-Untersuchungen über die Räte deutlich ins Hintertreffen.[76] Das alles wirkte sich auf die Forschungsplanungen, das Systemdenken und die Publikationslandschaft der 1960er Jahre mit ihren überwiegend kollektiv erarbeiteten Großprojekten, Schul- und Hochschullehrbüchern sowie

---

[73] Vgl. Heinz Habedank (Hrsg./Redakt.): Beiträge zur Geschichte der Novemberrevolution. Überarbeitete und ergänzte Vorträge, gehalten anläßlich der Arbeitstagung „40 Jahre Novemberrevolution" im Institut für Geschichte an der Deutschen Akademie der Wissenschaften zu Berlin (Schriften des Instituts für Geschichte III/5), Berlin 1960.

[74] Vgl. Anm. 40 und 43.

[75] Vgl. Walter Nimtz: Die Novemberrevolution 1918 in Deutschland. Mit einem Dokumentenanhang, Berlin 1962 ($^2$1965); Jakov S. Drabkin: Die Novemberrevolution 1918 in Deutschland, Berlin 1968.

[76] Vgl. auch die mit der Bundesrepublik vergleichende Zwischenbilanz von Küster/Grau, Über die Rolle [wie Anm. 15].

auf die Diskussionen um Geschichts- und Gesellschaftsbewußtsein aus. Während sich die Geschichtswissenschaft insgesamt weiter professionalisierte, ausdifferenzierte und neue Ansätze in Theorie und Empirie entwickelte, hinterlassen die größeren Publikationen der 1960er Jahre zum Zeitraum 1917/18 bis 1933 einen recht konservativen und sterilen Eindruck.[77]

Aus der Intervention 1958 zog namentlich Ulbricht geschichtspolitischen Autoritätsgewinn. Seinem Anspruch, zumindest in Fragen der Geschichte der deutschen Arbeiterbewegung – und damit auch der Revolution und der KPD-Gründung 1918/19 – die unbestritten letzte Instanz zu sein, verlieh er in den 1960er Jahren mehrfach nachhaltigen Ausdruck.[78] Damit wies er auch erneute Versuche zurück, den Charakter der Revolution – diesmal vor allem mit Blick auf Verlauf und Ende – zu hinterfragen. Es sei falsch, die Vorgänge vom Januar bis Mai 1919 der Revolution zuzuordnen. Deren Schicksal habe sich im Dezember 1918 entschieden. Danach habe es nur noch Abwehrkämpfe gegeben, die man nicht nachträglich aufwerten dürfe. Wer den Heroismus der Januarkämpfe 1919 hervorhebe, verkenne die Niederlage und die Bedeutung der Wahlen zur Nationalversammlung.

Die Intervention 1958 schrieb das Deutungsmonopol der SED-Spitze über die Revolution 1918 fest und übertrug es dem IML, das fortan auf diesem Gebiet eine reglementierende Leitfunktion ausübte und ihr mit „Illustrierten Geschichten",[79] „Thesen", Publikationen zur Parteigeschichte und Zeitschriftenaufsätzen Ausdruck verlieh. Der seit 1964 für

---

[77] Vgl. etwa Nimtz, Die Novemberrevolution [wie Anm. 75]; Geschichte, Bd. 3 [wie Anm. 43]; Ruge, Deutschland [wie Anm. 42].

[78] Vgl. Walter Ulbricht: Referat zum „Grundriß der Geschichte der deutschen Arbeiterbewegung", in: Einheit 17 (1962), Sonderheft August 1962, S. 1–57; ders.: Vergangenheit und Zukunft der deutschen Arbeiterbewegung. Referat auf der 2. Tagung des Zentralkomitees der SED, 10. bis 12. April 1963, Berlin 1963; ders.: Die Kraft, die Deutschland veränderte und seine Zukunft gestaltet. Rede auf der Festveranstaltung zum 45. Jahrestag der Gründung der Kommunistischen Partei Deutschlands, Berlin 1964; ders.: Fünfzig Jahre Kommunistische Partei Deutschlands. Ansprache auf der Festveranstaltung zum 50. Jahrestag der Gründung der KPD, in: Neues Deutschland vom 31. 12. 1968; der inhaltlich ohnehin recht dürftige Forschungsbericht von Fieber/Wohlgemuth, Forschungen zur Novemberrevolution [wie Anm. 15], bezog sich denn auch ausdrücklich auf diese Reden als Leitfaden.

[79] Vgl. Illustrierte Geschichte der Novemberrevolution in Deutschland, Berlin 1968; Illustrierte Geschichte der deutschen Novemberrevolution 1918/19, Berlin 1978.

die „Geschichtsabteilung" des IML zuständige stellvertretende Leiter Ernst Diehl übernahm 1969 zudem die Leitung des forschungsplanend, -koordinierend und -kontrollierend wirkenden Rates für Geschichtswissenschaft.[80] Auch kontrollierte das IML die SED-Kommissionen zur Erforschung der örtlichen Arbeiterbewegung, über die ein beträchtlicher Teil der regional- und lokalgeschichtlichen Forschungen zur Revolution 1918/19 lief. Sie achteten in der Regel streng darauf, daß dabei vor allem die Parteigeschichte und parteipolitisch faßbare Linksentwicklungen im Mittelpunkt standen, während die Fülle der Basisaktionen an den Rand rückte.[81] Das IML und diese Kommissionen trugen mit ihrem engen Traditionsverständnis maßgeblich dazu bei, daß sich die Erbe- und Traditions-Debatten[82] wie sozialgeschichtlichen und mikroanalytischen Forschungstrends[83] der 1970/80er Jahre mit ihren entsprechend geweiteten Sichtweisen nur begrenzt auf die Forschungen über die Novemberrevolution auswirkten.

Die Leitfunktion des IML zeigte sich beim 50. Jahrestag dieser Revolution 1968. Erneut und letztmalig legte die SED-Spitze nun vom IML ausgearbeitete „Thesen" vor.[84] Dieser Text bekräftigte die 1958er „Thesen" und setzte zugleich neue Akzente. Er akzentuierte die Deutungsformel des Jahres 1958 stärker im Sinne ihrer Kompromißfunktion und hob die „nationale Verantwortung der deutschen Arbeiterklasse im Kampf gegen den Imperialismus" hervor. Diese „Thesen", die vom IML erarbeitete „Illustrierte Geschichte"[85] sowie flankierende Zeitschriftenauf-

---

[80] Vgl. Neuhäuser-Wespy, Die SED und die Historie [wie Anm. 6], S. 75–96.
[81] Vgl. als typisches Beispiel Gerhard Schulze: Die Novemberrevolution 1918 in Thüringen, Erfurt 1976 (Beiträge zur Geschichte Thüringens, hrsg. von der Sozialistischen Einheitspartei Deutschlands, Bezirkskommissionen zur Erforschung der Geschichte der örtlichen Arbeiterbewegung bei den Bezirksleitungen Erfurt, Gera, Suhl und dem Rat des Bezirkes Erfurt, Abteilung Kultur).
[82] Vgl. Helmut Meier/Walter Schmidt (Hrsg.): Erbe und Tradition. Die Diskussion der Historiker, Berlin 1988.
[83] Vgl. Horst Handke: Sozialgeschichte – Stand und Entwicklung in der DDR, in: Jürgen Kocka (Hrsg.): Sozialgeschichte im internationalen Überblick. Ergebnisse und Tendenzen der Forschung, Darmstadt 1989, S. 89–108.
[84] Vgl. Die Novemberrevolution in Deutschland und ihre aktuellen Lehren. Thesen des Instituts für Marxismus-Leninismus beim ZK der SED, in: Neues Deutschland vom 29. 9. 1968.
[85] Vgl. Anm. 79.

sätze[86] bezeichneten die Arbeiterklasse als „Haupttriebkraft" und „Hegemon" der deutschen Revolution 1918. Das war eine deutliche Konzession an zehn Jahre zuvor abgekanzelte Positionen – ebenso die Aussage, die Novemberrevolution sei die größte revolutionäre Massenbewegung in Deutschland seit dem Bauernkrieg, die erste Revolution in einem hochentwickelten imperialistischen Land und somit eine echte „Volksrevolution" als „gesetzmäßiges Ergebnis" zugespitzter Klassenwidersprüche gewesen, der freilich im entscheidenden Moment die revolutionäre Partei fehlte. Wenn sie deshalb scheiterte, nicht einmal die „bürgerlichdemokratische Umwälzung" zu Ende zu führen vermochte und den Klassenstaat der Weimarer Republik zum Ergebnis hatte, so dürften doch ihre kriegsbeendenden und befreienden Wirkungen nicht gering geschätzt werden. Diese modifizierte, weit stärker als 1958 die Rolle der Arbeiterklasse, den Volkscharakter und die nationale Bedeutung der Revolution 1918 betonende Interpretation hatte sich bereits in revolutionstheoretischen Überlegungen über die Oktoberreformen 1918[87] und in Publikationen über die Auswirkungen der russischen Oktoberrevolution

---

[86] Vgl. Ernst Diehl: Die Bedeutung der Novemberrevolution, in: Einheit 12 (1968), S. 1285–1299; ders.: Die Bedeutung der Novemberrevolution 1918 (Plenarreferat auf dem IV. Historikerkongreß der DDR), in: ZfG 17 (1969), Sonderheft, S. 14–32; Klaus Mammach: Die Bedeutung der Novemberrevolution (Arbeitskreisbericht vom IV. Historikerkongreß), ebenda, S. 209–212; Günter Hortzschansky/Gerhard Rossmann: Die Bedeutung der Lehren der Novemberrevolution für den Kampf der deutschen Arbeiterklasse um die Macht, in: BzG 10 (1968), S. 437–457; Günter Benser/Klaus Mammach: 1918–1968. Zum fünfzigsten Jahrestag der Novemberrevolution, in: BzG 10 (1968), Sonderheft, S. 3–22 sowie die übrigen Beiträge dieses Sonderheftes.

[87] Vgl. Günter Schmidt: Revolution und Konterrevolution vor dem November 1918, in: Evolution und Revolution in der Weltgeschichte. ZfG-Sonderband zum XII. Internationalen Historikerkongreß in Wien 1965, Berlin (1965), S. 123–151: Es sei bereits im Oktober 1918 darum gegangen, ob das „Proletariat" der bürgerlich-demokratischen Umwälzung seinen Stempel aufprägen und sie zum Ausgangspunkt einer sozialistischen Revolution machen konnte oder ob es der „imperialistischen Bourgeoisie" gelang, sie in die Bahnen einer begrenzten Demokratisierung zu lenken (S. 133), wofür schon im Oktober 1918 das Bündnis mit den reformistischen SPD-Führern geschmiedet worden sei (S. 151); in ähnlicher Weise argumentierte dann auch das entsprechende Kapitel bei Joachim Petzold u. a. (Hrsg.): Deutschland im ersten Weltkrieg, Bd. 3: November 1917 bis November 1918, Berlin 1969. S. 62–94. „Auch in Deutschland", heißt es dort unter Berufung auf Lenin, „waren die objektiven Voraussetzungen für die sozialistische Revolution herangereift." (S. 63)

auf Deutschland[88] angedeutet. Sie prägte auch andere größere Publikationen zum 50. Jahrestag der Novemberrevolution.[89]

## Perspektivwechsel der 1970er/80er Jahre

Nach diesem Jahrestag verlor die Novemberrevolution an erinnerungs- und identitätspolitischem Gewicht. Der Machtwechsel von Ulbricht zu Honecker[90] verband sich mit einem veränderten geistigen Klima und geschichtspolitischen Perspektivwechsel. Aus der internationalen Anerkennung der DDR und der so völkerrechtlich akzeptierten deutschen Zweistaatlichkeit wurde ein „Zwei-Nationen"-Modell abgeleitet. Mit ihm sollte die DDR national-kulturell stärker von der Bundesrepublik abgegrenzt werden, um unerwünschten Wirkungen der Entspannungs- und Dialogpolitik auf die DDR vorzubeugen, um eine eigene – nun auch „national" definierte – DDR-Identität zu erreichen und so die Wende vom „nationalen Patriotismus" der Ulbricht- zum „proletarischen Internationalismus" der Honecker-Ära zu kompensieren. Das bis dahin noch gesamtdeutsch ausgerichtete wich einem DDR-bezogenen Nationsverständnis, während sich das DDR-offizielle Geschichtsbild unter Beru-

---

[88] Vgl. Günter Benser/Günter Hortzschansky/Klaus Mammach: Die Lehren der Großen Sozialistischen Oktoberrevolution und ihre Bedeutung für den Weg der deutschen Arbeiterklasse zur Macht, in: Ernst Laboor u. a. (Hrsg.): Die Große Sozialistische Oktoberrevolution und Deutschland, Berlin 1967, Bd. 1, S. 5–84: „Die Novemberrevolution in Deutschland war nach der Revolution in Rußland die größte revolutionäre Erhebung gegen den Imperialismus in einem der großen imperialistischen Staaten." (S. 10); vgl. auch Ernst Diehl/Günter Hortzschansky: Die Große Sozialistische Oktoberrevolution und die revolutionäre deutsche Arbeiterbewegung, in: BzG 9 (1967), S. 379–398, S. 584–604 sowie 50 Jahre Große Sozialistische Oktoberrevolution. Thesen des Zentralkomitees der KPdSU, Berlin 1967.

[89] Vgl. Deutsche Geschichte in drei Bänden, Bd. 3: Von 1917 bis zur Gegenwart, Berlin 1968, S. 1–36; Drabkin, Die Novemberrevolution [wie Anm. 75]; Heinz Oeckel: Die revolutionäre Volkswehr 1918/19. Die deutsche Arbeiterklasse im Kampf um die revolutionäre Volkswehr (November 1918 bis Mai 1919) (Militärhistorische Studien NF 11), Berlin 1968 sowie die entsprechenden Beiträge in Heft 5 der Zeitschrift für Militärgeschichte 7 (1968), S. 533–597; stark vergröbert prägte diese neu akzentuierte Interpretation auch die in der Reihe „ABC des Marxismus-Leninismus" erschienene Propagandaschrift von Gerhard Meisel: Die Novemberrevolution und die beiden deutschen Staaten, Berlin 1968.

[90] Vgl. Monika Kaiser: Machtwechsel von Ulbricht zu Honecker. Funktionsmechanismen der SED-Diktatur in Konfliktsituationen 1962 bis 1972 (Zeithistorische Studien 10), Berlin 1997.

fung auf das Erbe der gesamten deutschen Geschichte ausweitete.[91] Als inhaltliche Klammer dieses widersprüchlichen und verwirrenden, bis 1945 von einer Nation, nach 1949 von zwei deutschen Nationen ausgehenden, von den Geschichts- und Gesellschaftswissenschaftlern zwar mitgetragenen, der Bevölkerung aber kaum vermittelbaren Geschichts- und Nationsverständnisses galten die fortschrittlichen und revolutionären Traditionen des deutschen Volkes. Sie sollten den Kern des geweiteten DDR-offiziellen Geschichtsbildes bilden, den Anspruch der SED auf Deutungshoheit sichern und einem Erbe-Traditions-Schematismus gegenwirken.

Für die Historiker war dieses veränderte Geschichtsverständnis mit seinem Erbe-Traditions-Modell durchaus attraktiv. Es erschloß ihnen neue Forschungs- und Interpretationsperspektiven sowie entsprechende Freiräume und ermöglichte den Rückgriff auf nun zunehmend als erbe- und anknüpfungsfähig angesehene nichtmarxistische Theorien. Damit war eine Erosion früher verbindlicher Deutungsmuster verbunden. Mit der Unterteilung in Erbe und Traditionen zeichneten sich stärker arbeitsteilige, auf verschiedene staatliche und SED-Institute verteilte Herangehensweisen und Forschungspläne ab. Fortan traten die DDR- und SED-Geschichte sowie das vor allem auf die KPD unter Thälmann und den antifaschistischen Widerstand der Kommunisten ausgerichtete Traditionsbild in den Vordergrund der SED-Geschichtspolitik. Das IML wurde mit einer mehrbändigen Geschichte der SED und ihrer Vorgängerparteien beauftragt, deren von Honecker selbst sanktionierter „Abriß" 1978 erschien und ein entsprechendes Traditionsbild entwarf.[92] Die 1974 mit einem „Grundriß" vorgestellte, auf insgesamt 12 Bände berechnete „Deutsche Geschichte" bzw. – wie sie anfangs hieß – „Geschichte des deutschen Volkes" hingegen war am Akademieinstitut für Geschichte angesiedelt und auf das historische Gesamterbe ausgerichtet.[93]

---

[91] Vgl. Klaus Erdmann: Der gescheiterte Nationalstaat. Die Interdependenz von Nations- und Geschichtsverständnis im politischen Bedingungsgefüge der DDR, Frankfurt/M. 1996; Walter Schmidt: Das Zwei-Nationen-Konzept der SED und sein Scheitern. Nationsdiskussionen in der DDR in den 70er und 80er Jahren (hefte zur ddr-geschichte 38), Berlin 1996; ders.: Das Zwei-Nationen-Konzept der SED und sein Scheitern. Nationsdiskussionen in der DDR in den siebziger und achtziger Jahren, in: BzG 38 (1996), Heft 4, S. 3–35.

[92] Vgl. Geschichte der Sozialistischen Einheitspartei Deutschlands. Abriß, Berlin 1978; davon erschien nur der erste Band über den Zeitraum bis 1917.

[93] Vgl. Klassenkampf. Tradition. Sozialismus. Von den Anfängen der Geschichte des deutschen Volkes bis zur Gestaltung der entwickelten sozialistischen Gesellschaft in

Dieses arbeitsteilige Vorgehen sowie die mit der Gesamtgeschichte und ihrem „Erbe" verbundenen neuen Forschungs- und Deutungsfreiräume hatten vor allem dort ihre Grenzen, wo sie die engere Parteigeschichte und ihr Traditionsbild berührten. Dieses galt als Vorgabe, an der sich die entsprechenden Bände der „Deutschen Geschichte" auszurichten hätten. Mit dem Traditionsbild sollte die Deutungshoheit über die entsprechenden Geschichtsepochen des 19./20. Jahrhunderts gewahrt und über den Rat für Geschichtswissenschaft, andere institutionelle Wege und direkte Mitwirkung von IML-Autoren an der „Deutschen Geschichte" durchgesetzt werden. Dafür wurde – wie 1978 im Falle des die Novemberrevolution und die Weimarer Republik behandelnden Bandes 7 der „Deutschen Geschichte" – festgelegt, daß diese Bände erst nach der vom IML zu erstellenden Parteigeschichte zu erarbeiten und zu publizieren seien.[94]

Der skizzierte Perspektivwechsel beeinflußte zwar kaum das SED-offizielle Bild der Revolution von 1918. Er wirkte sich aber auf den geschichtspolitischen Umgang mit dieser Revolution aus. Die sich von früheren Zukunftsvisionen verabschiedende, eher pragmatische Perspektive einer „entwickelten sozialistischen Gesellschaft" ließ für revolutionsrhetorische Gedenkinszenierungen keinen rechten Platz mehr. In der veränderten Selbstwahrnehmungs- und Geschichtsperspektive der SED zählte nicht die Revolution 1918, sondern nur die aus ihr hervorgegangene KPD zu den historischen Traditionen und „Kraftquellen" der Partei.[95] Das schien auch einen Ausweg aus dem Interpretations- und Instrumentalisierungsdilemma der Ulbricht-Ära und ihrer identitätspolitisch bemühten „Thesen zur Novemberrevolution" zu bieten. Man zog sich gleichsam auf das KPD-bezogene Traditionsbild zurück und verließ sich auf dessen deutungsverbindliche Kraft. In dieses Traditionsbild gingen die 1948 bis 1968 verkündeten Definitionen des „bürgerlichen Cha-

---

der Deutschen Demokratischen Republik. Grundriß, Berlin 1974; davon erschienen die Bände 1–5 (von den Anfängen bis 1897) sowie 9 (1945–1949).

[94] Diese – auf den Widerspruch der potentiellen Autoren des Akademieinstituts stoßende – Festlegung konnte freilich nicht eingehalten werden. Der den Zeitraum ab 1917 behandelnde Band der Parteigeschichte verzögerte sich immer wieder. Schließlich wurden dieser Band und der Band 7 der „Deutschen Geschichte" seit 1985 parallel erarbeitet. Beide kamen nicht zur Publikation. Die inhaltlichen Diskussionen um den Band 7 sowie um die Deutung der Novemberrevolution und der Weimarer Republik führten zeitweise zu heftigen – freilich intern ausgetragenen – Konflikten; vgl. ausführlich dazu Petzold, Parteinahme wofür? [wie Anm. 3], S. 272 ff.

[95] So Ernst Diehl zum „Abriß" der SED-Geschichte in: Einheit 33 (1978), S. 237–245.

rakters" der Novemberrevolution und der Vorbildwirkung der russischen Oktoberrevolution 1917 ein. Die Zensur und der Zugriff auf die Verlage schienen ausreichend Gewähr zu bieten, daß diese Deutungen die einschlägigen Publikationen prägten und daß dem KPD-bezogenen Traditionsbild zuwiderlaufende Forschungsbefunde allenfalls kanalisiert in sie Eingang fanden.

Verglichen mit den revolutionsrhetorisch betonten Gedenkinszenierungen 1948/58 und ihrem Nachklang 1968 trat die Novemberrevolution in der offiziellen Geschichts-, Gedenk- und Erinnerungskultur der Honecker-Ära in den Hintergrund. Sie verschwand gleichsam aus dem DDR-offiziellen Bild revolutionärer und fortschrittlicher Traditionen. Das auf dem DDR-Historikerkongreß Ende 1977 behandelte Thema „Volksmassen und Geschichte" wurde vom Hauptreferenten Diehl vor allem auf die „historische Mission" der Arbeiterklasse, auf die „führende Rolle der Partei" und auf die DDR als „größte Errungenschaft in der Geschichte des deutschen Volkes" projiziert.[96] Die Novemberrevolution 1918 blieb unerwähnt. Sie interessierte geschichtspolitisch nur noch als Entstehungskontext der KPD. Das wurde 1978/79 im Umfeld des 60. Jahrestages der Revolution und der KPD-Gründung sowie des 30. Jahrestages der DDR-Gründung deutlich. Diesmal gab es keine „Thesen" zum Revolutionsjubiläum. Die SED-offiziellen, vor allem vom IML erstellten Publikationen gingen in erster Linie auf die KPD-Gründung als wichtigstes Ergebnis der Revolution 1918 ein und wiederholten ansonsten die „Definitionen" von 1958 und 1968.[97] Der Aufruf zum 30. Jahrestag der DDR-Gründung listete zwar den Bauernkrieg 1525, die Barrikadenkämpfe 1848 und die KPD für das Traditionsbild der DDR auf, nicht jedoch die Revolution 1918.[98]

Fortan bewegte sich das Bild der Novemberrevolution zwischen einem weiten – auf die Gesamtvorgänge gerichteten – Erbe- und einem

---

[96] Vgl. den Bericht von Peter Bachmann und Erwin Lewin in: ZfG 26 (1978), S. 269–271 sowie Günter Benser/Heinz Heitzer: Die DDR – größte Errungenschaft in der Geschichte des deutschen Volkes, in: Einheit 33 (1978), S. 246–253.
[97] Vgl. Geschichte [wie Anm. 92], S. 37 und S. 39; Illustrierte Geschichte [wie Anm. 79]; Heinz Wohlgemuth: Die Entstehung der Kommunistischen Partei Deutschlands. Überblick, Berlin ²1978; Günter Hortzschansky u.a.: Ernst Thälmann. Eine Biographie, Berlin 1979, S. 61 ff.; ders.: Die Novemberrevolution – die erste antiimperialistische Volksrevolution in Deutschland, in: Einheit 33 (1978), S. 1152–1159, v. a. S. 1156 f.; Albert Norden: Ein historischer Wendepunkt (Zum 60. Jahrestag der Gründung der KPD), ebenda, S. 1203–1211.
[98] Abgedruckt in: Einheit 33 (1978), S. 1234.

engen – vor allem auf die KPD gerichteten – Traditionsverständnis. Entsprechende – auch institutionsbedingte – Kontroversen wurden freilich nur begrenzt publikationswirksam. Sie fanden kaum Eingang in öffentliche Debatten etwa über die neuen Geschichtslehrpläne für die Schulen[99] oder in die öffentlich ausgetragene Erbe- und Traditionsdebatte der Historiker. Diese konzentrierte sich eher auf ältere Geschichtsepochen und mied die heiklen, deutungspolitisch unklaren Jahre von 1917/18 bis 1933. Verglichen mit der spektakulären Luther- und Preußen-Renaissance oder der sozial-, alltags-, territorial- und landesgeschichtlichen Öffnung der DDR-Geschichtswissenschaft führte dieser Zeitraum ein Schattendasein in dieser Debatte. Der sie resümierende – freilich selektive – Sammelband enthielt zwar einen Beitrag über die 1848er Revolution, aber keinen über die von 1918.[100] Um theoretische und empirische Innovationen bemühte Publikationsreihen mieden die Novemberrevolution und die Zeit der Weimarer Republik.[101] Auch deren Bild schwankte fortan zwischen dem Erbe- und dem Traditionsverständnis, wobei das Traditionsbild des IML das offizielle Bild von der Weimarer Republik weitgehend bestimmte. Im Unterschied zum Vorgängerband 1968 bezeichnete die 1978 vom IML veröffentlichte „Illustrierte Geschichte der Novemberrevolution" die Weimarer Republik nicht als Ergebnis der Revolution, sondern ihrer Niederlage.[102] An dieser betonten Negativsicht auf die Weimarer Republik hielt das IML in den folgenden Jahren ebenso fest wie an der Aussage, die KPD sei das wichtigste Ergebnis der Revolution gewesen. Zugleich beharrte es auf seiner Deutungshoheit über die Revolution 1918/19, um so die „historisch korrekte" Sicht auf die Gründungs- und Wirkungsumstände der KPD einschließlich der Urteile über die Weimarer Republik zu sichern.

Das waren – verglichen mit den 1950er/60er Jahren und tendenziell zunehmend – eher defensive als offensive Positionen. Doch wirkten sie blockierend auf den Wandel der Geschichts-, Revolutions- und Republikbilder in den 1980er Jahren und auf das Bemühen, die Novemberre-

---

[99] Vgl. Neuhaus, Geschichte im Umbruch [wie Anm. 19], S. 100–157.
[100] Vgl. Meier/Schmidt, Erbe und Tradition [wie Anm. 82].
[101] Vgl. etwa die von 1981 bis 1989 erschienene 10bändige „Studienbibliothek DDR-Geschichtswissenschaft", die sich der Sozialgeschichte der Arbeiterklasse und der frühen Arbeiterbewegung im 19. Jahrhundert (Bde. 1 und 9), der preußischen Geschichte (Bde. 2 und 3), der Sozial-, Wirtschafts- und Ideengeschichte des Feudalismus (Bde. 4, 6 und 8), der frühbürgerlichen Revolution (Bd. 5), der DDR-Geschichte bis 1961 (Bd. 7) und der Französischen Revolution (Bd. 10) widmete.
[102] Vgl. Illustrierte Geschichte [wie Anm. 79], S. 426.

volution und die aus ihr hervorgegangene Republik gründlicher in ihren Gesamtaspekten zu untersuchen, abgewogener zu beurteilen, ihre Vorzüge, Errungenschaften und günstigen Wirkungen stärker als ihre Schattenseiten zu betonen und sie so im positiven Sinne in das Erbe- und Traditionsbild einzufügen. Dafür gab es im Umfeld des Revolutionsjubiläums 1978 zwar Ansätze; sie griffen vor allem auf den 1968 verwendeten Begriff der „Volksrevolution" zurück,[103] um zu einem sachlich und zeitlich geweiteten Bild von der Revolution 1918/19,[104] ihren verschiedenen Handlungsebenen[105] wie sozial- und wirtschaftshistorischen Aspekten[106] zu kommen. Nun wurde es auch möglich, eine „Geschichte der deutschen Sozialdemokratie 1917 bis 1945" zu erarbeiten, die freilich auf das SED-offizielle Traditionsbild mit seinen Negativaussagen über die Sozialdemokratie und in ihrem Kapitel über die Novemberrevolution auf die alten Deutungsmuster ausgerichtet war.[107] Doch blieben solche Publikationen eher Randerscheinungen. Die Revolution 1918/19 und ihre Räte bildeten kein zentrales Thema der DDR-Forschungen der 1970er/80er Jahre. Und die Neuansätze hielten sich in so bescheidenen Grenzen, daß Ulrich Kluge 1985 in seiner Bilanz der Revolutionsforschung in der Bundesrepublik und der DDR zu der Auffassung kam, der Dialog mit der DDR-Seite lohne nicht, weil sie immer noch in alten Positionen verharre.[108]

---

[103] So schon der „Grundriß" 1974; vgl. Klassenkampf [wie Anm. 93], S. 389.
[104] Vgl. Wolfgang Ruge: Novemberrevolution. Die Volkserhebung gegen den deutschen Imperialismus und Militarismus 1918/19, Berlin 1978.
[105] Vgl. Helmut Bock/Wolfgang Ruge/Marianne Thoms (Hrsg.): Gewalten und Gestalten. Miniaturen und Porträts zur deutschen Novemberrevolution 1918/1919, Leipzig u. a. 1978; Ingo Materna: Der Vollzugsrat der Berliner Arbeiter- und Soldatenräte 1918/19, Berlin 1978.
[106] Vgl. Dieter Baudis: Die Weiterentwicklung staatsmonopolistischer Beziehungen bei der Organisierung der imperialistischen Nachkriegswirtschaft in Deutschland 1918/19, in: Lotte Zumpe (Hrsg.): Wirtschaft und Staat im Imperialismus. Beiträge zur Entwicklungsgeschichte des staatsmonopolistischen Kapitalismus in Deutschland (Forschungen zur Wirtschaftsgeschichte 9), Berlin 1976, S. 145–180; Manfred Nussbaum: Wirtschaft & Staat in Deutschland während der Weimarer Republik (Wirtschaft und Staat in Deutschland 2), Berlin 1978.
[107] Vgl. Heinz Niemann u. a. (Hrsg.): Geschichte der deutschen Sozialdemokratie 1917 bis 1945, Berlin 1982.
[108] Vgl. Kluge, Die deutsche Revolution [wie Anm. 14], S. 36 und S. 38.

## Publikationen und Debatten der späten 1980er Jahre

Allerdings deuteten sich in der Gorbatschow-Ära seit 1985 und mit deutsch-deutscher, die Geschichtswissenschaft einschließender Dialogpolitik[109] tieferreichende Wandlungs- und Erosionsprozesse an.[110] Sie gingen über das bislang recht begrenzte Maß von Enttabuisierung und Liberalisierung hinaus, beeinflußten die innere Krise der DDR und den Machtverfall der späten Honecker-Ära und erfaßten auch das hier behandelte Gebiet. Dabei prägten sich die mit dem Erbe-Traditions-Modell verbundenen bzw. darauf projizierten – auch institutionell – unterschiedlichen Positionen deutlicher aus. Zugleich verstärkte sich das Bestreben, das auf die KPD gerichtete Traditionsbild selbst auszuweiten. Dafür wurden nun ihre Demokratieauffassungen,[111] ihr sozialpolitisches und parlamentarisches Wirken sowie ihr Bemühen um Kooperation mit der Sozialdemokratie betont. Solche Versuche, den Dialog mit der bundesdeutschen SPD geschichtspolitisch zu untermauern,[112] übergingen freilich meist die anders gerichtete „Generallinie" der KPD, erwähnten sie

---

[109] Vgl. Harald Neubert: Zum gemeinsamen Ideologie-Papier von SED und SPD aus dem Jahr 1987 (hefte zur ddr-geschichte 18), Berlin 1994; Martin Sabrow: Der Streit um die Verständigung. Die deutsch-deutschen Zeithistorikergespräche in den achtziger Jahren, in: Arnd Bauerkämper/Martin Sabrow/Bernd Stöver (Hrsg.): Doppelte Zeitgeschichte. Deutsch-deutsche Beziehungen 1945–1990, Bonn 1998, S. 113–130; Werner Bramke: Kooperation als Konfrontation: Begegnungen in der deutsch-deutschen Geschichtslandschaft der achtziger Jahre, ebenda, S. 131–139; zu den Problemen und Grenzen deutsch-deutscher Historikerkooperation vgl. auch Martin Broszat: Erfolg und Scheitern eines deutsch-deutschen Zeitgeschichts-Dialog, in: ders./Klaus Schwabe (Hrsg.): Die deutschen Eliten und der Weg in den Zweiten Weltkrieg, München 1989, S. 7–24.
[110] Vgl. Konrad H. Jarausch/Martin Sabrow (Hrsg.): Weg in den Untergang. Der innere Zerfall der DDR, Göttingen 1999; Martin Sabrow: Der Wille zur Ohnmacht und die Macht des Unwillens. Realitätskonflikte und Mentalitätenwandel in der DDR als Erosionsfaktoren der SED-Herrschaft, in: Deutschland Archiv 33 (2000), S. 539–558.
[111] Vgl. z. B. Rolf Richter: Über die Demokratieauffassung der KPD als Lernprozeß, in: ZfG 37 (1989), S. 1078–1082, der auch verhalten kritische Töne gegenüber dem KPD-Kurs unter Thälmann anschlug.
[112] Vgl. etwa die entsprechenden Beiträge der DDR-Seite auf den deutsch-deutschen Historikertreffen 1987 und 1989, abgedruckt bei Susanne Miller/Malte Ristau (Hrsg.): Erben deutscher Geschichte. DDR-BRD. Protokolle einer historischen Begegnung, Reinbek bei Hamburg 1988; Perspektive und Aktion. Erfahrungen deutscher Arbeiterbewegung. Protokoll eines Geschichtsforums über August Bebel und die Arbeiterbewegung an der Wende vom 19. zum 20. Jahrhundert sowie über Massenbewegungen und parlamentarische Demokratie in den ersten Jahren der Weimarer Republik (30./31. Mai 1989), Jena 1989.

nur aus der Perspektive späterer Korrekturen oder legten sie allein den „Linksabweichlern" zur Last.

Die skizzierten Tendenzen prägten die – freilich kaum öffentlich ausgetragenen – Kontroversen 1985/89 um den Band 7 der „Deutschen Geschichte", der die Revolution und die Weimarer Republik behandelte.[113] Dabei ging es mit Blick auf das hier behandelte Thema um eine weite oder enge Sicht der Novemberrevolution und der Weimarer Republik, um den Zusammenhang von Revolution und Republikgründung, um die Eigenständigkeit oder Abhängigkeit der deutschen Revolution von der russischen Oktoberrevolution – und damit auch um die Tauglichkeit oder Untauglichkeit früherer Deutungsmuster und „Definitionen" des Charakters der Novemberrevolution. Die an dem Band beteiligten, vor allem mit dem Revolutionskapitel und den Abschnitten über die KPD befaßten IML-Autoren versuchten beharrlich, die Lesart ihres Hauses[114] dem gesamten Band aufzuzwingen.[115] Sie stießen dabei auf massiven und zunehmenden Widerspruch nicht nur der Autoren des Akademieinstitutes für Geschichte, sondern auch der SED-Akademie für Gesellschaftswissenschaften, die auf DDR-Seite maßgeblich das SPD-SED-Dialogpapier ausarbeitete. Das ließ sich nicht mit den alten Deutungsmustern vereinbaren. Man brauche – meinte der Leiter des Autorenkollektives des Bandes 7 – ein „neues Geschichtsbild" und müsse aufhören, historische Fragen mit der Autorität der Partei lösen zu wollen.[116] Die Gralshüter der „reinen Lehre", des Traditionsbildes und der alten Deutungsmuster gerieten zunehmend in die Defensive. Sie konnten sich nun

---

[113] Dessen Federführung lag zwar beim Akademieinstitut für deutsche Geschichte. Die Kapitel über die Revolution und die KPD schrieben aber Autoren des IML. Dies führte zu endlosen Debatten und immer neuen Entwürfen und geriet schließlich zum Trauerspiel, das mit dem Abbruch des Projektes 1990 endete – vgl. ausführlich dazu Petzold, Parteinahme wofür? [wie Anm. 3], S. 311 ff.

[114] Der an dem Band beteiligte Autor Heinz Karl bezeichnete den von ihm dem Vf. am 5. 1. 1989 übermittelten umfangreichen Forderungskatalog als „gemeinsamen Standpunkt" des IML und als Ausdruck einer „bestimmten konzeptionellen Linie" (Sammlung John).

[115] Sie scheuten dabei auch nicht – wie Walter Wimmer als an dem Band zwar nicht direkt beteiligter, aber für den Zeitraum zuständiger IML-Abteilungsleiter im Juni 1988 – vor der drohenden Behauptung zurück, ansonsten werde der „Klassenstandpunkt verlassen"; diese an den Ungeist der 1950er Jahre erinnernde Bemerkung wurde freilich von anderen Teilnehmern entschieden zurückgewiesen – vgl. Protokoll der Sitzung des Herausgeberkollegiums „Deutsche Geschichte" mit den Autoren des Bandes 7 am 29./30. 6. 1988 (Sammlung John).

[116] So Joachim Petzold in seinem Bericht vor der SED-Parteileitung des Zentralinstituts für Geschichte am 12. 7. 1988 (Sammlung John).

auch kaum noch auf das sowjetische Vorbild berufen. Denn gerade dort bewirkte der Gorbatschow-Kurs, zu dem die SED-Spitze um Honecker deutlich auf Distanz ging, eine tiefgreifende Revision des Geschichtsbildes. Man war verunsichert, schwankte zwischen Nachgeben und erneut verhärteten Positionen. Auch deshalb kam der als richtungsweisend gedachte, immer wieder argumentativ ins Spiel gebrachte und ständig veränderte IML-Band zur Parteigeschichte des Zeitraumes 1917 bis 1945 zu keinem Ende.

Die in den Debatten um den Band 7 der „Deutschen Geschichte" erkennbaren Tendenzen, unterschiedlichen Positionen, Sichtweisen und Spannungsfelder zeigten sich auch im Umfeld des 70. Jahrestages der Novemberrevolution 1988. Erneut unterließ die SED-Spitze „Thesen" oder andere, früheren Gedenkritualen vergleichbare dezidierte Aussagen zum Jahrestag. Sie demonstrierte so noch deutlicher als 1978 ihr geschichtspolitisches Desinteresse an dieser Revolution. Denn diesmal gab es auch keine im IML erarbeitete „Illustrierte Geschichte" der Revolution. Statt dessen veröffentlichte das SED-Zentralkomitee – auch das war neu – im Juni 1988 von einer Funktionärs- und Historikerkommission ausgearbeitete Thesen zum 70. Jahrestag der KPD-Gründung.[117] Auf die Novemberrevolution selbst ging lediglich ein äußerst knapper Artikel in dem ansonsten der KPD gewidmeten und mit einem Geleitwort Erich Honeckers versehenen Sonderheft der „Einheit" ein.[118] Die „Thesen" und dieses Heft ließen so keinen Zweifel, daß die Revolution und die Weimarer Republik die SED-Spitze nur als Entstehungskontext bzw. Handlungsrahmen der KPD interessierten. Zweifellos enthielten die voluminösen „Thesen" manch neue Akzente und Konzessionen an die Debatten der letzten Jahre. Man konnte es als Fortschritt und Kompromißformel deuten, wenn sie die Gründung der KPD *und* der Weimarer Republik als Ergebnisse der Revolution bezeichneten. Doch verkündeten diese „Thesen" überwiegend und teilweise in erneut verhärteter Tonart die alten Deutungsmuster mit der Kernaussage, die KPD-Gründung sei das wichtigste Ergebnis der Revolution 1918 gewesen. Sie wur-

---

[117] 70 Jahre Kampf für Sozialismus und Frieden, für das Wohl des Volkes. Thesen des Zentralkomitees der SED zum 70. Jahrestag der Gründung der Kommunistischen Partei Deutschlands. Beschluß der 6. Tagung des Zentralkomitees der Sozialistischen Einheitspartei Deutschlands, 9./10. Juni 1988, u.a. abgedruckt in: Einheit 43 (1988), S. 586–629.

[118] Vgl. Ernst Diehl/Günter Hortzschansky: Die Novemberrevolution in Deutschland, in: Einheit 43 (1988), S. 1077–1082.

den deshalb weithin als Rückschlag empfunden. Solchen Positionen blieb auch die von der Berliner SED-Bezirkskommission herausgegebene „Geschichte der revolutionären Berliner Arbeiterbewegung" verhaftet.[119]

Dem standen mehrere Publikationen und Konferenzen gegenüber, die eine andere, frühere Positionen zumindest teilweise korrigierende Sicht auf die nun als befreiend wirkend, recht ergebnis- und folgenreich angesehene und als eigenständiges Phänomen in den Revolutionszyklus am Ende des Ersten Weltkrieges gerückte Revolution 1918 sowie auf die aus ihr hervorgegangene Weimarer Republik zum Ausdruck brachten. Das zeigten schon ein Vortrag Wolfgang Ruges anläßlich seiner Jenaer Ehrenpromotion[120] und sein Kapitel in der einbändigen „Deutschen Geschichte".[121] Noch deutlicher wurden solche Tendenzen auf dem Leipziger Kolloquium über die „Deutsche Klassengesellschaft in Krieg und Revolution 1914 bis 1945" vom November 1988 mit seinem dezidiert sozialgeschichtlichen Herangehen[122] und in einem entsprechenden ZfG-Aufsatz, der die Novemberrevolution als eigenständige „sozialistische Revolution" deutete und sich höchst kritisch mit früheren „Definitionen" auseinandersetzte.[123] Auch mehrere Beiträge in der vom IML im September 1988 ausgerichteten Konferenz „Die Novemberrevolution 1918/19 und die Gründung der KPD" wiesen in diese Richtung. Sie kritisierten oder verwarfen die alten Deutungsmuster und plädierten für einen erweiterten Blick auf die Revolution und die Weimarer Republik.[124]

---

[119] Vgl. Geschichte der revolutionären Berliner Arbeiterbewegung, hrsg. von der Bezirksleitung Berlin der SED. Kommission zur Erforschung der Geschichte der örtlichen Arbeiterbewegung, Bd. 2: Von 1917 bis 1945, Berlin 1987, Erstes Kapitel: 1917 bis 1919 (verfaßt von Ingo Materna), S. 5–96.

[120] Vgl. Wolfgang Ruge: Nachdenken über Weimar, in: Ehrenpromotion Wolfgang Ruge, hrsg. v. d. Friedrich-Schiller-Universität Jena, Jena 1988, S. 11–20.

[121] Vgl. Joachim Herrmann u. a. (Hrsg.): Deutsche Geschichte in 10 Kapiteln, Berlin 1988, Kapitel 7: Novemberrevolution und Weimarer Republik 1918/19 bis 1933 (verfaßt von Wolfgang Ruge), S. 299–347.

[122] Vgl. Die deutsche Klassengesellschaft in Krieg und Revolution 1914 bis 1945. Kolloquium der Sektion Geschichte „Der 1. Weltkrieg und die Novemberrevolution – ihre Wirkungen auf die Klassengesellschaft in Deutschland bis zur Befreiung vom Faschismus" am 3./4. 11. 1988 in Leipzig (Internationale Studien – Leipziger Hefte zur Friedensforschung 7), Leipzig 1989.

[123] Vgl. Werner Bramke/Ulrich Heß: Die Novemberrevolution in Deutschland und ihre Wirkung auf die deutsche Klassengesellschaft, in: ZfG 36 (1988), S. 1059–1073.

[124] Vgl. Die Novemberrevolution 1918/19 und die Gründung der KPD. Protokoll der wissenschaftlichen Konferenz in Berlin am 19. und 20. September 1988 in zwei Teilen, Berlin 1989, v. a. die Beiträge von Joachim Petzold: Zur Charakterbestimmung der No-

Damit hoben sie sich deutlich von den meisten anderen Beiträgen dieser Konferenz ab. Zwar schlugen dort auch Diehl und andere IML-Vertreter versöhnliche Töne an und signalisierten Dialog- und Korrekturbereitschaft, um zu gemeinschaftlichen Positionen und einer konzeptionellen Synthese zu kommen.[125] Doch war die Kluft unübersehbar geworden.

## Ausblick

Es ist müßig, darüber zu spekulieren, wie sich die Dinge ohne das Ende der DDR weiterentwickelt hätten. Zumal die meisten derer, die sich in den 1980er Jahre in den DDR-Debatten um den Charakter der Novemberrevolution und der Weimarer Republik so oder so engagiert hatten, für längere Zeit verstummten und sich allenfalls erst 1998 wieder zu Wort meldeten. Eine befriedigende Antwort auf die Frage, was von den DDR-Revolutionsbildern geblieben ist und möglicherweise in immer noch „gespaltenen Geschichtsbildern" nachwirkt, kann aber wohl nur dann gefunden werden, wenn man sich auch die weitere Entwicklung ansieht. Das aber liegt außerhalb des Betrachtungszeitraumes und der Möglichkeiten dieses Beitrages. Dessen Befunde einer anfangs massiv instrumentalisierten und dennoch „ungeliebten Revolution", ihres in den 1970er/80er Jahren stark sinkenden geschichtspolitischen Gebrauchswertes, der Erosion früherer Deutungsmuster und Feindbilder, begrenzt pluralisierter oder polarisierter Standpunkte und Sichtweisen wie einer recht marginalen Rolle der Revolutions- und Räteforschung in der späten DDR deuten auf eher geringe Nachwirkungen hin. Die bis heute immer wieder beklagte mangelnde „innere Einheit" des vereinigten Deutschland dürfte kaum auf sie zurückzuführen sein. Auch der 1998 so offenkundig gewordene geringe Stellenwert der Revolution 1918/19 in der Geschichts- und Erinnerungskultur der heutigen Bundesrepublik, der gleichsam die traditionellen Schwierigkeiten der Deutschen mit ihr

---

vemberrevolution (S. 216–223), Jürgen Schebera: „Alles Neue ist besser als alles Alte". Auswirkungen der Novemberrevolution auf die Literatur- und Kunstentwicklung der Weimarer Republik (S. 75–84) und Jürgen John: Zum Charakter der Weimarer Republik (S. 421–428), z. T. auch das Plenarreferat von Jakov S. Drabkin: Der Große Oktober und die Novemberrevolution in Deutschland (S. 37–58).

[125] Vgl. das Plenarreferat von Ernst Diehl: Die Novemberrevolution 1918/19 und die Gründung der KPD (ebd., S. 15–36) und den Beitrag von Heinz Karl: Zum Charakter der Novemberrevolution 1918/19 (S. 208–215).

fortschreibt,[126] hat zweifellos andere Ursachen. Es ist still geworden um diese Revolution.[127] Und die wenigen Fälle, in denen seit 1990 um ihre Deutung gestritten wurde,[128] verweisen auf andere Konfliktlagen als die Nachwirkungen einst konträrer deutsch-deutscher Revolutionsbilder.

[126] Vgl. auch Kolb, Revolutionsbilder [wie Anm. 14].
[127] Im Unterschied zu 1989/90, als im Kontext des 200. Jahrestages der französischen Revolution von 1789 und unter dem Eindruck der Revolution 1989 in der DDR auch die „gescheiterten Revolutionen" von 1848 und 1918 erörtert wurden; vgl. Manfred Hettling (Hrsg.): Revolution in Deutschland? 1789–1989. Sieben Beiträge, Göttingen 1991; als seltenes Beispiel eines Vergleichs der Revolutionen von 1918 und 1989 vgl. Werner Bramke: Ungleiches im Vergleich: Revolution und Gegenrevolution in den deutschen Revolutionen von 1918/19 und 1989, in: Matthias Middell u. a. (Hrsg.): Widerstände gegen Revolutionen 1789–1989 (Beiträge zur Universalgeschichte und vergleichenden Gesellschaftsforschung 12), Leipzig 1994, S. 263–279.
[128] Etwa auf dem Weimarer Symposium „Friedrich Ebert und die Weimarer Demokratie" am 3. 10. 1991, wo die dezidierte Absage der Fachhistoriker an revolutionsbedingte oder basisdemokratische „Dritte Wege" auf den massiven Protest von DDR-Bürgerrechtlern stieß; vgl. auch die gedruckten Beiträge dieses Symposiums von Horst Möller: Folgen und Lasten des verlorenen Krieges. Ebert, die Sozialdemokratie und der nationale Konsens (Kleine Schriften Stiftung Reichspräsident-Friedrich-Ebert-Gedenkstätte 8), Heidelberg 1991 und Heinrich August Winkler: Klassenkampf oder Koalitionspolitik? Grundentscheidungen sozialdemokratischer Politik (Kleine Schriften Stiftung Reichspräsident-Friedrich-Ebert-Gedenkstätte 9), Heidelberg 1992.

*Eberhard Kolb*

# Rettung der Republik: Die Politik der SPD in den Jahren 1930 bis 1933

In den Jahren 1930, 1931 und 1932 führte die deutsche Sozialdemokratie einen verzweifelten, aber im Endergebnis vergeblichen Kampf um die Rettung der Republik durch Verhinderung einer Machtübernahme der Nationalsozialisten.[1] Wir bezeichnen diese Jahre als die „Endphase" der Weimarer Republik. Die „Endphase" ist es in rückschauender Betrachtung. Für die Mitlebenden hingegen war es die Zeit einer schweren Staats- und Wirtschaftskrise, einer Krise jedoch, deren Ausgang offen erscheinen mußte. Gewiß: Ein großer Teil der Deutschen hielt damals eine Machtübernahme der Nationalsozialisten für möglich, viele für wahrscheinlich, nicht wenige – zumal die Nationalsozialisten und ihre Anhängerschaft – für sicher. Aber *entschieden* war nichts vor der Ernennung Hitlers zum Reichskanzler durch Reichspräsident Hindenburg am 30. Januar 1933.

Dies – daß bis zum 30. Januar 1933 nichts endgültig entschieden war – sollte man sich immer vor Augen halten, wenn man sich mit den politischen Kämpfen dieser Jahre und insbesondere mit Strategie und Taktik der SPD beschäftigt. Die Nationalsozialisten von den Schalthebeln der Staatsmacht fernzuhalten, war das erklärte Hauptziel der sozialdemokratischen Arbeiterbewegung vom Herbst 1930 bis zum Winter 1932/33, denn man wußte, wie es ein führender Sozialdemokrat Ende September 1930 kurz und bündig formulierte: „Der Eintritt der Nationalsozialisten in die Reichsregierung bedeutet das Ende der Republik".[2]

---

[1] Der Vortragsstil ist beibehalten. Die Anmerkungen beschränken sich auf den Nachweis der Zitate und der apostrophierten Forschungsliteratur.
[2] Ernst Heilmann in: „Das Freie Wort" vom 28. 9. 1930, zitiert bei Rainer Schaefer: SPD in der Ära Brüning – Tolerierung oder Mobilisierung? Handlungsspielräume und Strategien sozialdemokratischer Politik 1930–1932, Frankfurt/M. 1990, S. 55.

Weil trotz schwerer politischer und persönlicher Opfer dieses Hauptziel verfehlt wurde, wird über die glücklosen Verteidiger von Rechtsstaat und Demokratie oft viel rigoroser und emotionsgeladener geurteilt als über jene Parteien, Gruppierungen und Persönlichkeiten, die die Weimarer Demokratie vehement bekämpft und schließlich zerstört haben. Doch es ist unangemessen, eine kritische Prüfung der sozialdemokratischen Politik in den Krisenjahren 1930 bis 1932 lediglich sub specie der Entwicklungen ab dem 30. Januar 1933 vorzunehmen, wie das nur allzu häufig geschah und teilweise noch immer geschieht. Vielmehr gilt es, das politische Agieren der Sozialdemokraten und die Plausibilität ihrer Lagebeurteilungen im Horizont der damals bestehenden Handlungsspielräume und Optionen zu analysieren. Dies ist erstes und wichtigstes Erfordernis bei einer Betrachtung und Bewertung der sozialdemokratischen Politik in den Jahren 1930 bis 1932/33.

Eine solche Untersuchung ist auf knappem Raum selbstverständlich nur ansatzweise zu leisten. Ich beschränke mich auf eine knappe Erörterung von vier Problemkomplexen, die im Zentrum der zeitgenössischen Aufmerksamkeit standen und die in der Forschung besonders intensiv und teilweise kontrovers diskutiert wurden und werden: 1. Der Bruch der Großen Koalition im März 1930; 2. Die Tolerierung des Präsidialkabinetts Brüning durch die SPD; 3. Das Verhalten der SPD- und Gewerkschaftsführung bei der Reichsexekution gegen Preußen am 20. Juli 1932; 4. Wäre ein – wenigstens punktuelles – Zusammengehen von SPD und KPD im Kampf gegen die NS-Bewegung möglich gewesen?

## I.

Aus der Reichstagswahl im Mai 1928 war die SPD als eindeutiger Wahlsieger hervorgegangen. Sie legte gegenüber der Reichstagswahl im Dezember 1924 um 4% zu und steigerte ihre Mandatszahl von 131 auf 153, während die Rechtsparteien und die Parteien der bürgerlichen Mitte Stimmen und Mandate einbüßten. Mit dem Wahlergebnis stand fest, daß die SPD – erstmals wieder seit 1923 – an der Regierung beteiligt sein mußte und wohl den Reichskanzler stellen würde. Gleichwohl vollzog sich die Bildung der Großen Koalition – in Gestalt eines „Kabinetts der Persönlichkeiten" unter dem Sozialdemokraten Hermann Müller als Reichskanzler – als ausgesprochene Schwergeburt. Ein Teil der DVP-Fraktion widerstrebte einem Zusammengehen mit den Sozialdemokraten; die Fraktion mußte vom Parteiführer Stresemann förmlich in die Koalition hineingezwungen werden. Die Regierungsfraktionen behielten sich freie Hand gegenüber dem Kabinett vor, und tatsächlich schleppte sich die Große Koalition – auch angesichts wachsender wirtschaftlicher Schwierigkeiten und sozialer Gegensätze – von einer Kabinettskrise zur nächsten; der ohnehin geringe Vorrat an Gemeinsamkeiten wurde zunehmend aufgezehrt. Im Winter 1929/30 spitzte sich die Lage dramatisch zu, nicht ausschließlich, aber vor allem im Streit um die Arbeitslosenversicherung, deren wachsendes Defizit, verursacht durch den Anstieg der Arbeitslosenzahlen, durch hohe Zuschüsse aus dem Reichshaushalt ausgeglichen werden mußte. Die DVP verlangte eine Sanierung der Arbeitslosenversicherung durch Leistungsabbau, die SPD hingegen bestand – in vollem Einklang mit den Freien Gewerkschaften – auf einer Erhöhung der Beiträge (die auch die Wirtschaft belastete). Nachdem der Reichstag am 12. März 1930 das Young-Plan-Gesetz angenommen hatte und damit eine wichtige Klammer wegfiel, die bis dahin die Koalition zusammengehalten hatte, eskalierte die Auseinandersetzung in der zweiten Märzhälfte. Das hektische Hin und Her der Verhandlungen, die Initiativen, Vorschläge und Gegenvorschläge zum Haushaltsausgleich – das kann hier nicht nachvollzogen werden. Der schließliche Ausgang der Krise ist bekannt: Am 27. März beschloß das Kabinett angesichts unüberbrückbarer Gegensätze seine Demission. Die Große Koalition war beendet, und die Sozialdemokratie hatte entscheidenden Anteil am Scheitern des Kabinetts. Denn die SPD-Reichstagsfraktion lehnte am 27. März – unter dem Druck ihres Gewerkschaftsflügels und gegen den Rat der sozialdemokratischen Kabinettsmitglieder – fast einstimmig den letzten Vermittlungsvorschlag ab, den sogenannten „Brüning-Kompromiß", dem zuvor die Koalitionspartner, auch die DVP, zugestimmt hatten. Der Brüning-Kompromiß wollte alternativ drei Möglichkeiten der Haushaltssanierung für die Zukunft offenhalten, lief im Kern aber auf eine Vertagung der Hauptstreitpunkte bis zum Herbst hinaus. Dem stellten sich die Gewerkschaften entgegen, weil sie fürchteten, später würde die aus ihrer Sicht ungünstigste Lösung durchgesetzt werden.

Wie steht es um die Verantwortung für den Bruch der Großen Koalition, und wie ist das Verhalten der sozialdemokratischen Führer zu bewerten? Es ist unbestreitbar – schon damals war es kein Geheimnis, und inzwischen läßt sich dies breit dokumentieren –, daß die politische Rechte, Reichspräsident Hindenburg und seine Umgebung, die Reichswehrführung, Exponenten von Großindustrie und Großlandwirtschaft die Sozialdemokraten aus der Regierung entfernen wollten, um mit einem „Hindenburg-Kabinett", einem stark nach rechts verlagerten Kabinett „antiparlamentarisch-antimarxistischen" Gepräges, Kurs auf eine autoritäre Umgestaltung des Staates von Weimar zu nehmen. Über die Absichten dieser Kreise besteht kein Zweifel. Aber: *Wie* und *wie rasch* diese Intentionen verwirklicht werden konnten, darüber war bis zum Bruch der Großen Koalition nicht entschieden. Mit ihrer Ablehnung des Brüning-Kompromisses machte die SPD-Reichstagsfraktion den politischen Gegnern die Sache leicht: Sie katapultierte sich selbst aus der Regierung.

Es gab durchaus Gründe für die ablehnende Haltung von SPD und Gewerkschaften. Sie werden von jenen Historikern ins Feld geführt, die die Entscheidung der SPD für richtig halten: Im März 1930 sei es nicht um eine geringfügige Erhöhung der Beiträge zur Arbeitslosenversicherung gegangen, sondern darum, „ob die SPD bereit war, an der Zerstörung der sozialstaatlichen Fundamente der Republik aktiv mitzuwirken und sich dadurch bei ihrer Anhängerschaft zu diskreditieren. Diesen Preis, der zu einer weiteren Schwächung des demokratietreuen Lagers geführt hätte, konnte die Partei aber nicht für einen Anteil an der Regierungsmacht bezahlen, zumal die Lebensdauer der Koalition allein von den bürgerlichen Parteien und ihren außerparlamentarischen Bundesgenossen diktiert wurde. Vor die Alternative gestellt, sich den sozialen und politischen Pressionen der Rechten zu beugen oder in der Opposition zu versuchen, die eigene Substanz als Reformbewegung zu regenerieren, votierte die Sozialdemokratie für die Beendigung der Großen Koalition".[3]

Einer solchen Beurteilung kann entgegengehalten werden, daß der „Brüning-Kompromiß", nachdem ihm auch die DVP zugestimmt hatte, wenigstens eine Atempause gewährte. Außerdem hätte Brüning bei Annahme des Kompromisses Ende März nicht als Kanzler eines Präsidialkabinetts zur Verfügung gestanden. Gewiß kann nicht ausgeschlossen werden, daß bei Annahme des „Brüning-Kompromisses" durch die SPD die sich ständig verschlechternde Haushaltslage schon bald die nächste Regierungskrise heraufbeschworen hätte. Aber war es sinnvoll, in Erwartung zukünftiger Schwierigkeiten und angesichts sinistrer Intentio-

---

[3] Klaus Schönhoven: Reformismus und Radikalismus. Gespaltene Arbeiterbewegung im Weimarer Sozialstaat, München 1989, S. 147.

nen der politischen Gegner vorschnell das Handtuch zu werfen? Besonders gravierend jedoch ist in meinen Augen: In der SPD-Reichstagsfraktion gab es offensichtlich am 27. März überhaupt keine Diskussion über die zentrale Frage: Was kommt danach? – maßgebliches Postulat jeder rationalen Konzipierung einer politischen Strategie. In der kurzen Fraktionssitzung wurde lediglich über Annahme oder Ablehnung des Kompromisses debattiert, nicht über die Konsequenzen einer Ablehnung und des Ausscheidens der SPD aus der Regierung.[4] Ohne ausführliche und reflektierte Erörterung des Für und Wider wagte die SPD den Sprung ins Dunkle. Einige Parteiführer haben sofort das Verhalten der Fraktion kritisiert, die SPD-Fraktion im preußischen Landtag beschloß sogar eine Resolution, in der das Vorgehen der Reichstagsfraktion verurteilt wurde.[5] Auch in der Forschungsliteratur überwiegt – neben massiver Kritik an den Bestrebungen der Rechtskreise und Hindenburgs – eine negative oder zumindest skeptische Bewertung des Procedere der sozialdemokratischen Reichstagsfraktion beim Bruch der Großen Koalition. Ich teile diese kritische Einschätzung. Die SPD operierte nicht nur taktisch höchst ungeschickt, sondern politisch außerordentlich kurzsichtig. Denn hinter ihrer rigorosen Haltung stand keine durchdachte Handlungsperspektive, kein strategisches Gesamtkonzept, wie die Partei nach dem Verzicht auf die Regierungsbeteiligung sich einen ihrem Gewicht entsprechenden Einfluß auf die Reichspolitik sichern und eine „weitere Schwächung des demokratietreuen Lagers" verhindern wollte, wie sie ihre politischen Vorstellungen im Parlament und gegenüber den anderen politischen Kräften durchsetzen konnte. Mit ihrer Selbstausschaltung arbeitete die Sozialdemokratie ihren politischen Gegnern in die Hände, sie erleichterte es ihnen, jenen Kurs einzuschlagen, für den die Weichen bereits gestellt waren.

Ende März 1930 besaß die SPD meines Erachtens noch einen gewissen Handlungsspielraum. Der Gebrauch, den sie davon machte, führte eine Konstellation herbei, in der der Handlungsspielraum der Sozialdemokraten zunehmend weiter schrumpfte und die Zwangslagen bestimmend wurden.

---

[4] Ein Sitzungsprotokoll existiert nicht. Knappe Hinweise zum Sitzungsverlauf bei Friedrich Stampfer: Die ersten 14 Jahre der Deutschen Republik, Offenbach 1947, S. 562.
[5] Siehe Hagen Schulze: Otto Braun oder Preußens demokratische Sendung, Frankfurt/M./Berlin/Wien 1977, S. 625; Heinrich August Winkler: Der Schein der Normalität. Arbeiter und Arbeiterbewegung in der Weimarer Republik 1924 bis 1930, Berlin/Bonn 1985, S. 811.

## II.

Spätestens ein halbes Jahr nach dem Scheitern der Großen Koalition war evident, über welch eingeschränkten Handlungsspielraum die SPD verfügte und in welch prekärer Situation sie sich mit ihrer Oppositionsrolle befand. Als das Kabinett Brüning im Juli 1930 im Reichstag keine Mehrheit für seine Deckungsvorlage fand, setzte es diese auf dem Weg einer Notverordnung nach Artikel 48 der Weimarer Verfassung in Kraft. Der Reichstag hob mit den Stimmen der SPD die Notverordnung auf und wurde daraufhin vom Reichspräsidenten aufgelöst. Hauptnutznießer der vorzeitigen, ohne absolut zwingende Not erfolgten Auflösung und Neuwahl des Reichstags war die NSDAP. Sie erzielte in der Septemberwahl 1930 einen spektakulären Wahlsieg: mit 107 Abgeordneten (statt bisher 12) wurde sie zur zweitstärksten Fraktion (hinter der SPD mit 143 Mandaten) und damit zu einem wesentlichen Faktor im politischen Kräftespiel.

Nach der Septemberwahl war im Reichstag eine *positive* Mehrheit nach keiner Seite hin mehr zu bilden. Das Präsidialkabinett Brüning sah sich nur deshalb nicht einer *negativen* Reichstagsmehrheit gegenüber, weil sich die SPD dazu durchrang, dieses Kabinett zu „tolerieren". Das heißt: Die SPD-Fraktion versagte sich Mißtrauensanträgen der extremen Rechten und Linken (NSDAP, DNVP, KPD) und brachte sie dadurch zu Fall, und sie verhinderte, daß die auf dem Weg der Notverordnung erlassenen Gesetze vom Reichstag aufgehoben wurden. Diese Tolerierungspolitik praktizierte die SPD – im Einklang mit den Freien Gewerkschaften – zwanzig Monate lang, bis zum Sturz des Kabinetts Brüning Ende Mai 1932.[6] Weshalb fand sich die SPD zur Tolerierung des Kabinetts Brüning bereit, gegen das sie im Wahlkampf zu Felde gezogen war? Aufgrund des Ergebnisses der Septemberwahl hing es ausschließlich von der SPD ab, ob sich das Kabinett Brüning halten konnte. Was nach einem Sturz dieses Kabinetts geschehen würde, ließ sich zwar nicht mit letzter Sicherheit prognostizieren. Parteiführung und Fraktionsmehrheit der SPD waren jedoch – nicht ohne gute Gründe – überzeugt, daß es erstens nach einem Sturz Brünings zur Einsetzung eines reaktionären Rechtskabinetts kommen würde – mit höchster Wahrscheinlichkeit unter

---

[6] Zum Folgenden vgl. meine Studie: Die sozialdemokratische Strategie in der Ära des Präsidialkabinetts Brüning – Strategie ohne Alternative?, in: Eberhard Kolb, Umbrüche deutscher Geschichte 1866/71–1918/19–1929/33, München 1993, S. 295–310.

Einbeziehung der NSDAP – und daß zweitens eine Mitwirkung der SPD beim Sturz Brünings das Zentrum veranlassen würde, die Preußenkoalition aufzukündigen. Die preußische Machtbastion galt es aber um jeden Preis zu behaupten, und über die Folgen einer Beteiligung der Nationalsozialisten an der Reichsregierung machte man sich in der SPD keine Illusionen: Dies würde die Auslieferung der staatlichen Machtmittel an die NS-Bewegung bedeuten – mit der Konsequenz der völligen Zerstörung der Demokratie und der brutalen Unterdrückung der Arbeiterbewegung.

Um die Nationalsozialisten von der Macht fernzuhalten, hat die SPD seit Oktober 1930 alle Aktivitäten der Bekämpfung des „deutschen Faschismus" untergeordnet. „Der Antifaschismus wird zum obersten Gesetz unseres politischen Handelns", war in der „Gesellschaft", dem theoretischen Organ der SPD, nach der Septemberwahl zu lesen.[7]

Die im Oktober 1930 eingeleitete Tolerierungspolitik begründete und rechtfertigte die SPD-Reichstagsfraktion in einer umfänglichen Erklärung.[8] Darin wurden die Möglichkeiten umrissen, die sich bei Annahme der Mißtrauensanträge gegen das Kabinett Brüning mit Hilfe der SPD ergeben würden: 1. Rücktritt mit anschließender Wiederernennung Brünings, der dann gegen den Reichstag regieren müßte (eine sofortige Auflösung und Neuwahl des Reichstags erschien ausgeschlossen); 2. Einsetzung eines Beamtenkabinetts, das gleichfalls nur mit dem Diktaturartikel regieren könnte; 3. Auftrag an den DNVP-Führer Hugenberg zur Bildung einer Rechtsregierung mit Einschluß der Nationalsozialisten. Wenn ein solches Kabinett sich auch nur bei Tolerierung durch das Zentrum halten könne, so wäre es doch nichts anderes als eine „verschleierte Hitler-Regierung". Und dann hieß es – geradezu prophetisch –: „Eine verschleierte oder unverschleierte Hitler-Regierung hat die vollständige Ausschaltung des Reichstags und darüber hinaus die Zerschlagung aller demokratischen Rechte des Volkes zum Ziel [...] Eine Hitler-Regierung würde sich die Wiederholung des italienischen Beispiels zum Ziel setzen, also Zertrümmerung aller Organisationen der Arbeiterschaft, dauernder militärischer Belagerungszustand, Aufhebung aller Presse-, Versammlungs- und sonstigen politischen Freiheiten, ständige Gefahr des Bürgerkriegs im Innern und des Revanchekriegs nach außen." Die Er-

---

[7] Alexander Schifrin: Parteiprobleme nach den Wahlen, in: „Die Gesellschaft" 1930, Bd. 2, S. 399.
[8] Jahrbuch der Deutschen Sozialdemokratie für das Jahr 1930, S. 21.

klärung schloß mit dem Hinweis: Wenn die SPD-Fraktion für die Mißtrauensanträge gegen Brüning votieren würde, so ziehe das den „sofortigen Zusammenbruch der Preußenkoalition" nach sich. „In Preußen, dem größten der deutschen Länder, sind die Ämter des Ministerpräsidenten, des Innenministers und des Kultusministers mit Sozialdemokraten besetzt. Schon wiederholt konnte der Ansturm der Reaktion auf die republikanisch-demokratische Verfassung des Reichs nur durch die feste Haltung der Regierung in Preußen abgewiesen werden."

Es war gerade der Vorsitzende der preußischen SPD-Landtagsfraktion, Ernst Heilmann, der mit großer Entschiedenheit für die Tolerierungsstrategie eintrat: „Die Entscheidung der Fraktion hat nur einen einzigen Grund: Wir wollen, soweit unsere Kraft reicht, die Deutsche Republik und das deutsche Volk vor einer Katastrophe bewahren. Nur wer sich klar macht, was uns droht, wird den furchtbaren Ernst der Lage begreifen und verstehen, wie die Partei jetzt handeln muß."[9] Auch die Freien Gewerkschaften, die im März maßgeblich zum Ausscheiden der SPD aus der Reichsregierung beigetragen hatten, schwenkten jetzt rasch auf die Tolerierung des Brüning-Kabinetts ein. So erklärte beispielsweise der Metallarbeiterführer Wilhelm Eggert auf der Sitzung des Bundesausschusses des ADGB am 12./13. Oktober 1930: „Die Fraktion darf nicht sagen: Komme, was kommen mag, sondern sie muß unter Umständen die Regierung Brüning stützen, wenn dadurch der Einzug der Nazis in die Reichsregierung verhindert [wird] und die preußische Regierung in der jetzigen Zusammensetzung erhalten bleibt."[10]

Die extreme Zwangslage, in welche die SPD durch den Ausgang der Septemberwahl geraten war, hat Rudolf Hilferding, führender Parteitheoretiker, zweimaliger Reichsfinanzminister und einflußreiches Mitglied der Reichstagsfraktion, im Juli 1931 eindringlich charakterisiert, wenn er schrieb: „Der Reichstag ist ein Parlament gegen den Parlamentarismus, seine Existenz eine Gefahr für die Demokratie, für die Arbeiterschaft, für die Außenpolitik. Mag man die Regierung für noch so schlecht halten, ließe man diesem Reichstag zu den ihm allein gemäßen Entscheidungen freie Bahn, so wäre nur eine noch reaktionärere Regierung das unvermeidliche Resultat. Die Demokratie zu behaupten gegen

---

[9] „Das Freie Wort" vom 12. 10. 1930, zitiert bei Schaefer, SPD in der Ära Brüning [wie Anm. 2], S. 65.
[10] Quellen zur Geschichte der deutschen Gewerkschaftsbewegung im 20. Jahrhundert Bd. 4: Die Gewerkschaften in der Endphase der Republik 1930–1933, bearb. von Peter Jahn unter Mitarbeit von Detlev Brunner, Köln 1988, S. 160.

eine Mehrheit, die die Demokratie verwirft, und das mit den politischen Mitteln einer demokratischen Verfassung, die das Funktionieren des Parlamentarismus voraussetzt, es ist fast die Lösung der Quadratur des Kreises, die da der Sozialdemokratie als Aufgabe gestellt ist – eine wirklich noch nicht dagewesene Situation."[11] Drastischer als in dieser Lageanalyse kann das ganze Dilemma der SPD in der Endphase der Republik nicht akzentuiert werden.

Um die Republik zu retten und den Rechtsstaat zu bewahren, erlegte sich die Sozialdemokratie ein ungeheures Maß an Selbstverleugnung auf. Die Führung vertraute dabei auf Disziplin und Durchhaltewillen der Mitglieder und Anhänger und wurde darin nicht enttäuscht. Doch nach dem Willen der SPD-Führung bedeutete die Tolerierung Brünings nicht, daß damit auch mittel- und längerfristig auf die Praktizierung einer eigenständigen sozialdemokratischen Politik verzichtet oder dem Kabinett Brüning ein für allemal ein Blankoscheck ausgestellt wurde. Die Tolerierungspolitik war konzipiert als eine defensive, auf Zeitgewinn angelegte Ermattungsstrategie: Man hoffte, daß die offensive Stoßkraft der NS-Bewegung nach einiger Zeit erlahmen würde, wenn die Nationalsozialisten ihr Ziel einer raschen Machteroberung verfehlten, und man hegte die Erwartung, daß die Talfahrt der Wirtschaft gebremst und die Wirtschaftskrise überstanden werden könne – mit der Konsequenz einer allmählichen Wiederherstellung verfassungsmäßiger parlamentarischer Zustände. Die SPD müsse, so hieß es im Mai 1931 in der Mitgliederzeitschrift „Das Freie Wort", der ihr keineswegs sympathischen Regierung Brüning Hilfestellung leisten, „um den Parlamentarismus in dieser Übergangszeit bis zur Überwindung der schlimmsten Wirtschaftskrise zu retten und die sonst unvermeidliche Diktatur zu verhindern."[12]

Der von der SPD-Führung gesteuerte Kurs fand Rückhalt bei der überwiegenden Mehrheit der Parteiformationen, aber die Tolerierungspolitik war innerparteilich keineswegs unumstritten. Insbesondere die Parteilinke (die in der Reichstagsfraktion allerdings nur durch eine Handvoll Abgeordnete vertreten war) machte seit Anfang 1931 zunehmend Front gegen die Fortführung der Tolerierungspolitik. Die Argumente, mit denen Parteivorstand und Parteimehrheit die Tolerierung Brünings als eine „Politik des kleineren Übels" rechtfertigten, fielen für

---

[11] Rudolf Hilferding: In Krisennot, in: „Die Gesellschaft" 1931, Bd. 2, S. 1.
[12] Victor Schiff: Kein Hasardspiel mit der Republik!, in: „Das Freie Wort" 3 (1931), Heft 18, S. 6.

die Parteilinke nicht ausschlaggebend ins Gewicht. Für sie war der Unterschied zwischen dem Kabinett Brüning und einem Rechtskabinett unter Einschluß der Nationalsozialisten ziemlich unerheblich. Einer ihrer Wortführer bemerkte, es sei nicht zu verstehen, „warum die Sozialdemokratie in ihrem Kampf für Demokratie und gegen Faschismus einen Unterschied machen soll zwischen Brünings und Hitlers Faschismus."[13] Hier tritt eine ausgeprägte Tendenz zur Unterschätzung der gefahrvollen Auswirkungen einer nationalsozialistischen Regierungsbeteiligung und zur Verkennung des wirklichen Charakters der NS-Bewegung zutage.

Die von der innerparteilichen Opposition verfochtene „Alternative" besaß klare Konturen nur hinsichtlich des zunächst erstrebten Nahziels: Sturz des Kabinetts Brüning ohne Rücksicht auf die sich daraus ergebenden Folgen für Staat und Partei. Und was weiter? Zwar forderte die Parteilinke eine Ausweitung und Politisierung der außerparlamentarischen Aktionen im Rahmen einer „selbständigen proletarischen Politik",[14] aber es wurde nicht näher präzisiert, was damit konkret gemeint war (abgesehen davon konnte die Parteilinke keine Garantie übernehmen, daß es nach dem Sturz Brünings überhaupt noch Möglichkeiten zu großangelegten außerparlamentarischen Aktionen der SPD geben würde!): Umfassende Streikaktionen wurden jedenfalls ebenso wenig vorgeschlagen wie eine enge Zusammenarbeit mit der KPD; daß dafür alle Voraussetzungen fehlten, darüber waren sich die Exponenten der Parteilinken im klaren und machten daraus auch kein Hehl. Wenn es aber keine einheitliche Aktion der „Arbeiterklasse" geben konnte, dann entbehrte das Strategiekonzept der Linken eines tragenden Fundaments. Die von der innerparteilichen Opposition verfochtene „Alternative" zur Tolerierungsstrategie (wenn sie denn überhaupt die Bezeichnung „Alternative" verdient) führte somit in die gefährliche Nähe einer Katastrophenpolitik, wie sie zu dieser Zeit von der NSDAP und von der KPD ganz zielbewußt betrieben wurde. Somit bleibt zu konstatieren: Der linke Parteiflügel vermochte keine „konkrete Alternative" anzubieten, sondern er beschränkte sich auf die „abstrakte Parole des radikaleren Kampfes für die proletarischen Interessen".[15]

---

[13] Max Seydewitz: Der Sieg der Verzweiflung, in: „Der Klassenkampf" 4 (1930), S. 548.
[14] Vgl. Ernst-Viktor Rengstorf: Linksopposition in der Weimarer SPD. Die „Klassenkampf-Gruppe" 1928–1931, Hannover 1976, S. 71 ff.
[15] Hanno Drechsler: Die Sozialistische Arbeiterpartei Deutschlands (SAPD), Meisenheim/Glan 1965, S. 57.

Doch die verbalradikale Kritik der Parteilinken am Kurs der Parteimehrheit hat manche Historiker nicht unbeeindruckt gelassen. Vor allem seit den 1970er Jahren bildete die negative Bewertung der Tolerierungspolitik ein wichtiges Element bei der Fundamentalkritik an Organisationsstruktur, Strategie und Taktik der SPD in der Endphase der Weimarer Republik. Einige Formulierungen seien zitiert: „Immobilismus", „Perspektivlosigkeit", „Tatlähmung der Partei", „Hilflosigkeit"; „durch die Tolerierungspolitik manövrierte sich die SPD in eine eklatante Handlungsunfähigkeit".[16] Seit Mitte der 1980er Jahre mehrten sich jedoch die Stimmen, die einer solchen Kritik widersprechen. Die genauere Analyse der mit der Septemberwahl 1930 entstandenen deprimierenden politischen Konstellation und der konkreten Bedingungen, unter denen die sozialdemokratische Arbeiterbewegung jetzt zu operieren hatte, führte zu der Einsicht, daß es eine realistische sozialdemokratische Alternative zur Tolerierung des Kabinetts Brüning nicht gegeben hat und daß die SPD eine gegenüber Staat und Partei verantwortungsbewußte Politik betrieben hat, orientiert auf die Abwehr des Nationalsozialismus und die Rettung der Republik. Wenn ich richtig sehe, dominiert in der Forschung heute diese auch von mir vertretene Auffassung. So urteilt z. B. Heinrich August Winkler in seinem Standardwerk „Der Weg in die Katastrophe": „Die Alternative zur Tolerierung Brünings war stets die Auslieferung der Macht an die Rechte gewesen, und das nicht nur im Reich, sondern auch in Preußen. Das aber erschien der Parteiführung mit Recht als Katastrophenpolitik [...] Ob die Sozialdemokratie ohne die Tolerierungspolitik, das heißt: als konsequente Oppositionspartei, eine stärkere politische Kraft geblieben oder wieder geworden wäre, ist zweifelhaft. Vieles spricht dafür, daß sie ihren Untergang damit nur beschleunigt hätte."[17]

## III.

Im krisengeschüttelten Jahr 1932 spitzte sich der Kampf um die Macht in Preußen zu. Dies vor allem aus zwei Gründen. Erstens: Die preußische Landtagswahl am 24. April 1932 endete mit einer – erwarteten –

---

[16] Formulierungen von Hans Mommsen und Hans-Dieter Kluge, zitiert bei Kolb, Die sozialdemokratische Strategie [wie Anm. 6], S. 295 und S. 297.

[17] Heinrich August Winkler: Der Weg in die Katastrophe. Arbeiter und Arbeiterbewegung in der Weimarer Republik 1930 bis 1933, Berlin/Bonn 1987, S. 679.

deutlichen Niederlage der aus SPD, Zentrum und Deutscher Staatspartei bestehenden Regierungskoalition, die weit von einer parlamentarischen Mehrheit entfernt blieb. Von insgesamt 423 Landtagsmandaten behauptete die Koalition nur 163. Die NSDAP kam auf 162 Sitze, doch auch zusammen mit den Mandaten der DNVP und einiger rechter Splitterparteien reichte es nicht zur parlamentarischen Mehrheit. Daß die bisherige Regierung zunächst geschäftsführend im Amt bleiben konnte, lag daran, daß der alte Landtag in seiner letzten Sitzung – in Voraussicht des Wahlergebnisses – eine Änderung der Geschäftsordnung beschlossen hatte, wonach für die Wahl des Ministerpräsidenten auch im zweiten Wahlgang eine absolute Mehrheit erforderlich war. Da die Rechtsopposition diese verfehlt hatte, blieben nur drei Möglichkeiten: vorläufiges Weiteramtieren der geschäftsführenden Regierung, die einer parlamentarischen Mehrheit entbehrte; eine Koalitionsregierung von Zentrum und NSDAP, über die verhandelt wurde, ohne daß ein baldiger Erfolg in Aussicht stand; Übernahme der Exekutivgewalt in Preußen durch einen Reichskommissar – solche Gedankenspiele wurden schon gleich nach der Landtagswahl angestellt; auf die Tagesordnung kam die Frage dann aber durch die Entwicklungen auf Reichsebene. Zweitens: Ende Mai 1932 entzog Reichspräsident Hindenburg dem Reichskanzler Brüning sein Vertrauen; das Kabinett sah sich zur Demission gezwungen. Die seit langem zielstrebig vorangetriebene Destruktion des politischen Systems erreichte eine neue Stufe mit der Berufung des weit rechts stehenden „Kabinetts der Barone" unter Reichskanzler von Papen, eines Kabinetts, das – im Unterschied zum Kabinett Brüning – nicht auf eine parlamentarische Tolerierung rechnen konnte. Daher wurde sofort der Reichstag aufgelöst und die Neuwahl auf den 31. Juli anberaumt.

Das Kabinett Papen war von vornherein fest entschlossen, die Sozialdemokraten ihrer preußischen Machtstellung, insbesondere auch der Verfügungsgewalt über die preußische Polizei, zu berauben. Die „Reichsexekution" gegen Preußen kam nicht aus heiterem Himmel. Seit Amtsantritt des Kabinetts Papen erwartete man allgemein die Einsetzung eines Reichskommissars in Preußen, auch die sozialdemokratische Presse machte da keine Ausnahme. Unklar war der Öffentlichkeit und den Parteien jedoch, wann und in welcher Form die Intervention des Reiches erfolgen würde. Die preußische Regierung beschränkte sich darauf, alles zu vermeiden, was der Reichsregierung einen Vorwand zum Eingreifen liefern konnte. Aber – und hier liegt sicherlich ein kritikwürdiges Versagen im Vorfeld des 20. Juli vor – weder die preußische

Regierung noch der Parteivorstand der SPD hatten eine klare Marschroute für den Fall der Absetzung bzw. Entmachtung des Kabinetts Otto Braun ausgearbeitet, auch nicht die, ganz bewußt nichts zu tun. Die Reichsexekution, der staatsstreichartige „Preußenschlag" Papens am 20. Juli 1932, kam für die Sozialdemokraten dann doch einigermaßen überraschend, weil man so kurz vor den Reichstagswahlen nicht mehr mit einem solchen Schritt gerechnet hatte. Überraschend war auch, daß nicht nur eine Kommissariatsregierung eingesetzt, sondern – unter Verhängung des Ausnahmezustands für Berlin und Umgebung – die preußischen Minister förmlich abgesetzt wurden. Die Führung von SPD und Freien Gewerkschaften konnte sich am Tag der Reichsexekution nicht entschließen, Mitglieder und Anhänger zum offenen Widerstand gegen diese Aktion aufzurufen, zum Generalstreik oder gar zu bewaffneter Gegenwehr mit Hilfe von Reichsbanner und preußischer Polizei.

Viele Sozialdemokraten waren ob dieser kampflosen Kapitulation der Spitzengremien enttäuscht und deprimiert, und sie machten aus dieser Enttäuschung auch kein Hehl. Besonders nachdrücklich wurde die Passivität von SPD- und Gewerkschaftsführung am 20. Juli aber erst nach 1933 bzw. 1945 verurteilt, da man jetzt das Vorgehen der Papen-Regierung als Auftakt der nationalsozialistischen Machtübernahme deuten konnte. Gestützt auf die Bekundungen aktivistischer Sozialdemokraten, sie seien am 20. Juli kampfbereit gewesen und hätten nur auf den Einsatzbefehl ihrer Führer gewartet, wurde in der frühen Weimar-Historiographie der Verzicht auf Widerstand am 20. Juli als ein schwerer, kaum entschuldbarer Fehler der sozialdemokratischen Führungsspitze bewertet. Zwar räumte man ein, daß ein gewaltsamer Widerstand aller Wahrscheinlichkeit nach niedergeschlagen worden wäre, aber – so Karl Dietrich Bracher –: „Es blieb doch die Möglichkeit einer nachhaltigen Demonstration, einer Bekundung des ungebrochenen Selbstbehauptungswillens der Demokratie auch gegen zeitweilig überlegene Gewaltaktionen. Dies hätte über alle berechtigten sachlichen Erwägungen hinweg aus dem psychologisch-moralischen Zusammenbruch der republikanischen Kräfte doch noch ein demokratisches Selbstbewußtsein retten, den neuen Machthabern ihren Weg erschweren, die künftigen Entwicklungen verzögern und einschränken können."[18] Und Erich Matthias urteilte: „Mit dem 20. Juli war die letzte Chance einer Ausweitung der

---

[18] Karl Dietrich Bracher: Die Auflösung der Weimarer Republik. Eine Studie zum Problem des Machtverfalls in der Demokratie, Villingen 1955, S. 599.

republikanischen Widerstandsbasis nach rechts und links verscherzt; und die Auswirkungen eines vollen Mißerfolges hätten nicht verheerender sein können als die politischen und psychologischen Folgen der Untätigkeit."[19]

Aus dem Meinungskonsens der 1960er Jahre scherte nur Karl Rohe in seiner Monographie über das Reichsbanner aus. Er erklärte, die Gründe, die einen Verzicht auf Widerstand nahelegten, seien politisch zwingend und überzeugend gewesen: „Die konkreten Machtverhältnisse sprachen bei dem Vorgehen Papens, das zudem formal-juristisch gedeckt war, so eindeutig zugunsten der Reichsregierung, daß die Linke in einem gewaltsamen Widerstand nur politischen Selbstmord sehen konnte. Alle Opfer mußten von vornherein vergeblich erscheinen" – am 20. Juli habe es zur passiven Hinnahme des Preußenschlags keine Alternative gegeben, „sofern man es für ein Gebot vernünftigen politischen Handelns erachtet, daß jedes Risiko in einer angemessenen Relation zu den mutmaßlichen Folgen der Tat zu stehen hat."[20]

Eine derartige Auffassung hat in der wissenschaftlichen Diskussion inzwischen deutlich die Oberhand gewonnen. Der Verzicht der SPD- und Gewerkschaftsführung auf einen Kampfappell an die Massen wird in der Forschung heute überwiegend als eine – unter den gegebenen Umständen – realistische und verantwortungsbewußte Entscheidung beurteilt.[21] Das Wissen um das, was mit dem NS-Regime über Deutschland und Europa kam, kann leicht den Blick für die konkrete Entscheidungssituation trüben, in der die Spitzengremien von Sozialdemokratie und Freien Gewerkschaften in den Julitagen 1932 standen. Die Fundamente des „Bollwerks Preußen" waren im Sommer 1932 bereits aufs stärkste unterspült, ein Versuch gewaltsamen Widerstandes (mit dem man überdies den Boden der Legalität verlassen hätte) wäre nicht nur zu raschem Scheitern verurteilt gewesen, sondern hätte mit an Sicherheit grenzender Wahrscheinlichkeit zu einer autoritären Militärdiktatur (zumindest auf Zeit) geführt, was die Sozialdemokraten nicht wollen konnten. Darüber hinaus werden jetzt stärker als früher diejenigen Momente betont, die den Verzicht der Spitzen von Partei und Gewerkschaften auf

---

[19] Erich Matthias: Die Sozialdemokratische Partei Deutschlands, in: ders./Rudolf Morsey (Hrsg.), Das Ende der Parteien 1933, Düsseldorf 1960, S. 101–278, hier: S. 127 und S. 144.
[20] Karl Rohe: Das Reichsbanner Schwarz Rot Gold, Düsseldorf 1966, S. 437.
[21] Vgl. die bei Eberhard Kolb, Die Weimarer Republik, München $^5$2000, S. 220f. zitierten neueren Forschungsmeinungen.

die Einleitung von Kampfmaßnahmen, beginnend mit der Ausrufung eines politischen Generalstreiks, als plausibel und berechtigt erscheinen lassen: Destabilisierung des Milieus der Arbeiterbewegung, u. a. aufgrund der hohen Arbeitslosigkeit; Zermürbung der SPD im „Zweifrontenkrieg" gegen Rechtsradikalismus und KPD; Unsicherheit, ob die Mehrheit der organisierten, noch in einem Arbeitsverhältnis befindlichen Arbeiter wirklich den offenen Kampf gegen Reichspräsident und Reichswehr aufnehmen würde, da infolge der Verhängung des Ausnahmezustandes jede militante Gegenwehr zu einer Auseinandersetzung mit unübersehbaren Konsequenzen führen mußte; Unklarheit, wie sich die Kommunisten in den Kampf einschalten würden, um möglichst viel Wasser auf ihre eigenen Mühlen zu lenken; schließlich die Befürchtung, mit der Ausrufung des Generalstreiks würde der NSDAP-Führung in die Hände gearbeitet, die hoffte, „sich zum Nutznießer des Zusammenstoßes zwischen der Staatsgewalt und den Kräften der Linken zu machen und als Hilfsformation zur Sicherung der Ordnung und als Retter Deutschlands vor dem Bolschewismus aufzuspielen [...]."[22]

Der früher gelegentlich herangezogene Vergleich des Verhaltens von SPD- und Gewerkschaftsführung am 20. Juli 1932 mit demjenigen beim Kapp-Lüttwitz-Putsch 1920 ist abwegig. 1920 putschten Truppeneinheiten gegen die rechtmäßige Regierung. Dagegen trug die Aktion vom 20. Juli 1932 das Gepräge einer von den verfassungsmäßigen Instanzen Reichspräsident und Reichsregierung getroffenen Maßnahme, wie dürftig die rechtliche Begründung auch sein mochte. 1920 war die Kampfparole klar: Abwehr eines Militärputsches gegen die verfassungsmäßige Regierung. Was hätte im Juli 1932 die „Parole" sein können? Rücknahme der Absetzung einer nur noch geschäftsführenden Regierung, die über keine Mehrheit im Landtag mehr verfügte und deren Mitglieder amtsmüde waren, seit Wochen bemüht, sich einen honorigen Abgang zu verschaffen? Ministerpräsident Otto Braun hatte sich schon Anfang Juni, physisch und psychisch erschöpft, von der Ausübung der Geschäfte zurückgezogen. Durfte man mit der Parole einer Wiedereinsetzung der geschäftsführenden preußischen Regierung die Arbeiterschaft in den Kampf und womöglich in ein Blutbad führen? Denn es kann kein Zweifel bestehen, daß die Reichswehr willens und in der Lage war, Widerstandsaktionen niederzuwerfen. Es ist zudem höchst fraglich, ob man

---

[22] Hans Mommsen: Die verspielte Freiheit. Der Weg der Republik von Weimar in den Untergang 1918 bis 1933, Berlin 1989, S. 456.

den Zeitpunkt für ein „letztes Aufbäumen" im Juli 1932, anderthalb Wochen vor der Reichstagswahl, bereits für gekommen erachten mußte. Schließlich noch eine weitere Überlegung: Eine Mobilisierung der Arbeiterschaft, schon der Versuch dazu, hätte durchaus auf der Gegenseite zum Zusammenrücken von Reaktion und NSDAP führen können, wie bereits angedeutet wurde. Damit wäre die Bündniskonstellation vom Januar 1933 vorweggenommen worden. Dann, so bemerkt Klaus Schönhoven zutreffend, „dann würden sich heute die Historiker die Frage stellen, ob die deutsche Arbeiterbewegung im Sommer 1932 ihren eigenen Untergang und den Sieg des Nationalsozialismus durch einen sinnlosen Aufstand provoziert hat."[23]

Aufgrund all dieser Argumente, Beobachtungen und Überlegungen erfährt das passive Verhalten der Spitzen von Partei und Gewerkschaften am 20. Juli 1932 heute eine weniger harsche, wenn man so will: verständnisvollere und gerechtere Beurteilung, als sie zeitweilig im Schwange war.

## IV.

Bestanden in der Endphase der Weimarer Republik Chancen für ein – wenigstens punktuelles – Zusammengehen von SPD und KPD im Kampf gegen die NS-Bewegung, Chancen, die ungenutzt blieben? Wenn ja, welche der beiden Parteien trifft die alleinige oder die Hauptverantwortung für das Vergeben dieser Chancen? Zeitweilig sind diese Fragen kontrovers diskutiert worden, allerdings mehr in einem räsonierenden linken Milieu als in der Wissenschaft. Zu diesem Thema will ich nur wenige Bemerkungen machen.[24]

Die Frage, ob und inwieweit ein Zusammengehen von SPD und KPD die Republik hätte retten und die Machtergreifung der Nationalsozialisten hätte verhindern können, „geht von irrealen Voraussetzungen aus", wie Hans Mommsen richtig feststellt.[25] Zwischen 1930 und 1933 gab es zu keinem Zeitpunkt eine Basis für ein solches Zusammengehen. Sozial-

---

[23] Schönhoven, Reformismus und Radikalismus [wie Anm. 3], S. 164.
[24] Siehe dazu den Beitrag von Andreas Wirsching in diesem Band sowie die Kommentare von Werner Bramke und Hermann Weber.
[25] Hans Mommsen: Diskussionsbeitrag, in: Heinrich August Winkler (Hrsg.): Die deutsche Staatskrise 1930–1933. Handlungsspielräume und Alternativen, München 1992, S. 102.

demokratie und Freie Gewerkschaften wollten den Rechtsstaat bewahren und die Republik retten; darauf war seit 1930 ihre gesamte Politik ausgerichtet. Die KPD hingegen führte einen unerbittlichen Kampf gegen die Weimarer Demokratie und wollte die bestehende staatliche Ordnung aus den Angeln heben. Seit der von Stalin und der Komintern verordneten ultralinken Wendung von 1929 richtete sie dabei ihren Frontalangriff gegen den „Hauptfeind Sozialdemokratie". Die Sozialdemokratie wurde als „soziale Hauptstütze der Diktatur der Bourgeoisie" und als „führende Kraft bei der Vorbereitung des Krieges gegen die Sowjetunion" diffamiert.[26] Die „Sozialfaschismus"-Doktrin bestimmte, wie vor allem Hermann Weber unwiderlegbar herausgearbeitet hat, die „Generallinie" der Partei, ihre Strategie, ungeachtet einzelner taktischer Modifikationen bei der konkreten Operationalisierung des durch die Generallinie festgelegten Kurses.[27] Die von der KPD propagierte „Einheitsfront von unten" zielte nicht auf ein gemeinsames Vorgehen von Sozialdemokraten und Kommunisten bei der Abwehr des Nationalsozialismus, sondern auf die Zersetzung der SPD: Sozialdemokratische Arbeiter sollten ins kommunistische Lager hinübergezogen werden, während gleichzeitig die sozialdemokratische Führung in rabiater Form attackiert wurde. Daß die SPD-Führung sich unter diesen Umständen strikt gegen jedwede Einheitsfront von unten wandte, war – wie Winkler völlig zutreffend urteilt– „nur selbstverständlich: Die Partei mußte sich aus Gründen der Selbsterhaltung gegen kommunistische Zersetzungsarbeit wehren".[28]

Im August 1931 unterstützte die KPD den von den Rechtsparteien initiierten Volksentscheid gegen die Preußen-Regierung auf Moskauer Geheiß. Daß über den Kurs der KPD von der Komintern entschieden wurde, zeigte sich auch in aller Deutlichkeit, als die KPD nach der preußischen Landtagswahl Ende April 1932 die „Antifaschistische Aktion" einleitete, die eine flexiblere Anwendung der Einheitsfronttaktik vorsah, dergestalt, daß in einzelnen Fällen auf lokaler Ebene Absprachen mit

---

[26] Beschluß des Exekutivkomitees der Komintern März/April 1931 und Entschließung des KPD-Parteitags 1929, zitiert bei Hermann Weber (Bearb.): Die Generallinie. Rundschreiben des Zentralkomitees der KPD an die Bezirke 1929–1933, Düsseldorf 1981, S. XXXIV und S. XVIII.
[27] Siehe die Einleitung von Hermann Weber zu der in der vorigen Anmerkung angeführten Edition sowie die dort abgedruckten und annotierten Dokumente. Die Einleitung ist auch als Separatdruck erschienen: Hermann Weber: Hauptfeind Sozialdemokratie. Strategie und Taktik der KPD 1929–1933, Düsseldorf 1982.
[28] Winkler, Der Weg in die Katastrophe [wie Anm. 17], S. 619f.

SPD- und Gewerkschaftsorganisationen über gemeinsame Aktionen zulässig sein sollten, also wenigstens auf lokaler Ebene Ansätze zu einer „Einheitsfront von oben". Nachdem es in einigen Orten zu Annäherungen zwischen Sozialdemokraten und Kommunisten gekommen war, schritt sofort die Komintern ein. Sie veranlaßte die KPD-Führung, der flexibleren Einheitsfronttaktik eine deutliche Absage zu erteilen. Im Rundschreiben der KP-Zentrale vom 14. Juli 1932 hieß es: „Unsere strategische Hauptaufgabe besteht nach wie vor darin, den Hauptstoß innerhalb der Arbeiterklasse gegen die SPD zu richten, zur Loslösung von Millionen von Arbeitern der Sozialdemokratie aus der Gefolgschaft dieser SPD-Führer."[29] Daß mit der Einheitsfrontparole lediglich die Zersetzung der Sozialdemokratie bezweckt wurde, zeigte auch die Haltung der KPD am 20. Juli 1932: In ihrem – übrigens wirkungslos verpuffenden – Aufruf zum Generalstreik befleißigte sie sich einer revolutionären Rhetorik, wohl wissend, daß sie als Partei der arbeitslosen Arbeiter nicht in der Lage war, die Betriebe stillzulegen. Die bloß propagandistische Aktion zielte hauptsächlich darauf ab, auf SPD-Anhänger Eindruck zu machen und möglichst viele von ihnen bei den bevorstehenden Reichstagswahlen zu sich hinüberzuziehen.

Es führt kein Weg an der eindeutigen Feststellung vorbei: Hinsichtlich der Ziele und der Methoden waren die Gegensätze zwischen SPD und KPD damals unüberbrückbar. Selbst für eine Art Burgfrieden im Zeichen der Bedrohung durch den Nationalsozialismus gab es keinerlei Basis, solange die KPD ihre Politik auf das Kampfziel „Hauptfeind Sozialdemokratie" orientierte. Mit Recht konstatiert Heinrich August Winkler: „Ohne Änderung der kommunistischen Generallinie, wonach der Hauptstoß innerhalb der Arbeiterbewegung gegen die Sozialdemokratie zu führen war, ließ sich nicht einmal ein Nichtangriffspakt zuwege bringen."[30]

## V.

Weitere Stationen sozialdemokratischer Politik könnten thematisiert werden: Das problematische Verhalten der Parteiführung gegenüber dem Kabinett Schleicher in den Dezember- und Januarwochen 1932/33;

---

[29] Die Generallinie [wie Anm. 26], S. 529.
[30] Winkler, Der Weg in die Katastrophe [wie Anm. 17], S. 626.

der Verzicht auf Massenaktionen nach der Ernennung Hitlers zum Reichskanzler; der trotz brutaler Behinderung, Presse- und Versammlungsverboten engagiert geführte Wahlkampf im Februar 1933; das tapfere Auftreten der SPD-Reichstagsfraktion bei der Verabschiedung des Ermächtigungsgesetzes. Darauf näher einzugehen, muß ich mir hier versagen. Vielmehr soll ein kurzes zusammenfassendes Urteil versucht werden.

Die sozialdemokratische Politik in den Jahren 1930 bis 1933 wird von nicht wenigen Historikern hart beurteilt. Von ohnmächtigem Antifaschismus ist die Rede, von fatalistischer Unentschlossenheit, von Konzeptionslosigkeit und Immobilismus, von einem Versagen in entscheidender Stunde. Derartige negative Aussagen, formuliert in Kenntnis dessen, was nach 1933 kam, stammen auch und gerade von solchen Historikern, die der Sozialdemokratie wohlwollend gegenüberstehen; ja man kann sogar sagen, daß es gerade „die besondere Wertschätzung der Sozialdemokratie" ist, die sich „manchmal in einer Überschätzung ihrer tatsächlichen Einflußmöglichkeiten während der Agonie der Republik" niedergeschlagen hat.[31] Allerdings vermögen auch die rückwärts gewandten Problemlösungsoptimisten eine realisierbare sozialdemokratische Alternative zur Grundlinie der sozialdemokratischen Strategie seit Herbst 1930 nicht aufzuzeigen. Um eine Machtübernahme der Nationalsozialisten zu verhindern und damit die Republik zu retten, erklärtes Hauptziel der Sozialdemokratie in der Staats- und Wirtschaftskrise, blieb der Partei seit Herbst 1930 – angesichts rapide geschrumpfter Handlungsspielräume – nichts anderes übrig, als eine auf Zeitgewinn angelegte Ermattungsstrategie zu betreiben, die man „legalistisch" nennen kann, sofern man diesen Begriff nicht negativ konnotiert. Die SPD war keine revolutionäre Partei, die Entfesselung eines Bürgerkrieges war in ihrem Repertoire nicht vorgesehen, für die eigentliche Staatspartei der Weimarer Republik war der Kampfboden von Gesetz und Verfassung der ihr gemäße.

Daß die legalistische Defensivstrategie nicht von vornherein zum Scheitern verurteilt sein mußte, ja geraume Zeit sogar Erfolge hinsichtlich des Hauptziels aufzuweisen hatte, zeigt eine Analyse, die die katastrophale Gesamtsituation und die konkreten Handlungsbedingungen

---

[31] Klaus Schönhoven: Der demokratische Sozialismus im Dilemma: Die Sozialdemokratie und der Untergang der Weimarer Republik, in: Wolfgang Michalka (Hrsg.): Die nationalsozialistische Machtergreifung, Paderborn usw. 1984, S. 74–84, hier: S. 74.

berücksichtigt. Das Ziel einer Verhinderung der nationalsozialistischen Machtübernahme wurde am Ende verfehlt. Aber die schließliche Vergeblichkeit aller Anstrengungen und Opfer berechtigt nicht zu einem Verdikt. Die Geschichte der sozialdemokratischen Politik in den Jahren 1930 bis 1933 ist gewiß kein Heldenepos. Doch ungeachtet aller Unzulänglichkeiten und Schwächen, die es gab, ist dies – wie ich meine – ein Kapitel sozialdemokratischer Geschichte, das respektabel genannt werden darf und dessen sich die Partei nicht zu schämen hat.

*Andreas Wirsching*

# „Hauptfeind Sozialdemokratie" oder „Antifaschistische Aktion"? Die Politik von KPD und Komintern in der Endphase der Weimarer Republik

Warum vermochte es die deutsche Arbeiterbewegung nicht, Hitler zu verhindern? Warum gelang es nicht, eine breite proletarisch-demokratische Abwehrfront zu bilden, die dem Nationalsozialismus den Weg zur Macht verbaute? Gerade weil diese Frage keine einfachen Antworten zuläßt, behält sie ihren bleibenden Stachel. Zudem offenbart sie wie kaum eine andere zwischen Ost und West ‚gespaltene Geschichtsbilder', die lange Zeit bestanden und zum Teil noch fortbestehen. In der früheren DDR lautete die Antwort verhältnismäßig eindeutig: Die KPD erschien als die einzige politische Kraft, die den Nationalsozialismus entschlossen bekämpft hatte. Wenn sie schließlich nach einem heroischen Kampf scheiterte, lag das keineswegs an inneren Schwächen und Widersprüchen der Parteilinie, sondern ausschließlich am überlegenen Gegner und – vor allem – an der mangelnden Entschlossenheit der sozialdemokratischen Führung. Die Hauptschuld am Scheitern des ‚antifaschistischen Kampfes' und damit der Weimarer Republik erhielt so die SPD zugewiesen: Sie agierte demzufolge rein legalistisch, arbeiterverräterisch, machte sich zum Komplizen der bürgerlichen Herrschaft und förderte dadurch ‚objektiv' den Aufstieg Hitlers.[1]

---

[1] Repräsentativ für die ältere DDR-Forschung: Geschichte der deutschen Arbeiterbewegung, hrsg. vom Institut für Marxismus-Leninismus beim Zentralkomitee der SED, Bd. 4: Von 1924 bis 1933, Berlin (Ost) 1966. Eine gewisse Flexibilisierung und zugleich eine Tendenz zu einer von den SED-Parteidirektiven unabhängigeren Beurteilung der KPD-Politik – die auch auf der Tagung, aus welcher der vorliegende Sammelband hervorgegangen ist, betont wurde – scheint sich DDR-intern in den 1980er Jahren vollzogen zu haben. Vgl. den Bericht über die Leipziger Tagung „Imperialismus-

Zwar ist auch im Westen Kritik am Verhalten der SPD zwischen 1930 und 1933 geübt worden;[2] mit Blick auf die KPD aber hatte sich – insbesondere aufgrund der eindringlichen Forschungen Siegfried Bahnes und Hermann Webers – überwiegend ein ideologiekritischer Konsens eingestellt, der dem Geschichtsbild der DDR mehr oder minder diametral entgegenstand: Basierend auf einer durchgreifenden Stalinisierung der Partei seit 1924, fixiert auf eine verfehlte Faschismustheorie und als Resultat der ‚ultralinken Taktik‘, hätten Komintern und KPD seit 1928/29 fälschlicherweise die Sozialdemokratie zum ‚Hauptfeind‘ erhoben. Im Ergebnis konnten und wollten die Kommunisten nicht hinreichend zwischen ‚Kapitalismus‘, ‚Sozialdemokratie‘ und ‚Faschismus‘ unterscheiden. Insbesondere die ‚Sozialfaschismus‘-These habe die KPD zu einer verheerenden Unterschätzung Hitlers verführt. Möglicherweise vorhandene Ansätze zu einer gemeinsamen Strategie der Arbeiterparteien – wie sie etwa Linkssozialisten und oppositionelle Kommunisten empfahlen – seien damit von vornherein blockiert worden.[3]

Seit 1990 muß die Geschichte der KPD nun nicht mehr zur historischen Legitimation eines Staates bemüht werden. Zugleich besteht freier Quellenzugang. Nichts hindert also daran, das Thema Komintern, KPD und das Ende der Weimarer Republik nüchtern zu resümieren und an einigen Punkten auch zu ergänzen. Dazu soll im folgenden zunächst die ‚ultralinke‘ Wendung von 1928/29 behandelt werden, die zugleich aber in eine erfahrungsgeschichtliche Perspektive gerückt wird (I). Zweitens

analyse der KPD im Kampf gegen Imperialismus, Faschismus und Krieg", von Evelyn Ziegs/Thomas Schmidt, in: ZfG 33 (1985), S. 739 f. sowie den Beitrag von Werner Bramke: Das Faschismusbild in der KPD Mitte 1929 bis Anfang 1933, in: BzG 28 (1986), S. 612–621. Insgesamt zum Komplex der KPD-Historie in der DDR: Hermann Weber: Kommunismus in Deutschland 1918–1945 (Erträge der Forschung), Darmstadt 1983, S. 115 f. und S. 125; allgemein zu den Problemen der DDR-Geschichtswissenschaft ebd., S. 7–18.

[2] Zu diesem Komplex, auf den hier nicht näher eingegangen werden kann, vgl. mit weiterer Literatur Andreas Wirsching: Die Weimarer Republik. Politik und Gesellschaft (EDG 58), S. 114 ff. sowie den Beitrag von Eberhard Kolb in diesem Band.

[3] Siehe insbesondere: Siegfried Bahne: Die KPD und das Ende von Weimar, Frankfurt/ M. 1976; ders.: „Sozialfaschismus" in Deutschland. Zur Geschichte eines politischen Begriffs, in: International Review of Social History 10 (1965), S. 211–245; Hermann Weber: Die Wandlung des deutschen Kommunismus. Die Stalinisierung der KPD in der Weimarer Republik, 2 Bde., Frankfurt/M. 1969; ders. (Bearb.): Die Generallinie. Rundschreiben des Zentralkomitees der KPD an die Bezirke 1929–1933 (Quellen zur Geschichte des Parlamentarismus und der politischen Parteien, Dritte Reihe, Bd. 6), Düsseldorf 1981; ders.: Hauptfeind Sozialdemokratie. Strategie und Taktik der KPD 1929–1933, Düsseldorf 1982.

wird der Blick kurz gerichtet auf die Dialektik zwischen der Politik der ‚Dritten Periode', wie sie die Parteiführung der KPD in der Endphase der Weimarer Republik vertrat, und der Entwicklung an der Parteibasis. Diese Dialektik steht unter den Stichworten ‚Ghettoisierung' und ‚Radikalisierung' (II). Drittens schließlich geht es etwas ausführlicher um das kardinale Jahr 1932, in dem die KPD zur ‚Antifaschistischen Aktion' aufrief – eine Initiative, deren Motivation, Reichweite und Chancen auch heute noch nicht abschließend geklärt sind (III).

## I.

Indem der VI. Weltkongreß der Komintern 1928 die ‚Dritte Periode' ausrief, legte er zugleich auch die Grundlinien der kommunistischen Taktik fest. Kurz gesagt, lauteten sie folgendermaßen: Erstens standen die europäischen Gesellschaften vor einer neuen revolutionären Periode, in der sich die Klassengegensätze zuspitzen und die Arbeiter sich entsprechend radikalisieren würden; zwar erhöhten sich damit zweitens die Chancen der kommunistischen Bewegung, die Mehrheit der Arbeiterschaft für sich zu gewinnen. Drittens aber stand dem nach wie vor die Sozialdemokratie als hauptsächlicher Gegner im Wege, den es als Vorbereitung auf den revolutionären Endkampf zu beseitigen galt. Der sicher zu erwartenden politischen Radikalisierung der Arbeiter, so resümierte Bucharin auf dem Kongreß, würden Staat und kapitalistische Bourgeoisie nur durch verstärkte Unterdrückung begegnen können. Dieses Unterfangen werde von der opportunistischen und bestochenen Sozialdemokratie in verräterischer Weise unterstützt werden.[4] Die ‚Sozialfaschismus'-These war damit auf den Weg gebracht.[5]

Die ältere Forschung hat die Ursprünge der ‚ultralinken' Wende zum einen im Machtkampf innerhalb der russischen Partei, zum anderen im außenpolitischen Interesse der Sowjetunion nach dem Locarno-Pakt ge-

---

[4] Protokoll des VI. Weltkongresses der Kommunistischen Internationale Juli–September 1928, 3 Bde., Hamburg/Berlin 1928, Bd. 1, S. 44ff.
[5] Vgl. hierzu neben den obengenannten Arbeiten von Siegfried Bahne/Hermann Weber [wie Anm. 1 und 3] Leonid Luks: Entstehung der kommunistischen Faschismustheorie. Die Auseinandersetzung der Komintern mit Faschismus und Nationalsozialismus 1921–1935, Stuttgart 1984, S. 130ff. Zur zweideutigen Rolle Bucharins siehe Klaus Söndgen: Bucharinismus und Stalinisierung. Zur politischen Bedeutung N. I. Bucharins in der ‚Übergangsperiode 1927–1929, in: Jahrbücher für Geschichte Osteuropas 43 (1995), S. 78–96.

sehen.[6] Tatsächlich kann kein Zweifel daran bestehen, daß die KPD für das Interesse Stalins an einem fortdauernden Dissens unter den westlichen Demokratien funktionalisiert wurde. Darüber hinaus aber resultierte der Schwenk auch aus einer Dekade marxistisch-leninistischer ‚Kapitalismusanalyse', angeführt von Eugen Varga, dem ‚Chefökonomen' der Komintern und Direktor des Moskauer Instituts für Weltwirtschaft und Weltpolitik.[7] Varga und auch Bucharin extrapolierten die Erwartung einer revolutionären Periode aus den Merkmalen moderner kapitalistischer Produktionsweise wie Konzentration und Kartellierung, technischer Fortschritt und Rationalisierung. Das empirische Material hierfür gewannen die Komintern-Theoretiker in hohem Maße aus der Anschauung der Wirtschaft der Weimarer Republik. In Deutschland war nun tatsächlich die Industrie Mitte der zwanziger Jahre stark konzentriert, weitgehend rationalisiert und auch bereits durch eine strukturelle Sockelarbeitslosigkeit gekennzeichnet.[8] Neben den USA stand Varga also vor allem das Beispiel der Weimarer Republik vor Augen, wenn er eine Arbeitslosigkeit prognostizierte, die aus den Kräften des Kapitalismus heraus nicht zu überwinden sein, daher zur fortschreitenden Verelendung und politischen Radikalisierung der Arbeiter führen würde.[9]

---

[6] Thomas Weingartner: Stalin und der Aufstieg Hitlers. Die Deutschlandpolitik der Sowjetunion und der Kommunistischen Internationale 1929–1934, Berlin 1970.

[7] Siehe Gerhard Duda: Jenö Varga und die Geschichte des Instituts für Weltwirtschaft und Weltpolitik in Moskau 1921–1970, Berlin 1994.

[8] Vgl. Dietmar Petzina: Die deutsche Wirtschaft in der Zwischenkriegszeit, Wiesbaden 1977, S. 56f. Zum Problem der Arbeitslosigkeit in der Weimarer Republik: Detlev J. K. Peukert: The Extent and Causes of Unemployment in the Weimar Republic, in: Peter D. Stachura (Hrsg.): Unemployment and the Great Depression in Weimar Germany, London 1986, S. 29–48; Heinrich A. Winkler: Der Weg in die Katastrophe. Arbeiter und Arbeiterbewegung in der Weimarer Republik 1930 bis 1933, Berlin/Bonn 1987, S. 19ff.

[9] Dies betonen – in allerdings einseitiger Konzentration auf Bucharin – N. Kozlov/Eric D. Weitz: Reflections on the Origins of the „Third Period": Bukharin, the Comintern, and the Political Economy of Weimar Germany, in: Journal of Contemporary History 24 (1989), S. 387–410. In wie hohem Maße aber auch Varga die empirische Grundlage seiner kapitalismustheoretischen Aussagen aus dem deutschen Fall bezog, wird deutlich, wenn man seine regelmäßig in der Inprekorr veröffentlichten Quartalsberichte über „Wirtschaft und Wirtschaftspolitik" heranzieht. Im besonderen gilt dies in bezug auf die für die Theoriebildung konstitutiven Merkmale der Rationalisierung und Arbeitslosigkeit. Siehe z.B. nur Internationale Pressekorrespondenz, Jg. 6, Nr. 102, 10. 8. 1926, S. 1677ff. („Das Problem der deutschen Bourgeoisie: Die Rationalisierung"); ebd., Nr. 134, 8. 11. 1926, S. 2277ff. („Der Weg des deutschen Kapitalismus"), S. 2299 (über die „Vertrustung" in Deutschland); ebd., Jg. 7, Nr. 14, 4. 2. 1927, S. 277f. (Arbeitslosigkeit in Deutschland); ebd., Nr. 78, 4. 8. 1927, S. 1692 (über die fortbeste-

Tatsächlich wies Bucharins Konzept des ‚Staatskapitalismus', den er schon 1915 als Spezifikum der westlichen Industriestaaten postuliert hatte,[10] bedeutsame Parallelen mit dem auf Rudolf Hilferding zurückgehenden Modell des ‚organisierten Kapitalismus' auf, freilich unter umgekehrtem politisch-ideologischem Vorzeichen. Für Hilferding schien sich während der Stabilisierungsphase der Weimarer Republik die Möglichkeit einer evolutionären Entwicklung zum Sozialismus aufzutun, wobei dem Staat mit seinen Steuerungsinstrumenten wie Sozialpolitik und Schlichtung, ‚politischem Lohn' und Arbeitszeitregelung eine entscheidende Rolle zukam. Die wechselseitige Durchdringung des demokratisch verfaßten Staates und der privat organisierten Wirtschaft eröffnete demzufolge die Chance der ‚Wirtschaftsdemokratie', d.h. der Umwandlung der kapitalistisch organisierten in eine durch den Staat organisierte Wirtschaft. Hierin sah Hilferding 1927 Weg und Ziel des Sozialismus und die zentrale Zukunftsaufgabe der deutschen Sozialdemokratie.[11] Während für Hilferding außer Zweifel stand, daß diese historische Konstellation die systemkonforme Mitarbeit und politische Koalitionsbereitschaft der SPD erforderte, führte Bucharin eine ähnliche Ausgangsanalyse zur umfassenden Verdammung der Sozialdemokratie als Hilfstruppe des Kapitals. Demzufolge erfüllte die Sozialdemokratie eine spezifische Funktion für die Etablierung des Staatskapitalismus, gekennzeichnet durch die „Verquickung der reformistischen Arbeiterorga-

---

hende Arbeitslosigkeit bei temporärer Hochkonjunktur); ebd., Jg. 8, Nr. 48, 22. 5. 1928, S. 851 („Die Krise der kapitalistischen Rationalisierung"). Die Quartalsberichte Vargas in der Inprekorr sind nachgedruckt worden unter dem Titel: Eugen Varga, Wirtschaft und Wirtschaftspolitik. Vierteljahresberichte 1922–1939, hrsg. von Jürgen Goldberg, 5 Bde., Berlin 1977.

[10] Siehe Nicolaij Bucharin: Imperialismus und Weltwirtschaft, Wien/Berlin 1929, v. a. S. 136 ff. Vgl. Stephen F. Cohen: Bukharin and the Bolshevik Revolution. A Political Biography 1888–1938, New York 1973, S. 34 ff.

[11] Rudolf Hilferding: Die Aufgaben der Sozialdemokratie in der Republik (Referat auf dem Parteitag der SPD, Mai 1927), abgedruckt in: Cora Stephan (Hrsg.): Zwischen den Stühlen oder über die Unvereinbarkeit von Theorie und Praxis. Schriften Rudolf Hilferdings 1904–1940, Stuttgart 1982, S. 214–236, hier v. a. S. 217 ff. Vgl. Bernd Brauckmüller/Reinhard Hartmann: Organisierter Kapitalismus und Krise, in: Wolfgang Luthardt (Hrsg.): Sozialdemokratische Arbeiterbewegung und Weimarer Republik. Materialien zur gesellschaftlichen Entwicklung 1927–1933, Bd. I, Frankfurt/M. 1978, S. 354–365; Heinrich A. Winkler: Einleitende Bemerkungen zu Hilferdings Theorie des Organisierten Kapitalismus, in: ders. (Hrsg.): Organisierter Kapitalismus. Voraussetzungen und Anfänge, Göttingen 1974, S. 9–18; ders.: Der Schein der Normalität. Arbeiter und Arbeiterbewegung in der Weimarer Republik 1924 bis 1930, Berlin/Bonn 1985, S. 336 ff.

nisationen mit den Unternehmerorganisationen und staatlichen Organen der imperialistischen Bourgeoisie".[12]

Nicht wenige dieser Elemente sind durch die neuere Forschung zumindest in Teilen bestätigt worden. Und es ist kein Zufall, daß in den siebziger und achtziger Jahren Hilferdings Theorie des ‚Organisierten Kapitalismus' zumindest als heuristisches Interpretationsmodell verstärkten Eingang in die westliche Geschichtsschreibung gefunden hat.[13] So lag etwa in der zunehmenden Verschränkung von Staat, Verbänden und Wirtschaft ein wichtiges Merkmal der Weimarer Republik.[14] Des weiteren ist die betriebliche Rationalisierung der zwanziger Jahre, die auf die möglichst weitgehende Internalisierung von Marktfunktionen in die Verfügungsautonomie der Betriebsleitungen zielte, Gegenstand eingehender Untersuchungen gewesen.[15] Schließlich hat die neuere wirtschaftshistorische Forschung gezeigt, daß die Weimarer Wirtschaft auch in jener prekären Phase der ‚kapitalistischen Stabilisierung' tatsächlich eine Periode der ‚relativen Stagnation', der ‚Stagflation' und der präzedenzlos erhöhten Arbeitslosigkeit durchlebte.[16] Von Knut Borchardt

---

[12] Protokoll des VI. Weltkongresses [wie Anm. 4], Bd. 1, S. 44.

[13] Winkler, Organisierter Kapitalismus [wie Anm. 11]. Ein alternatives, in der Substanz jedoch verwandtes Modell hat Charles Maier unter dem Begriff des „Korporativen Pluralismus" vorgeschlagen: Charles Maier: Strukturen kapitalistischer Stabilität in den zwanziger Jahren: Errungenschaften und Defekte, in: ebd., S. 195–213, hier v. a. S. 202 ff. Eine Diskussion der verschiedenen Konzepte bei Hans-Jürgen Puhle: Historische Konzepte des entwickelten Industriekapitalismus. „Organisierter Kapitalismus" und „Korporatismus", in: Geschichte und Gesellschaft 10 (1984), S. 165–184.

[14] Das Verhältnis von Staat und Wirtschaft war einer der zentralen Themenschwerpunkte des Bochumer Symposiums von 1973: Hans Mommsen/Dietmar Petzina/Bernd Weisbrod (Hrsg.): Industrielles System und politische Entwicklung in der Weimarer Republik, Düsseldorf 1974. Über die Rolle des Staates im Bereich der Tarifpolitik und der Arbeitslosenfrage siehe die Arbeiten von Hans-Hermann Hartwich: Arbeitsmarkt, Verbände und Staat 1918–1933. Die öffentliche Bindung unternehmerischer Funktionen in der Weimarer Republik, Berlin 1967; Johannes Bähr: Staatliche Schlichtung in der Weimarer Republik. Tarifpolitik, Korporatismus und industrieller Konflikt zwischen Inflation und Deflation 1919–1932, Berlin 1989; Karl Christian Führer: Arbeitslosigkeit und die Entstehung der Arbeitslosenversicherung in Deutschland 1902–1927, Berlin 1990; Peter Lewek: Arbeitslosigkeit und Arbeitslosenversicherung in der Weimarer Republik 1918–1927, Stuttgart 1992.

[15] Gunnar Stollberg: Die Rationalisierungsdebatte 1908–1933. Freie Gewerkschaften zwischen Mitwirkung und Gegenwehr, Frankfurt/M. 1981; Uta Stolle: Arbeiterpolitik im Betrieb. Frauen und Männer, Reformisten und Radikale, Fach- und Massenarbeiter bei Bayer, BASF, Bosch und in Solingen (1900–1933), Frankfurt/M. 1988; und v. a. Heidrun Homburg: Rationalisierung und Industriearbeit. Arbeitsmarkt – Management – Arbeiterschaft im Siemens-Konzern Berlin 1900–1939, Berlin 1991.

[16] Dietmar Petzina/Werner Abelshauser: Zum Problem der relativen Stagnation in der

stammt die pointierte und in der Forschung nicht grundsätzlich in Frage gestellte Aussage, die Weimarer Republik habe schon Mitte der zwanziger Jahre an einer „kranken" Wirtschaft gelitten.[17]

Festzuhalten ist also: Für nicht wenige Zeitgenossen entwickelten die sozialökonomischen Paradigmen der ‚Dritten Periode' erfahrungsgeschichtliche Plausibilität: Betriebliche Rationalisierung, d. h. Arbeitszeitstudien, Arbeitskontrolle und Einführung der Fließarbeit, aber eben auch die schon strukturelle Arbeitslosigkeit gehörten während der zweiten Hälfte der zwanziger Jahre zur alltäglichen Erfahrung in den deutschen Industriezentren. Hinzu kam, daß im internationalen Vergleich die Spaltung der Arbeiterschaft in Deutschland besonders tief ging, ja durch Bürgerkrieg und Blut besiegelt war. Anders als dies in anderen Ländern der Fall war, begegnete die Sozialdemokratie den kommunistischen Arbeitern als Inhaberin exekutiver Macht und Amtsgewalt. In Preußen war das Innenministerium während der Weimarer Republik fast durchgehend von der SPD besetzt;[18] das gleiche galt für die Schlüsselposition des Berliner Polizeipräsidenten, der dem preußischen Innenminister direkt unterstand und bis 1932 ebenfalls von der Sozialdemokratie gestellt wurde. Und während der Großen Koalition stellte die SPD mit Carl Severing auch den Reichsinnenminister. Mithin begegnete den Kommunisten zumindest in Preußen die von ihnen a priori als feindlich definierte demokratische Staatsmacht stets in Gestalt der Sozialdemokratie. Von Noske zu Severing, von Grzesinski zu Zörgiebel schien sich eine ungebrochene Kontinuität antikommunistischer Unterdrückung aufzutun; und sofern man die Prämissen der kommunistischen Faschismustheorie akzeptierte, gewann unter dieser Perspektive auch die ‚Sozialfaschismus'-These erfahrungsgeschichtliche Plausibilität. Das ‚System Severing' etwa, das, modern gesprochen, die Gedanken der ‚wehrhaften Demokratie' und des ‚antitotalitären Grundkonsenses' antizipierte, ließ sich nahtlos in die ideologische Matrix des Kommunismus einfügen, die ja wesentlich auf der These vom ‚Verrat' der Sozialdemokraten be-

---

deutschen Wirtschaft der zwanziger Jahre, in: Mommsen/Petzina/Weisbrod, Industrielles System [wie Anm. 14], S. 57–76, hier v. a. S. 62f.

[17] Knut Borchardt: Zwangslagen und Handlungsspielräume in der großen Weltwirtschaftskrise der frühen dreißiger Jahre: Zur Revision des überlieferten Geschichtsbildes (1979), in: ders.: Wachstum, Krisen, Handlungsspielräume der Wirtschaftspolitik. Studien zur Wirtschaftsgeschichte des 19. und 20. Jahrhunderts, Göttingen 1982, S. 165–182, hier S. 179.

[18] Die Ausnahme betraf den Demokraten Alexander Dominicus, der das Amt vom 21. 4. bis 7. 11. 1921 bekleidete.

ruhte.[19] Ereignisse wie der Berliner ‚Blutmai' von 1929 schienen die ‚Sozialfaschismus'-These,[20] die hereinbrechende Wirtschaftskrise und die Verelendungsprognose der Komintern nachhaltig zu bestätigen. Der Massenerfolg, den die KPD – zumindest was Wähler und Mitgliederzahlen betrifft – seit 1929/30 verzeichnen konnte, läßt sich dadurch erklären.

## II.

Um die Politik der KPD in der Endphase der Republik angemessen beurteilen zu können, muß man sich allerdings die Struktur dieses Massenerfolgs näher ansehen. Nach allem, was wir wissen, unterschied sich die soziale Struktur der KPD zunächst kaum von derjenigen der SPD. Es dominierten qualifizierte Arbeiter, die überwiegend in kleineren oder mittleren Betrieben beschäftigt waren.[21] Gegen Ende der zwanziger Jahre änderte sich das Bild allerdings. 1927, in einem Jahr der Hochkonjunktur, waren reichsweit bereits 21,6% aller KPD-Mitglieder erwerbslos. Und in der Wirtschaftskrise waren z.B. in Berlin regelmäßig mehr als 65%, im Jahr 1932 mehr als 70% der Parteimitglieder ohne Arbeit, im Dezember 1931 sogar 82,3%.[22] Mit anderen Worten: Wie keine andere Partei spiegelte die KPD das Erwerbslosenproblem der Weimarer Republik wider. Das betraf zunächst die seit Mitte der zwanziger Jahre fühl-

---

[19] Dies gilt in besonderem Maße für die Zeit von 1926 bis 1930, als Albert Grzesinski Innenminister und Karl Zörgiebel Berliner Polizeipräsident war. Grzesinski übernahm zwar das „System Severing", das zum Markenzeichen eines demokratischen und gegen politischen Extremismus vorgehenden Preußen geworden war, allerdings trug er durch persönliche Schroffheit nicht selten selbst zur Verschärfung der Gegensätze bei. Vgl. Thomas Alexander: Carl Severing. Sozialdemokrat aus Westfalen mit preußischen Tugenden, Bielefeld 1992, S. 136 ff. und S. 153. Über die Ansätze zum Konzept der ‚wehrhaften Demokratie' während der Weimarer Republik: Christoph Gusy: Weimar – die wehrlose Republik? Verfassungsschutzrecht und Verfassungsschutz in der Weimarer Republik, Tübingen 1991; zu Grzesinski jetzt: Thomas Albrecht: Für eine wehrhafte Demokratie. Albert Grzesinski und die preußische Politik in der Weimarer Republik, Bonn 1999.
[20] Vgl. Thomas Kurz: „Blutmai". Sozialdemokraten und Kommunisten im Brennpunkt der Berliner Ereignisse von 1929, Berlin/Bonn 1988, v. a. S. 138 ff.
[21] Vgl. hierzu Klaus-Michael Mallmann: Kommunisten in der Weimarer Republik. Sozialgeschichte einer revolutionären Bewegung, Darmstadt 1996, S. 96 ff.; Andreas Wirsching: Vom Weltkrieg zum Bürgerkrieg? Politischer Extremismus in Deutschland und Frankreich 1918–1933/39. Berlin und Paris im Vergleich, München 1999, S. 166 ff.
[22] BArch-SAPMO RY 1 I 3/1–2/10, Bl. 75.

bare Sockelarbeitslosigkeit; seit 1930 die galoppierende Massenarbeitslosigkeit. Insofern, als die Arbeitslosigkeit vor allem junge Leute traf, blieb einem ganzen sozialen Segment der Zugang zu einem geregelten Berufsleben dauerhaft versperrt.

Mehr noch, als dies für die Bevölkerung der Weimarer Republik insgesamt gilt, war der Erfahrungshorizont der Kommunisten durch Teuerung und Lebensmittelknappheit, Arbeitslosigkeit und Wohnungsprobleme geprägt, also durch all das, was die existentiellen Lebensgrundlagen selbst betraf.[23] Vor dieser Erfahrung verblaßten die professionellen und mentalen Trennlinien innerhalb der Arbeiterschaft. Außerhalb des betrieblichen Arbeitslebens wurde es eher gleichgültig, über welche berufliche Qualifikation jemand verfügte. Mit der Desintegration aus der Arbeitswelt korrespondierte eine zunehmende Integration nach innen. Manches deutet darauf hin, daß in der Weimarer Republik so etwas wie ein kommunistisches ‚Milieu' entstand, dessen Strukturen natürlich örtlich variierten. Deklassierungserfahrung, soziale Desintegration und das Selbstverständnis als Quasi-Verfolgte, potentiell Illegale, banden Frauen und Männer, Gelernte und Ungelernte, Junge und Ältere in zunehmendem Maße zusammen.[24] Dieses kommunistische Milieu resultierte aus der zum Teil gewaltsamen Spaltung des traditionellen sozialistischen Milieus.[25] Statt an dem Umschlag von „negativer" zu aktiv-positiver Integration zu partizipieren, wie dies die sozialdemokratische Arbeiterbewegung zumindest teilweise vermochte,[26] bildete das kommunistische Milieu politisch, ökonomisch und kulturell eine zunehmend radikale,

---

[23] Vgl. Mallmann, Kommunisten [wie Anm. 21], S. 111 ff.
[24] Zum Zusammenhang von Arbeitslosigkeit, sozialer Desintegration und politischem Verfolgungsbewußtsein der kommunistischen Anhängerschaft: Eric D. Weitz: State Power, Class Fragmentation, and the Shaping of German Communist Politics, 1890–1933, in: Journal of Modern History 62 (1990), S. 253–290, hier v. a. S. 273 ff.
[25] Dies gilt es gegenüber Mallmann, Kommunisten, [wie Anm. 21], v. a. S. 15 und passim, festzuhalten, der explizit nicht von einem „kommunistischen", sondern von einem „links-proletarischen Milieu" sprechen will, das den lebensweltlichen Zusammenhang und die forschungsstrategische „Chance gemeinsamer Milieukontexte" von Sozialdemokraten und Kommunisten offenhalte. Vgl. hierzu ausführlicher Andreas Wirsching: „Stalinisierung" oder entideologisierte „Nischengesellschaft"? Alte Einsichten und neue Thesen zum Charakter der KPD in der Weimarer Republik, in: Vierteljahrshefte für Zeitgeschichte 45 (1997), S. 449–466.
[26] Der Begriff der „negativen" Integration wurde geprägt von Guenther Roth, The Social Democrats in Imperial Germany. A Study in Working-Class Isolation and National Integration, Totowa 1963, S. 312 ff. Daran anknüpfend Dieter Groh: Negative Integration und revolutionärer Attentismus. Die deutsche Sozialdemokratie am Vorabend des Ersten Weltkrieges, Frankfurt/M./Berlin 1973, S. 36 ff.

ghettoisierte soziale „Gegenwelt" zum demokratisch verfaßten und privatwirtschaftlich fundierten Weimarer Staat.

Isolierung gegenüber der Erwerbswelt auf der einen Seite, politische Radikalisierung auf der anderen Seite: So stellte sich das kommunistische Grundmuster zunehmend dar; dies war denn auch der Boden, der die Paradigmen der ‚Dritten Periode' erfahrungsgeschichtlich sättigte und auf dem die überwiegend abstrakten ideologischen Formeln der KPD-Propaganda und ihr revolutionärer Voluntarismus Wurzeln schlagen konnten. Im Ergebnis tendierte die KPD-Basis zu einer autonomen Radikalisierung, die von der Parteiführung häufig nicht mehr zu kontrollieren war. So verweigerte etwa die Basis in Berlin, als es 1931 um den sogenannten „individuellen Terror" ging,[27] der von der Parteispitze verordneten ‚Legalitätstaktik' zunehmend ihre Gefolgschaft. Daß das ZK der KPD den „individuellen Terror" scharf verurteilt hatte, hielten viele Erwerbslose an der Basis für „verkalkt" und „versöhnlerisch". Die Partei „kneife", behindere den physischen Kampf und sei überhaupt „zu schlapp".[28] Will man einem Informantenbericht glauben, so schadete sich die KPD-Führung mit ihrer Entscheidung gegen den „individuellen Terror" nicht wenig: „Die radikalen Massen sind aber dafür. Je eher, desto lieber. ‚Es kann doch nicht so weitergehen' und ‚Irgend etwas muß geschehen'. Aber es geschieht nichts. Die Massen sind ungeduldig. Dann kommt die Enttäuschung und dann werden sie indifferent."[29] Dementsprechend wurde das „Erzählen und Tun der Leitung" mitunter als „Unsinn" abqualifiziert und gefordert, „daß die Proleten Gewehre, überhaupt Waffen in die Hand bekämen, um dieses System zu beseitigen."[30] Häufig führte diese Einstellung dazu, wie die Bezirksleitung Berlin-Brandenburg des Kampfbundes gegen den Faschismus besorgt registrierte, „daß revolutionäre Arbeiter sich zu isolierten Einzelaktio-

---

[27] Vgl. dazu Eve Rosenhaft: Die KPD der Weimarer Republik und das Problem des Terrors in der „Dritten Periode", 1929–1933, in: Wolfgang Mommsen/Gerhard Hirschfeld (Hrsg.): Sozialprotest, Gewalt, Terror. Gewaltanwendung durch politische und gesellschaftliche Randgruppen im 19. und 20. Jahrhundert, Stuttgart 1982, S. 394–421, sowie insgesamt dies.: Beating the Fascists? The German Communists and Political Violence 1929–1933, Cambridge 1983.
[28] BLHA Pr. Br. Rep. 30, Berlin C, Tit. 95, Sektion 9, Nr. 132, Bd. I, Bl. 369, 8. 12. 1931, Betrifft die innerparteiliche Lage der KPD.
[29] Ebd.
[30] BLHA Pr. Br. Rep. 30, Berlin C, Tit. 95, Sektion 9, Teil 2, Nr. 155, Bl. 396: Polizeibericht über eine Unterbezirksführertagung des Kampfbundes gegen den Faschismus vom 18. Mai 1931.

nen hinreißen ließen und auf die Mobilisierung der breiten Schichten der Werktätigen verzichteten."[31] Auf besonders fruchtbaren Boden fiel dieser Trend zur autonomen Radikalisierung naturgemäß unter den – zumeist arbeitslosen – Jugendlichen. Unter ihnen bestand eine Vielzahl von unabhängigen örtlichen Gruppierungen, die sich, wenn überhaupt, nur lose mit der Parteiorganisation verbunden fühlten.[32] Die KPD-Führung stellte diese Konstellation vor neue Probleme. Ende 1930 bestanden in Berlin – wie ein parteiinterner Bericht ausführte – „Hunderte von ‚wilden' proletarischen Wehrorganisationen [...], von deren Existenz wir erst nach und nach Kenntnis bekommen"[33]: „spontan entstandene lokale Abwehrorganisationen ohne zentrale Zusammenfassung, ohne politische Führung, zum größten Teil auf sich selbst angewiesen."[34] Von der Parteiführung ließen sie sich kaum kontrollieren.

Diese zur Eskalation tendierende Wechselwirkung zwischen Isolierung und Radikalisierung an der Basis der KPD ließ sich auch unter den kommunistisch mobilisierten Erwerbslosen beobachten.[35] Auf der einen Seite spielten für die KPD Agitation und Propaganda unter den Erwerbslosen während der Auflösungsphase der Weimarer Republik naturgemäß eine zentrale Rolle. Eine quantitativ meßbare, kontinuierliche Steigerung ihres Einflusses unter den Arbeitslosen, die in etwa proportional zu den Erwerbslosenziffern gewachsen wäre, vermochte die KPD jedoch nicht zu erzielen. Im Gegenteil, 1932 bemängelte Ossip Pjatnitzki, der Organisationschef der Komintern, die Arbeitslosen würden sich in Deutschland nunmehr „viel weniger gerne" an Demonstrationen und

---

[31] Ebd., Bl. 56: Rundschreiben des Kampfbundes Berlin-Brandenburg-Lausitz, 16. November 1931.

[32] Vgl. hierzu Eve Rosenhaft: Organising the „Lumpenproletariat": Cliques and Communists in Berlin during the Weimar Republic, in: Richard W. Evans (Hrsg.): The German Working Class 1888–1933. The Politics of Everyday Life, London 1982, S. 174–219, sowie Wirsching, Weltkrieg [wie Anm. 21], S. 582 f. Zum Problem der „Verwahrlosung" vgl. Detlev J. K. Peukert: Jugend zwischen Krieg und Krise, Lebenswelten von Arbeiterjungen in der Weimarer Republik, Köln 1987, S. 89 ff.

[33] BArch-SAPMO RY 1 I/4/9/3, Bl. 33, Fritz Lange: Bericht über den Kampfbund gegen den Faschismus, 20. Dezember 1930.

[34] Ebd., Bl. 39: Bericht der Reichsleitung des Kampfbundes gegen den Faschismus über die Entwicklung dieser Organisation, 1. Februar 1931.

[35] Vgl. hierzu Wirsching, Weltkrieg [wie Anm. 21], S. 403 ff.; Rose-Marie Huber-Koller: Die kommunistische Erwerbslosenbewegung in der Endphase der Weimarer Republik, in: Gesellschaft. Beiträge zur Marxschen Theorie 10 (1977), S. 89–140; Siegfried Bahne: Die Erwerbslosenpolitik der KPD in der Weimarer Republik, in: Hans Mommsen/Winfried Schulze (Hrsg.): Vom Elend der Handarbeit. Probleme historischer Unterschichtenforschung, Stuttgart 1981, S. 477–496.

Kundgebungen beteiligen als im Jahr zuvor; tatsächlich stieß man sich an der Basis zunehmend an der „Parolenpolitik" der KPD und beklagte „Demonstrationsmüdigkeit".[36] Und Anfang 1933, auf dem Höhepunkt der Arbeitslosigkeit, wiesen die kommunistischen Erwerbslosenschutzstaffeln in Berlin sogar eine geringere Stärke auf als Ende 1931.[37] Isolierung gegenüber der Erwerbswelt auf der einen, politische Radikalisierung auf der anderen Seite kennzeichneten also auch das Grundmuster der kommunistischen Arbeitslosenbewegung. Ghettoisierung und Radikalisierung mündeten somit in eine doppelte Blockade kommunistischer Politik: Einerseits blieb der Weg zu den sozialdemokratischen und nichtorganisierten ‚Arbeitermassen' in den Betrieben, aber auch unter den Erwerbslosen weitgehend versperrt. Andererseits tendierte ein zwar schmales, quantitativ aber wachsendes Segment der im übrigen stark fluktuierenden Mitgliederschaft zur autonomen Radikalisierung.

### III.

Aus dem bisher Gesagten ist deutlich geworden, daß die längerfristigen Voraussetzungen für eine echte Kooperation zwischen Kommunisten und Sozialdemokraten am Ende der Weimarer Republik denkbar ungünstig waren. Dies galt in sozial-, politik- wie erfahrungsgeschichtlicher Hinsicht gleichermaßen. Tatsächlich entwickelten sich die Verhältnisse in Deutschland besonders ungünstig; der Vergleich z. B. mit der französischen Dritten Republik, in der es seit 1934 nicht zufällig zur ein Jahr später von der Komintern sanktionierten „Volksfront"-Taktik kam, macht dies deutlich.[38] Wenn es also im folgenden um die konkrete Poli-

---

[36] Alles zitiert nach Huber-Koller, Erwerbslosenbewegung, [wie Anm. 35], S. 107.
[37] BLHA Pr. Br. Rep. 30, Berlin C, Tit. 95, Sektion 9, Teil 2, Nr. 150, Bl. 314: Polizeibericht über die Erwerbslosenschutzstaffeln vom 21. Januar 1933.
[38] Hierzu ausführlich: Wirsching, Weltkrieg [wie Anm. 21], passim. Siehe auch ders.: Kommunistischer „Antifaschismus" in Berlin und Paris zwischen den Weltkriegen, in: Detlef Schmiechen-Ackermann (Hrsg.): Politische Kultur, soziale Milieus und der Widerstand gegen den Nationalsozialismus in Deutschland. Verweigerung und Widerstand im regionalen Vergleich, Berlin 1997, S. 201–219, sowie ders.: KPD und P.C.F. zwischen „Bolschewisierung" und „Stalinisierung". Sowjet-Rußland, die Kommunistische Internationale und die Entwicklung des deutschen und französischen Kommunismus zwischen den Weltkriegen, in: Ilja Mieck/Pierre Guillen (Hrsg.): Deutschland – Frankreich – Rußland. Begegnungen und Konfrontationen; La France et l'Allemagne face à la Russie, München 2000, S. 277–292.

tik von Komintern und KPD im letzten Jahr der Weimarer Republik geht und dabei das Verhältnis zur Sozialdemokratie im Vordergrund steht, so müssen die genannten Strukturbelastungen stets mitbedacht werden.

Im Mittelpunkt steht die umstrittene Frage, wie die von der KPD am 25. Mai 1932 lancierte ‚Antifaschistische Aktion' zu beurteilen sei. Die DDR-Geschichtswissenschaft wertete sie als „einen der wichtigsten politischen Schritte der KPD", als echtes Angebot an die Sozialdemokratie, um die Demokratie zu retten. Dabei hätte die KPD-Führung auf Bewegungen an der Basis reagiert und versucht, den von der Komintern 1928 geprägten, faktisch aber „zum Sektierertum führenden Leitsatz" ‚Klasse gegen Klasse' zu überwinden.[39] Seit 1990 hat sich nun ein partiell amüsanter Perspektivenwechsel ergeben: Auf der einen Seite sehen seitdem auch ostdeutsche Historiker wie Kurt Finker in der Antifaschistischen Aktion „keine grundsätzliche Änderung des bisherigen Kurses",[40] sondern lediglich die Fortsetzung eines im theoretischen Ansatz verfehlten, weil analytisch unscharfen Antifaschismus. In den Grundzügen bestätigt dies das traditionelle westliche Bild, wie es maßgeblich von Hermann Weber etabliert wurde. Anderseits aber hat unlängst ein westdeutscher Autor wie Klaus-Michael Mallmann das Bild einer antifaschistischen Einheitsfront im Jahre 1932 mit optimistischeren Farben gezeichnet: Die KPD habe echte Flexibilität an den Tag gelegt. Darüber hinaus aber sei vor allem an der Basis ein von der Parteiführung nicht zu kontrollierender Wille zum Zusammengehen zwischen Sozialdemokraten und Kommunisten durchgebrochen.[41] Diesem Problem – das für das Verhältnis der KPD zur Sozialdemokratie wie zur Weimarer Republik insgesamt tatsächlich von kardinaler Bedeutung ist – soll im folgenden etwas näher nachgegangen werden.

Im Frühjahr 1932 befand sich die KPD in mehrfacher Hinsicht in einer Krise sowie in einer Phase tiefer Verunsicherung. Schon die Wahlen zum Reichspräsidenten hatten die Erwartungen der KPD, die Sozialdemokratie als stärkste Kraft unter den Arbeitern abzulösen, nicht er-

---

[39] Heinz Karl/Erika Kücklich (Hrsg.): Die Antifaschistische Aktion. Dokumentation und Chronik Mai 1932 bis Januar 1933, Berlin (Ost), S. 13*–19*.
[40] Kurt Finker: KPD und Antifaschismus 1929 bis 1934, in: ZfG 41 (1993), S. 385–398, hier S. 392.
[41] Mallmann, Kommunisten [wie Anm. 21], S. 377. Mallmann deutet die „Antifaschistische Aktion" im Zusammenhang seiner Gesamtinterpretation, die davon ausgeht, an der Basis und im „Milieu" habe über die gesamte Weimarer Republik ein lebensweltlich vermittelter Brückenschlag zwischen den beiden Arbeiterparteien stattgefunden.

füllt. Wilhelm Pieck etwa wertete die Wahlergebnisse als „sehr ernste Mahnung" an die Partei: „Die Partei tritt noch nicht als Machtfaktor vor den Massen auf, besonders vor den Mittelschichten, die der Partei nur folgen, wenn sie sehen, daß sie vermag, die Kämpfe auszulösen und siegreich zu beenden. Besonders zeigt sich der große Mangel, daß die ganze Arbeit der Partei noch nicht genügend mit den unmittelbaren Lebensinteressen der werktätigen Massen verbunden ist und daß die Partei es noch nicht versteht, eine wirkliche revolutionäre Einheitsfrontpolitik von unten zu führen. Es sind die großen Schwächen, die die Partei noch im Kampfe gegen die verbrecherische Politik der sozialdemokratischen Partei- und Gewerkschaftsführer gegenüber den werktätigen Massen hat und die verhindern, daß die Massen von der Sozialdemokratie losgelöst [werden] und den Losungen der KPD folgen."[42] Als katastrophal aber wertete die Parteiführung den Ausgang der Wahlen zum Preußischen Landtag vom 24. April 1932, bei denen die NSDAP einen spektakulären Sprung von 1,8% im Jahre 1928 auf nunmehr 36,3% der gültigen Stimmen erzielt hatte. Zwar hatte die SPD knapp 800 000 Stimmen verloren, die KPD ihrerseits aber keine 600 000 Stimmen hinzugewonnen. Im Gegenteil: Im Vergleich mit dem ersten Wahlgang der Reichspräsidentenwahlen vom 13. März 1932 hatte die Partei in Preußen sogar mehr als 900 000 Stimmen verloren![43] Ganz offenkundig war die kommunistische Taktik, die in der SPD den sozialfaschistischen ‚Hauptfeind' erblickte und die ein Jahr zuvor, auf dem 11. Plenum des Exekutivkomitees der Kommunistischen Internationale (EKKI), noch einmal in verbindlicher Weise verschärft worden war,[44] im Begriff zu scheitern. Nicht nur waren die von der SPD abgewanderten Wähler keineswegs vollständig zur KPD übergelaufen, sondern darüber hinaus hatte die NSDAP ihr Potential augenscheinlich auch aus den durch die Wirtschaftskrise Deklassierten zu ziehen vermocht – also gerade aus jenen Schichten, auf deren Protest die KPD einen politisch-moralischen Monopolanspruch erhob.

Mitte Mai 1932 fand in Moskau eine Präsidiumstagung des EKKI statt, an der Ernst Thälmann, Heinz Neumann, Hermann Remmele und

---

[42] BArch-SAPMO RY 1 I 2/3/31, Bl. 129 (Material zur Reichspräsidentenwahl am 13. März 1932).
[43] Zahlen nach: Jürgen Falter/Thomas Lindenberger/Siegfried Schumann: Wahlen und Abstimmungen in der Weimarer Republik, München 1986, S. 78 f. und S. 101.
[44] Vgl. Hermann Weber: Einleitung zu: Die Generallinie [wie Anm. 3], S. XXXIVff.

Walter Ulbricht teilnahmen.[45] Am 19. Mai diskutierte das Präsidium die deutsche Frage eingehend und übte dabei zum Teil heftige Kritik an der KPD.[46] Gegen Ende der Sitzung meinte Thälmann jedenfalls, eigentlich habe er am Abend ein „russisches Schwitzbad" nehmen wollen; dies habe er jetzt aber schon genossen.[47] Dabei sparte Thälmann in seinem Rechenschaftsbericht nicht mit Selbstkritik. Insbesondere vermerkte er Fehler in der Applikation der kommunistischen Faschismustheorie: Erstens sei die „Gleichsetzung Faschismus und Sozialfaschismus" bisweilen fehlerhaft gewesen.[48] Gleiches gelte zweitens für die Bezeichnung der Brüning-Regierung als „faschistische" Diktatur. Drittens schließlich konstatierte Thälmann als größten Fehler, „dass die nationalsozialistische Bewegung von den Septemberwahlen 1930 an absolut unterschätzt wurde."[49] In Übereinstimmung mit dem EKKI-Präsidium forderte Thälmann daher eine flexiblere Haltung in der Anwendung der Einheitsfronttaktik. Man wolle dem Klassenfeind künftig „viel beweglicher gegenübertreten", ohne dabei allerdings die „prinzipielle Reinheit unserer Partei" zu gefährden.[50] „Das jetzige Tempo in der Entwicklung des Faschismus" – und damit meinte Thälmann das spektakuläre Wahlergebnis der NSDAP in Preußen – zwinge die KPD zu einer „methodischen Änderung" ihrer Massenarbeit. Von ihr erhoffe man sich neue Möglichkeiten, „die vorhandene Mauer, die zwischen kommunistischen und sozialdemokratischen Arbeitern sehr stark da war, niederzureißen."[51]

Das Ergebnis dieser Selbstkritik war die bekannte Tagung des ZK der KPD vom 24. Mai 1932, die gemeinhin als der Ausgangspunkt der ‚Antifaschistischen Aktion' gilt, die jedoch faktisch nur die bereits in Moskau verabschiedeten Entschlüsse sanktionierte. Tags darauf erschien in der ‚Roten Fahne' der Aufruf des ZK der KPD zur Antifaschistischen Aktion.[52] In ihm forderte die KPD-Führung die sozialdemokratischen, freigewerkschaftlichen sowie die in den christlichen Gewerkschaften

---

45 Vgl. Günter Hortzschansky u.a.: Ernst Thälmann. Eine Biographie, Berlin (Ost) 1979, S. 564.
46 Siehe BArch-SAPMO RY 5 I 6/10/25, insbesondere die Reden Pjatnitzkis und Knorins, Protokoll der Sitzung des Präsidiums des EKKI, 19. Mai 1932.
47 Ebd., Bl. 134.
48 Ebd., Bl. 50.
49 Ebd., Bl. 139.
50 Ebd., Bl. 52.
51 Ebd., Bl. 54f.
52 Rote Fahne Nr. 113 vom 26. Mai 1932, zitiert nach: Karl/Kücklich, Antifaschistische Aktion [wie Anm. 39], S. 31–34.

und im „Reichsbanner" organisierten Arbeiter zur gemeinsamen, antifaschistischen Einheitsfront auf. Eine solche Front würde dann auch auf die nichtorganisierten Arbeiter eine unwiderstehliche Anziehungskraft ausüben.

Zwar markierte dieser Aufruf Hitler und die NSDAP eindeutig und unmißverständlich als den hauptsächlichen Feind der Arbeiterklasse. Zugleich aber stellte er im Kern nichts anderes dar als eine agitatorisch verstärkte Neuauflage der alten Taktik, mittels einer ‚Einheitsfront von unten' die sozialdemokratischen und freigewerkschaftlichen Funktionäre in den Augen ihrer Basis zu diskreditieren und zu ‚entlarven'.[53] Auch durch den Appell zum gemeinsamen ‚antifaschistischen' Kampf sollten sozialdemokratische, freigewerkschaftliche und nichtorganisierte Arbeiter vor allem davon überzeugt werden, daß allein die KPD eine wirklich proletarische und antifaschistische Politik betrieb. „Laßt euch", so appellierte die KPD-Führung an die Arbeiter der konkurrierenden Organisationen, „von diesem gemeinsamen Kampf nicht durch die verräterischen Führer der SPD und des ADGB abhalten, die die rote Einheitsfront fürchten, hassen und im Dienste des Kapitals zu vereiteln suchen."[54] Wie stark die ‚Antifaschistische Aktion' tatsächlich in der Tradition der ‚Einheitsfront von unten' stand und stehen sollte, machte Thälmann schon am 19. Mai in Moskau deutlich. Noch stärker, als dies in der Vergangenheit teilweise der Fall gewesen sei, galt es demzufolge zwischen sozialdemokratischen Führern und den ‚Massen' zu trennen. Mehr als zuvor stellte dies – so Thälmann – die „Frage der Entlarvungsstrategie, um neue Menschenmassen von der Sozialdemokratie und der reformistischen Bürokratie loszulösen."[55] Und auch nach dem Beginn der ‚Antifaschistischen Aktion', am 8. Juni 1932 vor dem ZK der KPD, formulierte Thälmann unmißverständlich das kommunistische Kalkül: „Es ist ganz klar, dass der aktive Vorstoss in unserer strategischen Orientierung zur Gewinnung und Eroberung der Mehrheit des Proletariats den sozialdemokratischen Arbeitern gelten muss [...], um die Aufgaben des revolutionären Klassenkampfes, die wir nicht nur in der antifaschisti-

---

[53] Zur Entstehung und Geschichte der Taktik der „Einheitsfront von unten": Wirsching, Weltkrieg [wie Anm. 21], S. 200 ff.; Heinrich A. Winkler: Von der Revolution zur Stabilisierung. Arbeiter und Arbeiterbewegung in der Weimarer Republik 1918 bis 1924, Berlin/Bonn ²1985, S. 537 ff.
[54] Zitiert nach: Karl/Kücklich, Antifaschistische Aktion [wie Anm. 39], S. 34.
[55] Protokoll der Sitzung des Präsidiums des EKKI, 19. Mai 1932, BArch-SAPMO RY 5 I 6/10/25, Bl. 143.

schen Aktion gestellt haben, zu lösen." Tatsächlich sei der antifaschistische Kampf „ohne die fortgesetzte dauernde Heranziehung der sozialdemokratischen Arbeiter undenkbar". Zu diesem Zweck sei es aber erforderlich, „die Sozialdemokratie und die ADGB-Führung schärfer noch zu entlarven und schärfer noch politisch zu stellen als in der Vergangenheit." Zugleich müßten die Kommunisten versuchen, „in der Frage des antifaschistischen Klassenkampfes unsere besondere Rolle als die einzige antifaschistische Kraft, als die einzige antikapitalistische Partei in Deutschland, stärker in das Bewusstsein der Millionen Menschenmassen zu bringen."[56] Damit befand sich Thälmann auf der Linie der Komintern, die nach dem Regierungsantritt von Papens der KPD die „Durchführung einer breiten Kampagne für die Einheitsfront von unten" empfahl. Den Führungsgremien von SPD und ADGB sollte der ebenso präzise wie ultimative Vorschlag zur gemeinsamen Organisation eines Massenstreiks gemacht werden. „Wenn keine Antwort, eine schwankende Antwort oder eine Antwort mit Vorbehalten erfolgt, muß die Antwort detailliert behandelt und zur Entlarvung der Reformisten ausgenutzt werden."[57]

Wenn die kommunistische Einheitsfronttaktik im Sommer 1932 gleichwohl eine besondere Note erhielt, so lag dies an der Stimmung der Massen, die angesichts des Vormarsches der NSDAP wohl mehr als je zuvor ein Bündnis der Arbeiterparteien wünschten. Diese Stimmung betraf Kommunisten und Sozialdemokraten gleichermaßen und ließ das Kalkül der Einheitsfronttaktik immer wieder ins Leere laufen. Häufig versäumten es die lokalen Parteiorganisationen der KPD, die Versammlungen gemäß der Parteilinie vorzubereiten; statt dessen schlossen sich in manchen Orten die Genossen einfach den Umzügen der ‚Eisernen Front' an, *ohne* die Parteiparolen und -redner zur Geltung kommen zu lassen.[58] Umgekehrt konnten es die „SPD-Proleten absolut nicht begreifen, wenn wir die SPD-Politik in den Versammlungen anprangerten". Insgesamt herrschte auf beiden Seiten die aus kommunistischer Funktionärssicht verwerfliche „Tendenz des kampflosen Kompromisses".[59]

---

[56] Protokoll der Konferenz des ZK der KPD mit Pol-Sekretären und Redakteuren, 8. Juni 1932, BArch-SAPMO RY 1 I 2/2/12, Bl. 29, 31 f. und 63.
[57] BArch-SAPMO RY 5 I 6/10/46, Bl. 2 f.: Protokoll der außerordentlichen Sitzung der Politkommission des Polit-Sekretariats des EKKI, 10. Juni 1932. Vgl. ebd., Bl. 10: Brief des Polit-Sekretariats des EKKI an die KPD-Führung, 11. Juni 1932.
[58] BArch-SAPMO RY 1 I 2/5/32, Bl. 213 f.: Instrukteursbericht, 1. August 1932.
[59] Ebd., Bl. 214.

Tatsächlich fanden also zahlreiche Versammlungen und Demonstrationen statt, auf denen kommunistische und sozialdemokratische Arbeiter gemeinsam agierten; die „Mauer" zwischen ihnen, von der Thälmann noch im Mai gesprochen hatte, schien nun doch an der einen oder anderen Stelle ins Wanken zu geraten.[60] Aber eben dies verschärfte das Dilemma, in dem sich die KPD-Führung befand, und deckte die ganze Problematik der kommunistischen Taktik auf: Sollte die Einheitsfrontparole der Spaltung oder der Einheit dienen? Sollte sie ausschließlich die sozialdemokratischen und freigewerkschaftlichen Führer ‚entlarven'? Oder sollte sie eine wirkliche Kooperation der beiden Arbeiterparteien ermöglichen? Hatte die KPD ihre Taktik tatsächlich geändert? Und wenn ja, sollte die KPD dann offen mitteilen, daß sie ihre Taktik zwecks Erhöhung der antifaschistischen Effizienz modifiziert hatte? Oder sollte sie eben dies nicht tun, um sich gegenüber den Sozialdemokraten keine Blöße zu geben? Über diese Fragen entstand heillose Verwirrung und lautstarker Streit im Polbüro.[61]

Eine wichtige Quelle über den inneren Zustand der Parteiführung während der kritischen Sommermonate 1932 sind die ausführlichen Nachrichten, die Hermann Remmele regelmäßig dem Präsidium des EKKI zukommen ließ.[62] Sie waren Teil der finalen Auseinandersetzung zwischen Thälmann und der sogenannten Neumann-Remmele-Gruppe, die im Verlauf des Jahres 1932, endgültig aber auf dem XII. Plenum des EKKI im September 1932, entmachtet wurde.[63] Einmal mehr verknüpfte sich der Konflikt über Fragen der ‚richtigen' Taktik mit einem persönlichen Machtkampf, der die Atmosphäre in der Parteiführung zunehmend gefrieren ließ. Wenn man also Remmeles Berichte auch unter diesem Aspekt lesen muß, so offenbaren sie doch das Bild einer wider-

---

[60] Ebd., Bl. 215–220; BArch-SAPMO RY 1 I 2/4/78, Bl. 3–10, Material [der Org.-Abteilung des ZKs der KPD] über roten Massenselbstschutz und Einheitsausschüsse der Antifaschistischen Aktion, 13. August 1932; BArch-SAPMO RY 5 I 6/10/41, Bl. 20–25: Die Entwicklung der Einheitsfrontbewegung in Deutschland, 21. Juni 1932.
[61] Schreiben Remmeles an die Genossen Manuilski, Pjatnizki, Kuusinen und Knorin, Präsidium des EKKI vom 24. Juni 1932 und vom 29. Juni 1932, BArch-SAPMO RY 5 I 6/10/85, Bl. 92 und 108.
[62] Die Berichte finden sich ebd.
[63] Vgl. hierzu Weingartner, Stalin [wie Anm. 6], S. 230 ff.; zusammenfassend Winkler, Weg in die Katastrophe [wie Anm. 8], S. 756 ff. Vgl. als Bericht aus der Innenperspektive Margarete Buber-Neumann: Kriegsschauplätze der Weltrevolution. Ein Bericht aus der Praxis der Komintern 1919–1943, Stuttgart 1967, S. 335 ff.

sprüchlichen, heillos zerstrittenen und in ihren Aktionen häufig konfusen KPD-Spitze. Besondere Brisanz erhielt die Diskussion um die richtige Anwendung der Einheitsfronttaktik durch ein aktuelles Ereignis der ‚großen Politik', in dem die KPD beinahe das ‚Zünglein an der Waage' gebildet hätte und das für die kommunistische Politik des Sommers 1932 erhebliche Folgen hatte: die Wahl des preußischen Landtagspräsidenten. Nachdem die NSDAP bei den preußischen Landtagswahlen zur stärksten Partei avanciert war, stand ihr nach traditionellem parlamentarischem Brauch das Amt des Landtagspräsidenten zu. Am 25. Mai 1932 wurde mit den Stimmen des Zentrums der Nationalsozialist Hans Kerrl gewählt. Bei der nach der Geschäftsordnung notwendigen, endgültigen Wahl des Landtagspräsidiums am 22. Juni 1932 lagen die Dinge insofern anders, als das Zentrum mittlerweile hatte erkennen lassen, dieses Mal keinen Nationalsozialisten wählen zu wollen.[64] Tatsächlich rückte damit eine Mehrheit aus Zentrum, SPD und KPD in Reichweite, die einen nationalsozialistischen Landtagspräsidenten verhindern und statt dessen den sozialdemokratischen Kandidaten hätte wählen können. In einer Sitzung des Polbüros am 18. Juni 1932 faßte die KPD-Führung einen bemerkenswerten Beschluß, der in diesem Fall tatsächlich auch in der operativen Politik einen qualitativen Unterschied zwischen NSDAP und ‚Faschismus' einerseits und den Parteien der Weimarer Koalition andererseits gelten ließ. Nach kontroverser Debatte einigte man sich darauf, bei Erfüllung gewisser Bedingungen den sozialdemokratischen Kandidaten mitzuwählen; und die Mehrheit um Thälmann vertrat sogar die Auffassung, man solle dies gegebenenfalls selbst *ohne* Bedingungen tun.[65] Denn zuviel stand – wie Thälmann an das Mitglied des EKKI-Präsidiums, Wilhelm Knorin, schrieb – auf dem Spiel:[66] Bekanntlich war der Landtagspräsident zusammen mit dem preußischen Ministerpräsidenten und dem Staatsratsvorsitzenden Mitglied jenes Dreimänner-Kollegiums, das nach Art. 14 der Preußischen Verfassung über die Auflösung des

---

[64] Zuvor, am 25. Mai 1932, war nur das provisorische, vier Wochen amtierende Landtagspräsidium gewählt worden. Vgl. hierzu Horst Möller: Parlamentarismus in Preußen 1919–1932, Düsseldorf 1985, S. 555 f. und S. 560 f. Zur Politik des Zentrums in dieser Phase Herbert Hömig: Das Preußische Zentrum in der Weimarer Republik, Mainz 1979, S. 257 ff.
[65] BArch-SAPMO RY 5 I 6/10/85, Bl. 89 f.: Schreiben Remmeles an die Genossen Manuilski, Pjatnitzki, Kuusinen und Knorin, 24. Juni 1932.
[66] BArch-SAPMO RY 5 I 6/10/41, Bl. 6–8: Thälmann an Knorin, 18. Juni 1932.

Landtags entscheiden konnte. Thälmann warnte vor der Situation, die eintreten würde, wenn ein Nationalsozialist als Landtagspräsident gewählt und möglicherweise ein Reichskommissar als preußischer Ministerpräsident fungieren würde. In diesem Fall hätten Nationalsozialisten und deutschnationale Republikgegner in jenem Gremium eine Mehrheit und es damit in der Hand, „bei günstiger Gelegenheit Landtagsneuwahlen einfach zu dekretieren".[67] Thälmann und mit ihm die Mehrheit des Polbüros bewiesen mit dieser Einschätzung einen sonst kaum anzutreffenden Weitblick, antizipierten sie damit doch exakt die Situation vom 6. Februar 1933, als sich von Papen und Kerrl in Verbindung mit einer Notverordnung des Reichspräsidenten über den preußischen Staatsratspräsidenten Adenauer hinwegsetzten und die Auflösung des Landtags verfügten.[68] Darüber hinaus befürchtete Thälmann, die Partei werde in der Öffentlichkeit einen verheerenden Eindruck hinterlassen, wenn sie wie in der Vergangenheit an einem kommunistischen Zählkandidaten festhalten und damit indirekt die Wahl eines Nationalsozialisten ermöglichen würde. „Zweifelsohne würde das bei der gegenwärtigen Lage unsere antifaschistische Einheitsfrontkampagne ausserordentlich hemmen und von sehr nachteiliger Wirkung bei der Fortführung der antifaschistischen Aktion und bei der Wahlkampagne sein." Deshalb habe man sich dazu entschlossen, gegebenenfalls ohne Bedingungen mit der sozialdemokratischen Fraktion zu stimmen, wolle aber die endgültige Entscheidung hierüber dem EKKI-Präsidium überlassen.[69]

Eine solche Taktik, die vor dem Hintergrund der bereits angelaufenen ‚Antifaschistischen Aktion' betrachtet werden muß, kam der Anwendung einer „Einheitsfront von oben" und damit einer Art ‚Volksfront' bereits beträchtlich nahe.[70] In Moskau stieß sie indes keineswegs auf

---

[67] Ebd., Bl. 6.
[68] Vgl. hierzu Karl Dietrich Bracher/Wolfgang Sauer/Gerhard Schulz: Die nationalsozialistische Machtergreifung. Studien zur Errichtung des totalitären Herrschaftssystems in Deutschland 1933/34, Köln/Opladen 1960, S. 56f. Der nach dem Spruch des Staatsgerichtshofes vom 25. Oktober 1932 eigentlich rechtmäßig amtierende preußische Ministerpräsident Otto Braun wurde durch Notverordnung vom 6. Februar seiner Befugnisse verlustig erklärt und durch von Papen als Reichskommissar für Preußen ersetzt.
[69] BArch-SAPMO RY 5 I 6/10/41, Bl. 6f.: Thälmann an Knorin, 18. Juni 1932.
[70] Sie war in der Tat „sensationell", wie Hömig, Zentrum [wie Anm. 64], S. 263, festhält, bei dem allerdings unter den Tisch fällt, daß die KPD in letzter Minute auch bereit gewesen wäre, auf Bedingungen zu verzichten.

Gegenliebe. Umgehend sandte das EKKI ein Telegramm an das Polbüro der KPD, in dem die bedingungslose Unterstützung des sozialdemokratischen Kandidaten verworfen wurde.[71] Bemerkenswerterweise hielten Thälmann und Pieck trotz dieser Weisung der Komintern an ihrem ursprünglich ins Auge gefaßten Angebot fest, den sozialdemokratischen Kandidaten auch ohne Gegenleistung zu wählen. Sie taten das offenkundig unter Umgehung des Polbüros, allerdings zu einem Zeitpunkt, als sie schon von der Entscheidung des Zentrums wußten, sich der Stimme zu enthalten.[72] Das Angebot war damit politisch irrelevant geworden, und der preußische Landtag bestätigte Kerrl in seinem Amt.[73]

Innerhalb der kommunistischen Partei aber hatte das eigenmächtige Vorgehen Thälmanns ein Nachspiel. Zum einen mißbilligte das EKKI die Nichtbefolgung seiner Weisung scharf und verlangte Aufklärung über die Gründe hierfür.[74] Zum anderen aber erfuhr die Taktik der Führung auch aus den Reihen der KPD selbst zum Teil deutliche Kritik. In der Zentrale liefen anonyme Schreiben ein, die dem Sekretariat vorwarfen, mit dem Angebot der bedingungslosen Unterstützung von SPD und Zentrum eine „faschistische Politik" zu fördern. Auch eine Parteikonferenz in Bayern und weitere Stimmen vertraten die Auffassung, es habe sich um „eine opportunistische Entgleisung" gehandelt.[75] Insgesamt verschärfte die Episode die Unsicherheit über den künftig einzuschlagenden Kurs und die ohnehin tiefgreifenden Meinungsverschiedenheiten innerhalb des Polbüros.

Ein sachlich entscheidender Differenzpunkt innerhalb der KPD-Führung betraf Remmele zufolge die Einschätzung der Regierung von Papen. Während Thälmann in der Kanzlerschaft von Papens eine gradlinige Fortsetzung, wenn auch Verschärfung der Brüningschen Politik er-

---

[71] BArch-SAPMO RY 5 I 6/10/85, Bl. 90: Schreiben Remmeles an die Genossen Manuilski, Pjatnitzki, Kuusinen und Knorin, 24. Juni 1932.
[72] Ebd.
[73] Die kommunistische Haltung war also demzufolge keineswegs nur propagandistischer Natur, wie Möller, Parlamentarismus [wie Anm. 64], S. 560, anmerkt; ähnlich Hömig, Zentrum [wie Anm. 64], S. 263. Vielmehr fällt die Verantwortung in diesem Fall auf die Zentrumsfraktion, deren Nichtmitwirkung an einer „Einheitsfront von oben" die Wahl Kerrls erst ermöglichte.
[74] Barch-SAPMO RY 5 I 6/10/41, Bl. 255: Protokoll der Sitzung der Politkommission des Politischen Sekretariats des EKKI am 27. Juni 1932.
[75] BArch-SAPMO RY 5 I 6/10/85, Bl. 113: Schreiben Remmeles an die Genossen Manuilski, Pjatnitzki, Kuusinen und Knorin, 29. Juni 1932.

kannte, betonte Remmele die Unterschiede: Brüning hatte demzufolge immer noch gewisse Rücksichten gegenüber der Arbeiterschaft geübt und zugleich einer Regierung vorgestanden, die sich trotz der Anwendung des Artikels 48 der Weimarer Reichsverfassung „an die republikanische Staatsform gebunden glaubte". Schließlich setzte, so Remmele, die Regierung Brüning „der hemmungslosen Entfachung des konterrevolutionären Bürgerkrieges durch die SA und Faschisten immerhin einigen Widerstand entgegen."[76] Mit diesen Einsichten, die die parlamentarische Tolerierungsmehrheit Brünings und das Verbot der SA hervorhoben, näherte sich Remmele faktisch den Positionen der SPD an. Ging man mit ihm davon aus, daß sich mit dem Regierungswechsel von Brüning zu Papen im Kräfteverhältnis der deutschen Politik Entscheidendes geändert hatte, durfte daher auch die substantielle Änderung der kommunistischen Taktik kein Tabu mehr sein. Zwar hielt Remmele die Entscheidung vom 18. Juni in der Frage der Wahl des preußischen Landtagspräsidenten wie viele andere auch für eine „opportunistische Entgleisung";[77] um so nachdrücklicher aber, forderte er, müsse nun die Änderung in der kommunistischen Taktik auch konsequent fortgeführt und vor allem öffentlich bekannt gemacht werden. Aus seiner Sicht mußte eine Einheitsfront möglich sein, die gegebenenfalls mindestens auf lokaler Ebene auch ‚von oben', d.h. mit den sozialdemokratischen Führern, auszuhandeln sein würde. Demgegenüber sei „diese starre Einstellung […], diese Auffassung, dass unsere Taktik ein ewig festbleibendes Prinzip sei und sich, möge die politische Situation sein, wie sie wolle, nicht verändern könne, […] die Ursache, weshalb wir in der Anwendung der Einheitsfronttaktik nicht vorwärts kommen, da die Arbeiter, unsere eigenen Anhänger und selbst unsere Parteifunktionäre unsere Taktik einfach nicht begreifen können."[78]

Auf einer Sitzung des Polbüros am 28. Juni 1932 äußerten sich Franz Dahlem und Fritz Heckert in ähnlicher Weise wie Remmele; beide sprachen sich dafür aus, in Anknüpfung an die Preußen-Frage eine faktische Wendung der kommunistischen Einheitsfronttaktik zu konstatieren und

---

[76] Ebd., Bl. 41 f.: Schreiben Remmeles an die Genossen Manuilski, Pjatnitzki, Kuusinen und Knorin, 17. Juni 1932.
[77] Ebd., Bl. 113: Schreiben Remmeles an die Genossen Manuilski, Pjatnitzki, Kuusinen und Knorin, 29. Juni 1932.
[78] Ebd., Bl. 91 f.: Schreiben Remmeles an die Genossen Manuilski, Pjatnitzki, Kuusinen und Knorin, 24. Juni 1932 (das Zitat Bl. 91).

dies auch öffentlich kundzutun, damit Mitgliedschaft und Sympathisanten die Parteilinie auch verstehen könnten. Thälmann geriet dadurch offenkundig so in Rage, daß er lautstark intervenierte: „Es wäre das dümmste von der Welt, wenn wir das jetzt in der Öffentlichkeit sagen würden. Dann hätten ja die Sozialdemokraten und die Brandleristen recht, die behaupten, wir haben unsere Taktik geändert. Wir müssen aus taktischen Gründen gerade das Gegenteil sagen und darauf bestehen bleiben, dass wir unsere Taktik nicht geändert haben."[79] Eine wirksame Einheitsfrontpolitik, die an die unter den Arbeitern herrschende Stimmung hätte anknüpfen können,[80] war unter diesen Umständen freilich kaum mehr möglich.

Nicht das erste Mal in der Geschichte der KPD verknüpfte sich im Sommer 1932 die taktische Frage, wie die Einheitsfront ‚richtig' anzuwenden sei, unauflöslich mit einem erbitterten innerparteilichen Fraktions- und Machtkampf.[81] Wie wenig sich dabei die Auseinandersetzung zwischen Thälmann und der ‚Neumann-Remmele-Gruppe' genuin politisch-ideologisch definierte, ja wie sehr sich persönliche und machtpolitische Motive und politische Optionen überkreuzten oder gar zueinander konträr verhielten, läßt sich an der Geschichte der ‚Antifaschistischen Aktion' klar ablesen: Thälmann verfolgte in der Phase vom 18. bis 22. Juni eine Taktik, die einer ‚Einheitsfront von oben' sehr nahe kam und im Erfolgsfalle möglicherweise sogar zu einer gewissen Stabilisierung der parlamentarischen Republik hätte beitragen können. Doch zugleich lehnte er es ab, einen Wechsel, d. h. eine entsprechende Flexibilisierung der kommunistischen Taktik öffentlich kundzutun. Umgekehrt verwarf Remmele die Entscheidung vom 18. Juni als „opportunistisch", nur um kurz danach selbst eine Änderung in der Anwendung der Einheitsfronttaktik zu fordern. Mithin offenbarten die persönlichen Auseinandersetzungen einmal mehr die in der Taktik der Einheitsfront von unten angelegte Aporie: Spaltung und Einheit zugleich zu predigen, erwies

---

[79] Ebd., Bl. 109: Schreiben Remmeles an die Genossen Manuilski, Pjatnitzki, Kuusinen und Knorin, 29. Juni 1932.

[80] Remmele war in dieser Beziehung sehr optimistisch. Siehe ebd., Bl. 46 f.: Schreiben Remmeles an die Genossen Manuilski, Pjatnitzki, Kuusinen und Knorin, 17. Juni 1932.

[81] In dieser Hinsicht erinnern die Geschehnisse des Jahres 1932 an den Streit um Paul Levi im Jahre 1921, in denen die Auseinandersetzung um die ‚richtige" Interpretation der Einheitsfronttaktik ebenfalls für den persönlich gefärbten Machtkampf instrumentalisiert wurde. Vgl. Wirsching, Weltkrieg [wie Anm. 21], S. 202.

sich in theoretischer, ideologischer und praktischer Hinsicht als Quadratur des Kreises und mußte immer wieder neue Gegensätze und Unvereinbarkeiten hervorbringen. Eben wegen dieser ihrer Ambivalenz und Uneindeutigkeit eignete sich die Frage der ‚richtigen' Anwendung der Einheitsfronttaktik aber auch vorzüglich als Instrument zur Ausschaltung innerparteilicher Gegner.

Am 14. Juli 1932, kurz vor den Reichstagswahlen, zog das ZK der KPD einen definitiven Schlußstrich unter jegliche tatsächliche Kooperation mit der SPD: In seinen „Anweisungen zur Einheitsfrontpolitik und zum Reichstagswahlkampf" verurteilte das Sekretariat des ZK die jüngste Flexibilisierung der Einheitsfronttaktik als „Fehler". „Das Herantreten an die SPD und andere reformistische Massenorganisationen wie der Eisernen Front zur Durchführung gemeinsamer Demonstrationen [...], war eine taktische Maßnahme, die auf der Überschätzung der revolutionären Reife unserer Partei zur Durchführung selbständiger Aktionen beruhte." „Vereinbarungen von Leitungen über die Veranstaltung gemeinsamer Demonstrationen von SPD und KPD" wurden für unzulässig erklärt. „Solche gemeinsamen Veranstaltungen führen zur Verwischung des prinzipiellen Gegensatzes zwischen unserer Partei, der einzigen revolutionären antifaschistischen Partei des deutschen Proletariats, und der Partei des Sozialfaschismus."[82] Damit war die parteioffizielle Mauer zwischen Kommunisten und Sozialdemokraten wieder aufgerichtet und einer von vielen gewünschten, echten Zusammenarbeit die Grundlage entzogen, bevor sie überhaupt gelegt worden war. Faktisch ließ dieser Rückzug die Handlungsspielräume der KPD sofort wieder auf jenes Niveau zusammenschrumpfen, auf das sie sich mit der ‚ultralinken' Taktik seit 1928/29 begeben hatte. Schon wenige Tage später, am 20. Juli 1932, ließ sich das in aller Deutlichkeit an der offenkundigen Hilflosigkeit ablesen, mit der die KPD dem Staatsstreich der Papen-Regierung gegen Preußen am 20. Juli 1932 begegnete.[83] Gleichwohl dominierte bald wieder die Furcht vor „gewissen Gefahren [...], dass die Stimmungen, die vorhanden sind im Proletariat, die Einheitsstimmung, sehr leicht von der

---

[82] Weber, Die Generallinie [wie Anm. 3], Dok. Nr. 68, S. 528.
[83] Siehe hierzu BArch-SAPMO RY 5 I 6/10/85: Schreiben Hermann Remmeles an Pjatnitzki, 11. August 1932.

Sozialdemokratie aufgesaugt werden können."[84] Mithin bleibt es eine unumstößliche Tatsache der deutschen Geschichte, daß zum Zeitpunkt, da der ‚Faschismus' in Gestalt des Nationalsozialismus sein Haupt erhob, die KPD vornehmlich damit beschäftigt war, die Führung der SPD zu ‚entlarven' und deren Parteiorganisation zu ‚zersetzen'.

\*\*\*\*

Läßt man abschließend die Grundzüge der kommunistischen Politik am Ende der Weimarer Republik noch einmal Revue passieren, so ergibt sich ein widersprüchliches Bild: Zum einen schien die verheerende Wirtschaftskrise die verelendungstheoretischen Positionen des VI. Weltkongresses zu bestätigen. Die daraus resultierende partielle Konvergenz zwischen den ideologischen Konstruktionen in Moskau und der erfahrbaren Realität in Deutschland bescherte der KPD – vordergründig betrachtet – erhebliche Erfolge. Sieht man jedoch genauer hin, so standen sie auf tönernen Füßen. Diejenigen Segmente der deutschen Arbeiterschaft, welche die ‚ultralinke' Politik der KPD anzusprechen vermochte, rekrutierten sich nach 1930 in erster Linie aus einer radikalisierten ‚Gegenwelt'; der Weg zu den ‚Massen', in den Betrieben wie auch unter den Arbeitslosen, blieb der KPD jedoch verschlossen.

Auch die ‚Antifaschistische Aktion' von 1932 änderte daran nichts Grundsätzliches. Zwar akzentuierte sie die Frontstellung zwischen KPD und NSDAP in bisher ungekannt eindeutiger Form. Aber das überlagerte die ältere Konfrontation zwischen Kommunisten und demokratischem Staat nur vorübergehend. Wenn Komintern und KPD um ihrer avantgardistischen ‚Reinheit' willen jegliches Bündnis mit der SPD auf der Ebene der Parteiführungen ablehnten, dann trugen sie ihren Teil dazu bei, den Weg zur politischen Mitte zu verschließen und die demokratische Stabilisierung zu blockieren. Der ‚Antifaschismus' der KPD erwies sich daher stets auch als wirksames Instrument *gegen* den demokratischen Rechtsstaat. In gewisser Weise war der nationalsozialistische Aufstieg für das Nahziel der deutschen Kommunisten, nämlich die Weimarer Demokratie zu zerschlagen, sogar nützlich. Indem der Nationalsozialismus die Polarisierung der Extreme verschärfte, schien er den von den

---

[84] BArch-SAPMO RY 1 I 2/1/86, Bl. 38: Rede Thälmanns vor dem ZK der KPD am 15. Oktober 1932.

Kommunisten schon immer behaupteten totalitären Optionszwang zu bestätigen: „Die *Fronten treten klarer hervor [...]: Faschismus oder Bolschewismus!* Diesen Klärungsprozeß gilt es mit allen Kräften zu fördern. Nicht nur Hitler, auch *wir* stellen die Frage: Entweder – oder!"[85] Sich der Suggestivität dieser Behauptung zu entziehen, wurde am Ende der Republik zunehmend schwerer.

---

[85] BArch-SAPMO RY 1 I 4/9/5, Bl. 194, Alarm Nr. 13, Oktober 1931. In totalitärer Spiegelbildlichkeit entsprach das dem Bild, das sich viele Anhänger der NSDAP vom ‚Endkampf' der Weimarer Republik machten. Vgl. dazu das Rundschreiben des Gaues Rheinland der NSDAP vom 1. Januar 1931: „Der kommende Entscheidungskampf in Deutschland wird sich unter der Parole abspielen: ‚Der Bolschewismus oder wir'. Das ist kein Schlagwort, sondern eine Tatsache. Heute gibt es nur zwei Möglichkeiten: Entweder ein festgefügtes, nationalsozialistisches Deutschland oder das bolschewistische Chaos." BArch Berlin, RMdI, Nr. 26066, Bl. 318.

*Werner Bramke*

# Kommentar zu den Beiträgen von Eberhard Kolb und Andreas Wirsching

Als Kommentator der beiden Beiträge von Eberhard Kolb und Andreas Wirsching bin ich in einer ebenso komfortablen wie schwierigen Situation: Ich kannte beide Manuskripte vorher und konnte mich für die Auseinandersetzung wappnen. Da dies meine Hauptaufgabe darstellt, werde ich die eigene Sicht in die Kommentatorenpflicht einbringen bzw. ihr nachordnen. Ich folge im wesentlichen der Gliederung von Wirsching, die weitgehend mit derjenigen von Kolb korrespondiert. Zuvor mache ich einige mir auch nach der bisherigen Debatte dieser Tagung notwendig erscheinende Ausführungen zur DDR-Forschung, was wohl auch von mir erwartet wird.

Wirsching hat meines Erachtens die DDR-Position zu Krise und Scheitern der Weimarer Republik sowie Alternativen dazu in gekonnter Verknappung präzise formuliert, jedenfalls was die lange Zeit bestimmende Grundhaltung, die nur wenige Modifizierungen kannte, betrifft.[1] Die überwiegend unkritische Hervorhebung der KPD als alternativer Hoffnungsträger in dieser Republik geschah vorwiegend, allerdings nicht ausschließlich, aus legitimatorischen Gründen.

---

[1] Henning Scherf hat in seiner Begrüßungsrede dieser Tagung eine etwas von Wirsching abweichende Sicht auf die SED-Version vom Scheitern der Weimarer Republik gegeben: Im ostdeutschen Geschichtsbild hätte die spaltungsbedingte Niederlage der Arbeiterbewegung als Ursache für den Kollaps der Weimarer Republik gegolten. Es trifft durchaus zu, daß die SED fast traumatisch das Thema Spaltung der Arbeiterbewegung behandelte, weil darin auch die Schwäche der KPD zum Ausdruck gekommen war. Dies bediente insofern das Legitimationsbedürfnis, als damit die Vereinigung von 1946 gerechtfertigt wurde. Dennoch wurde das Scheitern der Weimarer Republik durchgehend hauptsächlich den bürgerlichen Eliten, der „imperialistischen Bourgeoisie", angelastet, was durchaus mit der 68er Sichtweise korrespondierte.

Meine Einschränkung in der Bewertung von Wirschings Urteil bezieht sich auf die faktische Ausblendung von mehr als nur Modifizierungen in den achtziger Jahren, vor allem seit 1984, also – was wichtig zu betonen ist – vor Gorbatschow. Nach meiner Kenntnis gab die grundsätzliche Neubewertung des antifaschistischen Widerstandes auf einem internationalen Kolloquium mit Beteiligung namhafter westdeutscher Historiker Anfang März 1984, auf dem der Widerstandsbegriff breiter als bisher gefaßt und der kommunistische Widerstand nicht mehr zum alleinigen Maßstab erhoben wurde, den Anstoß für weitere Revisionsbestrebungen.[2] Von hier aus *konnte* sozialdemokratische Politik seit 1914 nicht einfach als verräterisch und *durfte* der kommunistische Antifaschismus der Weimarer Zeit kritischer als bisher gesehen werden. Die Beurteilung der Weimarer Republik erfolgte differenzierter, die Sicht auf sie wurde insgesamt positiver. Was jedoch die KPD betrifft, blieben die Gängeleien durch die zentralen Parteiinstanzen bestehen.

Die Ursachen für die Veränderungen in der Forschung waren primär politischer Natur. Die teils gewollte, teils erzwungene Rolle der DDR im Entspannungsprozeß bedingte Öffnungen nach innen und außen, allerdings widersprüchlich und zögernd. Wissenschaftlich hatte die Erbe-Diskussion seit den siebziger Jahren auch für die Zeitgeschichte bestimmte Auflockerungen gebracht, u. a. die zaghafte Auseinandersetzung mit der Sozialfaschismus-Theorie und -Praxis. Von nun an gab es selbst in wichtigen Fragen der Zeitgeschichtsforschung nicht mehr die bis dahin übliche einheitliche DDR-Position, allerdings ist einzuschränken, daß die beginnende Pluralisierung in der Geschichtswissenschaft zu einem guten Teil vor der Öffentlichkeit verborgen blieb. Besonders augenfällig wurde das in der Berichterstattung über den VIII. Historiker-Kongreß der DDR Anfang 1989, als selbst in den wissenschaftlichen Zeitschriften von den lebhaften, kontroversen Diskussionen und neuen Sichtweisen nahezu nichts oder nur in Andeutungen verlautete.[3] Es ist schwer zu entscheiden, was das Auseinanderklaffen zwischen Fachdis-

---

[2] Vgl. Werner Bramke, Der antifaschistische Widerstand in der Geschichtsschreibung der DDR in den achtziger Jahren, Forschungsstand und Probleme, in: Aus Politik und Zeitgeschichte, Heft 28 (1988), S. 23–28, hier S. 26.

[3] Die Zeitschrift für Geschichtswissenschaft, die wichtigste historische Zeitschrift der DDR, die im Heft 3 des 31. Jahrgangs (1989) ausführlich über den Historiker-Kongreß berichtete, verschwieg fast vollständig die kontroverse, freimütige Diskussion zur Weimarer Republik und zum NS-Staat, druckte dafür das langweilig-konventionelle Referat Walter Wimmers mit seinen gegen die SPD gerichteten Vorwürfen ab.

kussion und deren Veröffentlichung mehr bewirkte, der institutionelle Druck oder die Selbstbescheidung bzw. Ängstlichkeit von Wissenschaftlern. Letztere Zurückhaltung traf selbst für Autoren zu, die kräftig an alten Lehrmeinungen gerüttelt hatten.[4] Auch meine eigenen Erfahrungen geben darüber wenig Aufschluß. Meine Publikationen zum Widerstand aus den Jahren 1984 bis 1986,[5] die sich zum Teil grundsätzlich von offiziösen Darstellungen unterschieden, wurden nicht gerüffelt, blieben allerdings auch ohne größere Wirkung, vom Beispiel Goerdeler auf regionaler Ebene abgesehen.[6] Hierbei könnte man auf eine Nischen-Existenz schließen – im Gaußschen Sinne, daß solche von der Macht teils beargwöhnt, teils gefördert wurde, auf jeden Fall Teil des Systems war.[7] Nischen-Produktionen von Historikern als belanglos zu übersehen bedeutet aber immer, die Forschungslandschaft der DDR nicht nur partiell fehlzuinterpretieren, wenn für die DDR die Nischen als etwas Charakteristisches angesehen werden. Es ist auch darauf zu verweisen, daß selbst in den beiden wissenschaftspolitisch maßgebenden geschichtswissenschaftlichen Zeitschriften in den achtziger Jahren sehr unterschiedliche Sichtweisen zum Abdruck gelangen konnten, auch zu für das Geschichtsbild der SED essentiellen Themen wie Faschismus-Analyse[8] und Novemberrevolution.[9]

---

4   So hatte Wolfgang Ruge, lange Zeit der das Geschichtsbild der Weimarer Republik in der DDR bestimmende Forscher, anläßlich seiner Ehrenpromotion an der Jenenser Universität 1986 seine eigene Position seit den fünfziger Jahren bis zu diesem Zeitpunkt gründlich überprüft und das Urteil gefällt: „Die Weimarer Republik war ein Staat, von dem kein Krieg ausgehen konnte", und dies keineswegs hauptsächlich der KPD gutgeschrieben (Ehrenpromotion Wolfgang Ruge, Jena 1988, S. 12–18). Fast gleichzeitig schloß er ein Manuskript ab, das – anders als der Vortrag vor Fachleuten – für eine breite Öffentlichkeit gedacht war und in dem von dieser lebendigen Auseinandersetzung mit sich und anderen kaum etwas zu spüren war. Vgl. Deutsche Geschichte in 10 Kapiteln, hrsg. von Joachim Herrmann u. a., Berlin 1988, Kapitel 7.
5   Die weiteste Beachtung fand: Werner Bramke: Der unbekannte Widerstand in Westsachsen 1933–1945, in: Jahrbuch für Regionalgeschichte, Bd. 13, 1986, S. 220–253.
6   Am 20. Juli 1984 forderte ich in der „Leipziger Volkszeitung" eine Würdigung des ehemaligen Leipziger Oberbürgermeisters als Widerständler, was Diskussionen auslöste und die SED-Bezirksleitung sowie die Administration der Messestadt schließlich Anfang 1989 bewog, eine Goerdeler-Ehrung mit einer Gedenktafel vorzubereiten.
7   Vgl. Günter Gaus, Wo Deutschland liegt. Eine Ortsbestimmung, Hamburg 1983, S. 156f.
8   Vgl. einerseits Heinz Karl, Ernst Thälmann über den Weg der Arbeiterklasse zur Macht, in: BzG 28 (1986), Heft 2, besonders S. 162–164 und andererseits Werner Bramke, Das Faschismusbild in der KPD Mitte 1929 bis Anfang 1933, in: ebd., Heft 5, besonders S. 620f.
9   Vgl. Ernst Diehl, Die Novemberrevolution 1918/19 und die Gründung der KPD, in:

Im Folgenden wende ich mich zunächst dem Verhältnis der beiden großen Arbeiterparteien zueinander und zur Demokratie von Weimar 1928 bis Anfang 1932 zu, um dann ihre Politik und mögliche Alternativen im letzten Jahr vor der NS-Machtergreifung zu erörtern, jeweils in Diskussion mit Kolb und Wirsching.

In der vieldiskutierten Frage, ob die SPD im März 1930 sich mit guten Gründen aus der Großen Koalition zurückgezogen habe oder vehement für deren Erhalt hätte kämpfen müssen, entscheidet sich Kolb nach sorgfältigem Abwägen für eine kritische Bewertung der Rückzugsentscheidung. Ich halte dagegen das Verlassen der Koalition für durchaus nachvollziehbar, denn es war abzusehen, daß den SPD-Ministern und der SPD-Reichstagsfraktion sehr bald ähnliche Entscheidungssituationen wie in der Panzerkreuzer-Frage und im Zusammenhang mit der Auseinandersetzung um die Sozialversicherung aufgezwungen worden wären, weil es ja den maßgeblichen Kräften in DVP und Zentrum inzwischen darum ging, die SPD Kröten schlucken zu lassen, die Sozialdemokratie nur einzubinden, um sie zu verschleißen und als politische Kraft immobil werden zu lassen.[10] Es ist sehr fraglich, wie die Sozialdemokratie solche Belastungen als Partei und in ihrem Verhältnis zum ADGB hätte ertragen können. Ich stimme aber zu, daß die Negativentscheidung in der Koalitionsfrage getroffen wurde, *ohne* ein *alternatives* Handlungskonzept parat zu haben, was unverzichtbar gewesen wäre.

Nach dem Scheitern der Großen Koalition befand sich die SPD im Reichstag in der Oppositionsnachbarschaft mit der KPD und damit in der erbitterten Auseinandersetzung mit der anderen großen Arbeiterpartei auf allen Feldern der Politik. Eberhard Kolb und Andreas Wirsching sehen in Übereinstimmung mit der übergroßen Mehrheit der Forscher keine Möglichkeiten, die für ein Zugehen der SPD auf die KPD bestanden hätten. Wirsching bietet mit seiner Analyse der KPD jener Jahre eine sehr interessante Argumentation an, wobei er – in kritischer Verar-

---

BzG 30 (1988), Heft 6; Jakov S. Drabkin, Der Große Oktober und die Novemberrevolution in Deutschland, in: ebd.; Werner Bramke/Ulrich Heß, Die Novemberrevolution in Deutschland und ihre Wirkung auf die deutsche Klassengesellschaft, in: ZfG 36 (1988), Heft 12. Zwischen letzterem Beitrag und dem des sowjetischen Historikers Drabkin gab es eine Reihe von Berührungspunkten, der Beitrag von Diehl, dem Direktor des Instituts für Marxismus-Leninismus, blieb alten Klischees verhaftet.

10 Vgl. Heinrich Brüning, Memoiren 1918–1934, Stuttgart 1970, S. 157f. „Von den Sozialdemokraten trennte mich in kultureller Beziehung ein Abgrund" (Zitat ebd., S. 378). Diesen Abgrund konnte und wollte der Kanzler nie überspringen.

beitung der Forschungen von Klaus-Michael Mallmann[11] – auf die Verwurzelung der Kommunisten in einem besonders radikalen und, so darf ich zuspitzen, der parlamentarischen Demokratie distanziert bis schroff ablehnend gegenüber stehenden Arbeitermilieu abhebt. Das habe die Spaltung der Arbeiterbewegung und die Desintegration der KPD begünstigt und schließlich auch die Akzeptanz der Sozialfaschismusthese vorbereitet. Das erscheint durchaus schlüssig, ich füge aber hinzu: Die negative Partizipation der Kommunisten an der Weimarer Gesellschaft war sowohl selbst gewollt als auch aufgezwungen, und ich bin nicht sicher, welche der beiden Komponenten schwerer wog.

Wenn man nicht von vornherein einen starken radikalen linken Flügel der Arbeiterbewegung, der elementar und autonom gewachsen war, für illegitim hält und Rosa Luxemburg und ihren Anhängern bei aller Kritik nicht bestreitet, mit demokratisch-revolutionären Mitteln für einen demokratischen Sozialismus eingetreten zu sein, wird man zu der von Anfang an nahezu totalen Ausgrenzung von Spartakusgruppe oder -bund, die gewiß nicht einfach als bolschewistisch anzusehen sind, kritisch sein müssen. Mir geht es nicht um die Rechtfertigung putschistischer Tendenzen gerade der frühen kommunistischen Bewegung, sondern darum, darauf aufmerksam zu machen, daß die Ausgrenzung *dann* besonders praktiziert wurde, wenn realistische Kräfte in der Führung der KPD mäßigend auf die Partei einwirkten, wie in der Gründungsphase – und es folgte der Mord an Rosa Luxemburg und Karl Liebknecht; wie während des Kapp-Putsches – bis das Bielefelder Abkommen den republikfeindlichen Kräften größeren Spielraum eröffnete als den Arbeiterwehren, die keinesfalls hauptsächlich KPD-gesteuert waren; wie 1923, als die Zeigner-Regierung in Sachsen sich gewiß nicht kommunistischen Anmaßungen beugte und vielleicht zum letzten Mal die realistische Chance bestand, Kommunisten in verantwortliche Politik einzubinden, wie Karsten Rudolph überzeugend nachgewiesen hat[12] – nur war gerade das nicht gewollt. Wenn wir der Feststellung Klaus Schönhovens, für die Konstituierung der Republik sei es notwendig gewesen, die Linken durch eine Mehrheit auszugrenzen, mit Vorbehalt eine gewisse Berechtigung zugestehen, dann nur, um darauf hinzuweisen, daß eine dauerhafte

---

11 Klaus-Michael Mallmann: Kommunisten in der Weimarer Republik. Sozialgeschichte einer revolutionären Bewegung, Darmstadt 1996.
12 Vgl. Karsten Rudolph, Die sächsische Sozialdemokratie vom Kaiserreich zur Republik 1871–1923, Weimar/Köln/Wien 1995, S. 344–414.

Ausgrenzung einer starken Linken die Republik dauerhaft schwächen mußte.

Es ist nicht zu übersehen: Die Ausgrenzung des radikalen Flügels der Arbeiterbewegung hat in dieser und darüber hinaus tiefe Spuren in der nachrevolutionären Gesellschaft hinterlassen, die einerseits so etwas wie eine „Stalinisierung" der KPD vor Stalin förderten, wie die Auseinandersetzungen um Paul Levi im Frühjahr 1921 zeigten. Andererseits wurde durch sie aber auch die Enttäuschung republiktreuer Personenkreise mit Öffentlichkeitswirkung initiiert oder doch beeinflußt. Man soll dabei nicht nur Kurt Tucholsky, Carl von Ossietzky oder Paul von Schönaich anführen; viel nachdenklicher macht eine Stimme wie diejenige von Hermann Hesse, der 1929 an den sozialdemokratisch orientierten Musik- und Literaturkritiker Heinrich Wiegand schrieb: „So einig ich mit Ihnen nach rechts hin bin, so teile ich doch ein klein wenig die kommunistische Aversion gegen die deutschen Menschewiki, die Patrioten anno 14 waren und Patrioten heute sind, die an der Revolution nicht teilgenommen haben, den Eisner wie den Liebknecht im Stich gelassen haben, aber als Erben auf deren Stühlen sitzen. Ich bin keine revolutionäre Natur, weiß Gott nicht, aber wenn schon Revolution und Machtkampf, dann auch durchführen und Ernst machen [...]"[13] Hier geht es nicht darum, solche Bewertungen, die nur in ihrer Zeitbezogenheit voll verständlich sind, zu teilen, sondern darum zu verstehen, *warum* so viele unbezweifelbare Demokraten für die aktive Verteidigung der Weimarer Demokratie nicht gewonnen werden konnten.

Auch nach 1925 war die „Stalinisierung" der KPD keinesfalls abgeschlossen. Die vielfältige sozialpolitische und kulturpolitische Arbeit, auf kommunaler Ebene selbst das Wirken in Parlamenten, können bei Berücksichtigung der Breite dieser Arbeit nicht als bloße Täuschungsmanöver angesehen werden. Der ab Mitte 1928 forcierten „Stalinisierung" wurde innerhalb der KPD zeitweilig bemerkenswerter Widerstand entgegengesetzt. Erst die unangemessene Polizeiaktion während des „Blutmai" ließ diesen zunehmend ins Leere laufen und eine „entartete Führung" (so Kurt Tittel, einer der Vertreter der rechten Opposition in der KPD), welche die KPD endgültig der KPdSU unterordnete, sich durchsetzen. Wenn wir diese erzwungene Ausgrenzung, die mit dem ungesühnten Mord an Liebknecht und Luxemburg, der in seinen negativen

---

[13] Zitiert nach: Eike Middell: Hermann Hesse. Die Bilderwelt seines Lebens, Leipzig 1972, S. 200.

Folgen für die Entwicklung der Republik gar nicht zu überschätzen ist, begann, nicht berücksichtigen, ist nicht überzeugend zu erklären, warum durch fast die ganze Weimarer Republik immer einige 100 000 Menschen zum festen Stamm des deutschen Kommunismus gehörten, und auch nicht, daß deren Ablehnung dieser Republik eben nicht einfach mit der tödlichen Republikfeindschaft der Nazis zu vergleichen ist. Wie wäre sonst die Bereitschaft Zehntausender dieser Kommunisten zu erklären, zwischen 1933 und 1945 (der „heroischen Periode" der KPD nach Hermann Weber) Widerstand zu leisten und Solidarität gegenüber früheren politischen Gegnern zu üben?

Das eben Gesagte minimiert nicht die Schuld der KPD-Führung an der Verhinderung einer potentiellen antifaschistischen Abwehrfront und ihren *eigenen* Anteil an der unsagbar schädlichen Sozialfaschismus-Doktrin. Es negiert auch nicht, daß viele namenlose Kommunisten zu kleinen Stalins wurden, was zu DDR-Zeiten folgenschwer zum Tragen kam. Es ging hier „nur" um die Warnung vor einer einseitigen Sicht, nicht zuletzt die Ursachen für das feindselige Verhältnis zwischen Kommunisten und Sozialdemokraten betreffend.

Letztere, da stimme ich mit Kolb überein, hatten durchaus gute Gründe, die Regierung Brüning zu tolerieren; sie sind bereits dargelegt worden. Bei dieser „tolerierenden Opposition" war ein Zusammengehen mit der KPD wegen deren unrealistischer Bewertung der Brüning-Regierung nicht möglich. Aber der Tolerierungskurs hätte wachsamer erfolgen sollen, insgesamt wäre eine Überprüfung der eigenen Position in der Weimarer Republik im Hinblick auf deren Wandel zwingend erforderlich gewesen. Es hätte vor allem einer Analyse der inneren Verfassung der anderen Parteien bedurft, insbesondere von Zentrum, DVP und DNVP, die seit spätestens Herbst 1928 bzw. 1929 nicht mehr die von – sagen wir – 1924/25 waren, als die profilbestimmenden Politiker in ihnen entweder zum republiktreuen Lager gehörten oder sich bewußt waren, daß ohne die Mitwirkung der Sozialdemokratie politische und soziale Ruhe und der Bestand der Reichseinheit gefährdet waren. Die Umgruppierungen in diesen Parteien als Resultat der Rechtsentwicklung hätten deutlich machen müssen, daß in ihnen die Befürworter des Klassenkompromisses in eine hoffnungslose Lage geraten waren. Mit diesen Parteien, so wie sie waren, war die Verteidigung der Demokratie nicht ohne weiteres mehr möglich, was jedoch von der Mehrheit der Funktionäre übersehen wurde. Und so klug die Analysen des Faschismus in Deutschland, zum Beispiel auf dem Leipziger Parteitag der SPD 1931, auch waren, er wurde zu sehr, gerade was seinen möglichen Weg zur Macht betraf, am italienischen Faschismus gemessen (siehe auch Kolb). In diesem Punkt war die KPD zeitweilig (Sommer 1930 bis Sommer 1932) hellsichtiger, als sie den schleichenden österreichischen Weg der Zerstörung der Demokratie vorauszusehen glaubte,[14] *ohne* allerdings die nötigen Konsequenzen daraus zu ziehen.

Um zur Schlußfrage zu kommen, ob 1932 noch ein Umschwung zu Gunsten der Verteidigung der Republik möglich gewesen wäre: Grundsätzlich ist gewiß Kolb zuzustimmen, daß bis zum 30. Januar 1933 noch Handlungsspielraum gegeben war. Er war aber spätestens seit Papens Kanzlerschaft sehr klein geworden. Die DNVP paktierte seit 1929 mit der NSDAP, von Zentrum und DVP war mittelfristig kaum eine prinzipielle Gegnerschaft zu den Nationalsozialisten zu erwarten. Hinzu kam ein völlig bedenkenloser Regierungschef Franz von Papen. Das heißt nicht, daß im bürgerlichen Lager keine Verteidiger der Demokratie mehr zu finden gewesen wären. Sie waren wahrscheinlich nicht so klein an Zahl, aber völlig zersplittert. Ihre Sammlung wäre nur möglich gewesen, wenn die beiden großen Arbeiterparteien sich zu einem wenigstens begrenzten Abkommen bereit gefunden hätten. Daß dies nicht geschah, daran hatte die KPD-Führung die Hauptschuld. Eine Partei, die beanspruchte, die Alternative zur Rettung der Nation vor dem Faschismus zu vertreten, hätte den im April 1932 zögernd und widersprüchlich angedeuteten Weg der Umorientierung zur Verteidigung der demokratischen Institutionen konsequent fortsetzen müssen, um sich als berechenbarer Partner darzustellen. Sie hätte auf den Führungsanspruch verzichten müssen, weil in einem Abwehrkampf zur Verteidigung der Demokratie kaum jemals der linke Flügel die Führung übernehmen kann. Dieser kann allerdings in einem breiten Bündnis erheblichen Druck ausüben.

Die SPD wäre in der Lage gewesen, ihren Spielraum zu erweitern. Dazu hätte sie ihr ungewöhnlich großes Potential an Milieuorganisationen und vor allem das Reichsbanner stärker mobilisieren und sich viel häufiger öffentlich als Macht darstellen müssen. Ihr Rückzug aus der Großen Koalition wurde als Niederlage angesehen, es kam eine Kette von Wahlniederlagen hinzu, die aus ihrer Defensivposition herrührten.

---

[14] Vgl. Bramke, Das Faschismusbild in der KPD [wie Anm. 8], S. 620. Diese Überlegungen trug Thälmann auf dem Juli-Plenum des ZK der KPD vor, sie wurden aber, berücksichtigen wir andere Diskussionsbeiträge auf dieser Tagung und im „Roten Aufbau", von anderen entwickelt, was verdeutlicht, daß es sich dabei nicht um eine von außen herangetragene oder oktroyierte Meinung handelte.

Stärke muß demonstriert werden in Zeiten, wo eine erfolgreiche parlamentarische und sozialpolitische Arbeit schwer möglich ist. Dann wäre eventuell wenigstens auf das Zentrum Druck auszuüben gewesen. Wenn generell gilt, daß es bis zum 30. Januar 1933 Alternativen gegeben habe, dann auch für die Entwicklung in der KPD. Ich teile die Auffassung von Wirsching, daß im Frühjahr 1932 in der KPD-Führung Unsicherheit, zeitweise Konfusion herrschte. Wenn Kolb feststellt, die SPD-Führung habe im Sommer, als es um Preußen ging, nicht gewußt, wie sich die KPD verhalten würde, dann wäre ein ernsthafter Versuch, dies zu testen, zwingend notwendig gewesen, gerade weil sie um keinen Preis die Bastion Preußen aufgeben wollte. Der Ausgang wäre höchst ungewiß gewesen, auch aus heutiger Sicht, aber der Versuch hätte unternommen werden müssen.

*Hermann Weber*

# Kommentar zu den Beiträgen von Eberhard Kolb und Andreas Wirsching

Eberhard Kolb hat in seinem Referat der Politik der SPD vor 1933 die gebotene Gerechtigkeit widerfahren lassen. Es gab wohl keine Alternative zur Tolerierung. Dies habe ich – wie manch anderer auch – erst im Laufe der Zeit als notwendig erkennen müssen. Der Spielraum der SPD nach 1930 war mehr als eng, weil die Partei als demokratische Gegenmacht zur aufsteigenden NSDAP zusehends im Stich gelassen wurde und auf der anderen Seite gegen die militante kommunistische Konkurrenz zu kämpfen hatte. Während ich nach wie vor davon ausgehe, daß die Mehrheitssozialdemokratie 1918/19 die Möglichkeiten der Demokratisierung nicht genügend ausnutzte, weil sie die „Gefahr des Bolschewismus" gewaltig überschätzte und übertrieb, haben nach 1930 die Rahmenbedingungen eine andere Strategie als die der Tolerierung verwehrt. Allerdings sehe ich wie Klaus Schönhoven im Bruch der Großen Koalition 1930 keineswegs einen „Sündenfall" der SPD, denn sie war auch hier durch die Politik der Konservativen und Rechten in eine Zwangslage geraten.

Was unter diesen Umständen eine mögliche Zusammenarbeit zwischen Sozialdemokratie und KPD angeht, gar etwa eine „Einheitsfront" gegen Hitler, stimme ich sowohl mit Eberhard Kolb als auch mit Andreas Wirsching überein. Die Politik der KPD, die ja nicht – wie die der SPD – auf eine Rettung der Weimarer Republik ausgerichtet war, sondern deren Vernichtung anstrebte, machte in dieser Phase jedes „linke" Bündnis gegen Hitler und die NSDAP unmöglich. Es dürfte kaum überraschen, daß ich auch nach Einsicht in die nun neu zugänglichen Quellen meine Begründung für diese Überlegung nicht geändert, ja eher noch verschärft als abgemildert habe. Die Probleme habe ich hinreichend beschrieben[1]; deshalb brauche ich sie hier nur zu skizzieren.

Die Strategie der KPD, ihre „Generallinie" von 1929 bis 1933 wurde von der KPdSU Stalins diktiert. Sie war bestimmt von der These, in der „dritten Periode" bestünde für die deutschen Kommunisten die reale Möglichkeit, die Macht zu erobern. Die Sozialdemokraten, die in dieser Sicht die Arbeiter abhielten, zu den Kommunisten zu stoßen, rückten damit zum „Hauptfeind" auf. Umgekehrt wurde die NSDAP völlig unterschätzt, als nur „eine Form" des Faschismus bezeichnet. Den Terminus Faschismus hat die KPD ja für alle Gegner benutzt („Sozialfaschismus" für die Sozialdemokraten, „Zentrums-Faschismus" für das Zentrum, „Brüning-Faschismus" für die Regierung Brüning usw.). Insofern hatte der „Antifaschismus" der KPD wenig mit dem Kampf gegen die NSDAP als vielmehr mit ihrer Bekämpfung des Staates und aller anderen Parteien, einschließlich der besonders verhaßten kommunistischen „Abweichungen" zu tun. Ihre „Einheitsfront" zielte auf Zersetzung der SPD, war aber keineswegs Angebot zur Zusammenarbeit.

Die Grundlage dieser ultralinken Politik seit 1928/29 ist indes weniger in den theoretischen Analysen etwa von Eugen Varga zu suchen. Diese Linie wurde von den Interessen (oder den vermeintlichen Interessen) der Sowjetunion bestimmt, wobei letztlich Stalins Machtkalkül ausschlaggebend war. Anstoß für die „ultralinke Wende" der KPD war ja das Geheimabkommen zwischen deutscher und sowjetischer Partei vom Februar 1928, also lange vor der tatsächlichen Wirtschaftskrise.

In der Dokumentation „Die Generallinie" konnte daher schon 1981 anhand der Rundschreiben des ZK der KPD (aus westlichen Archiven) nachgewiesen werden, daß die Konzeption, die Generallinie des „Hauptstoßes" gegen die SPD und die Unterschätzung der NSDAP in der Zeit von 1929 bis 1933 unverändert beibehalten worden ist.[2] Und daran änderten auch mehrere (nämlich acht) taktische Wendungen der KPD in jenen Jahren nichts. Die entscheidenden Konstanten der Strategie 1929 bis 1933 (Verteidigung des Vorbildes Sowjetunion, Gleichsetzung von

---

[1] Hermann Weber: „Hauptfeind Sozialdemokratie". Zur Politik der deutschen Kommunisten gegenüber den Sozialdemokraten zwischen 1930 und 1950, in: Rainer Eckert/ Bernd Faulenbach (Hrsg.): Halbherziger Revisionismus. Zum postkommunistischen Geschichtsbild, München 1996, S. 25–46.

[2] Die Generallinie. Rundschreiben des Zentralkomitees der KPD an die Bezirke 1929–1933, eingeleitet von Hermann Weber, bearbeitet von Hermann Weber unter Mitwirkung von Johann Wachtler, Düsseldorf 1981.

Demokratie und Faschismus, Bezeichnung aller Nichtkommunisten als Faschisten und dadurch Unterschätzung der NSDAP, Sozialfaschismusthese und Gewerkschaftsspaltung) blieben dieselben.

Die 1981 getroffenen Feststellungen wurden durch die jetzt zugänglichen Archivalien der KPD und der Komintern weitgehend bestätigt. Selbst die „Antifaschistische Aktion" vom Sommer 1932 ist keineswegs als ein realistischer Versuch einer Zusammenarbeit mit der SPD gegen die NSDAP zu beurteilen. Sogar diese „Aktion" war lediglich ein taktisches Manöver im Rahmen der Generallinie, das schließlich von der Moskauer Kominternführung abgewürgt wurde.

Die flexiblere Taktik der KPD mit der „Antifaschistischen Aktion" ab April/Mai 1932 spiegelte zwar den Wunsch von Teilen der Mitgliedschaft und des Funktionärskorps der KPD wider, gegen den Nazi-Terror auch mit der SPD zusammenzugehen. Doch das Ende dieser kurzen Episode (angekündigt im Rundschreiben des ZK vom 14. Juli 1932)[3] zeigt den engen Spielraum der KPD-Spitze. Der Komintern-Führer Wilhelm Knorin (wie die meisten später ein Opfer Stalins) hatte bereits im Juni gegen „opportunistische Auswüchse" der „Antifaschistischen Aktion" protestiert, und spätestens im August 1932 beendete die Komintern diese Taktik. Bis 1933 hatte die KPD den „Hauptschlag" wieder gegen die SPD zu richten. Diese Wendung ebenso wie die gesamte ultralinke Politik der Komintern konnte die Führung ohne nennenswerten Widerstand in der Partei durchsetzen. Es ist falsch, wenn Klaus-Michael Mallmann neuerdings behauptet, die „Basis" habe in ihrem „Milieu" eigenständig gegen die KPD-Spitze und den Parteiapparat Politik machen oder sie zumindest stark beeinflussen können.[4]

Gerade die Stalinisierung der KPD in den zwanziger Jahren hatte eine straffe Zentralisierung und Disziplinierung gebracht, die viel entscheidender war als etwa das „Eigenleben" der Basis. Auch das rasche Einschwenken der KPD-Führung unter Thälmann beim preußischen Volksentscheid 1931 auf die Kominternlinie – d.h. die Beteiligung am Volksentscheid der Nazis – zeigt, daß die Politik der KPD von Moskau aus befohlen wurde. Die Abhängigkeit der KPD von der Kominternführung stand eben nicht nur auf dem Papier, im Statut, sondern sie war Realität.

---

[3] Ebenda, S. 526 ff.
[4] Klaus-Michael Mallmann: Kommunisten in der Weimarer Republik. Sozialgeschichte einer revolutionären Bewegung, Darmstadt 1996.

Natürlich war dies eine Folge der Stalinisierung. Der letzte Versuch einiger realistischer KPD-Führer, der „Rechten" und „Versöhnler", Eigenständigkeit zu gewinnen, war seinerzeit bei der Wittorf-Affäre gescheitert. Mit dem Namen des Politischen Leiters der KPD im Bezirk Wasserkante (Hamburg), John Wittorf, ist ein Finanzskandal der KPD im Jahr 1928 verbunden. Dieser hatte bei weitem nicht den Umfang des CDU-Spendenskandals unserer Tage, für die KPD war er dennoch bedeutsam. Parteisekretär Wittorf hatte 1800 Mark Mitgliedsbeiträge unterschlagen. Das versuchte sein Busenfreund und Saufkumpan, der KPD-Vorsitzende Ernst Thälmann, der ja aus Hamburg stammte (gemeinsam mit anderen Funktionären, darunter dem 1934 von den Nazis ermordeten John Schehr), zu vertuschen. Aber die Widersacher Thälmanns in der KPD enthüllten die Unterschlagung. Daraufhin wurde Wittorf im September 1928 aus der KPD ausgeschlossen und Thälmann wegen der Vertuschung seiner Funktion als KPD-Vorsitzender enthoben. Dagegen schritt Stalin sofort ein und machte über die Komintern Thälmanns Absetzung rückgängig. Statt dessen wurden nun die Gegner des ultralinken Kurses, den die KPD im Frühjahr 1928 eingeleitet hatte, ihrerseits abgesetzt oder ausgeschlossen. Die „rechten" Kommunisten unter Heinrich Brandler, August Thalheimer, Jacob Walcher usw. vereinigten sich zur KPO, die „Versöhnler" mit Ernst Meyer, Arthur Ewert, Hugo Eberlein verloren ihre bisherigen führenden Funktionen. Nunmehr war nicht nur der KPD-Vorsitzende Ernst Thälmann, sondern die gesamte Parteiführung von Stalin völlig abhängig geworden. Innerparteilich setzten sie die Zentralisierung der Partei, politisch die ultralinke Generallinie durch.

Eine andere Frage ist, warum die KPD für diese verheerende Politik immer wieder Anhänger finden konnte, warum radikale Arbeiter und Arbeitslose von der Weimarer Republik nicht integriert wurden. Die KPD war ja in erster Linie keine Partei von „Rabauken", die die Arbeiterschaft aufwiegeln wollte, um das russische Beispiel nachzuahmen. Sie war vielmehr auch eine „Antwort" auf den Kapitalismus und insbesondere den Ersten Weltkrieg. Doch ihr radikal-soziales Streben wurde mit der Unterwerfung unter die Kommunistische Internationale und damit die völlige Abhängigkeit von der Diktatur der stalinistischen Sowjetunion ebenso instrumentalisiert wie ihre Gleichheitsidee.

Für die Endphase der Weimarer Republik sind dabei zwei Besonderheiten in der KPD zu berücksichtigen. Zum einen die unwahrscheinliche Fluktuation sowohl in der Mitgliedschaft wie im Funktionärskorps.

1932 betrug die Fluktuation der Mitglieder 54 Prozent, das war eine Umschichtung, brachte aber vor allem den raschen Verlust neugewonnener Mitglieder. Ein ähnliches Bild zeigt sich bei den Funktionären und selbst in der Führung: Von den neun Mitgliedern des Politbüros von 1924 gehörten diesem Gremium 1929 nur noch zwei (Thälmann und Remmele) und 1932 dann allein noch Thälmann an. Die Partei von 1929 bis 1933 unterschied sich also (nicht zuletzt wegen der stalinistischen Säuberungen) wesentlich von der in den Jahren 1923/24. Und auch die Beziehungen innerhalb des „Milieus" hatten sich geändert. Die beklagte Spaltung der Arbeiterorganisationen wurde ja durch die gezielte sektiererische Politik der Schaffung „reiner" kommunistischer Organisationen forciert (Gründung der RGO und damit Gewerkschaftsspaltung, ebenso der Sportverbände, Freidenkerorganisationen usw.). Zur Ghettoisierung der Kommunisten kam noch die eigene Ausgrenzung.

Ein Blick in die jüngste Literatur zur KPD zeigt, daß viele der hier skizzierten und keineswegs neuen Aussagen heute auch von einigen früheren DDR-Historikern ähnlich beurteilt werden. Mario Keßler hat auf zahlreiche Probleme des von der Sowjetunion Stalins vorgegebenen ultralinken Kurses verwiesen.[5] Auch in Klaus Kinners Darstellung zur KPD in der Weimarer Republik wird der ultralinke Kurs inzwischen eher kritisch betrachtet.[6] Das gilt ebenso für die Arbeiten von Werner Bramke. Historiker aus der alten Bundesrepublik sind kürzlich, wie Andreas Wirsching beim Vergleich des Extremismus, zu ähnlichen Ergebnissen gekommen.[7] Lediglich Klaus-Michael Mallmann behauptet, die Vorgaben der Komintern seien von geringem Einfluß auf die KPD-Politik gewesen.[8] Dies habe das entscheidende linke „Milieu" damals verhindert. Und er attackiert heftig die These von der Stalinisierung der KPD. Seine naive Sicht von der Eigenständigkeit der Basis in der straff zentralistischen KPD ist für die Einschätzung des ultralinken Kurses vor 1933 und seiner Folgen nicht hilfreich.

---

[5] Mario Keßler: Heroische Illusion und Stalin-Terror. Beiträge zur Kommunismus-Forschung, Hamburg 1999.
[6] Klaus Kinner: Der deutsche Kommunismus. Selbstverständnis und Realität, Bd. 1 Die Weimarer Zeit, Berlin 1999.
[7] Andreas Wirsching: Vom Weltkrieg zum Bürgerkrieg? Politischer Extremismus in Deutschland und Frankreich 1918 – 1933/39. Berlin und Paris im Vergleich, München 1999.
[8] Vgl. Mallmann, Kommunisten in der Weimarer Republik [wie Anm. 4], S. 54 ff.

Noch weniger zu gebrauchen sind die wechselnden Einschätzungen während der ganzen 40 Jahre DDR-Geschichtsschreibung. Was deren Darstellungen zur KPD angeht, so sind sie von Anfang bis Ende dadurch entwertet, daß die Historiographie der Legitimation der SED-Herrschaft zu dienen hatte. Natürlich gab es dabei Nuancen. Zunächst sind ja bis in die sechziger Jahre plumpe Fälschungen üblich gewesen, auch vor Bildfälschungen wurde nicht haltgemacht. Beispielsweise ist der „Verräter" Willy Leow aus einem Foto, das ihn neben Thälmann zeigt, fein säuberlich herausretuschiert worden.[9] Später wurden auch differenziertere Darstellungen veröffentlicht. Doch, daß es in den achtziger Jahren über die Geschichte der KPD und speziell die ultralinke Generallinie „verschärfte Auseinandersetzungen innerhalb der Geschichtswissenschaft" der DDR gegeben haben soll,[10] ist kaum nachzuvollziehen. Wissenschaft ist öffentlich, und was angeblich „in den Schubladen" lag oder hinter verschlossenen Türen in Zirkeln geschah, ist nicht nachprüfbar. Der interessierten Öffentlichkeit blieb jedenfalls verborgen, daß dort, wie im Westen, je Pluralismus existierte.

Was unser Thema angeht: Die SED-Geschichtsschreibung gab die „Hauptschuld" dafür, daß eine „Einheitsfront" zur Verhinderung einer Machtübernahme Hitlers nicht zustande kam, allein der Sozialdemokratie. In der weitverbreiteten, „parteiamtlichen" Thälmann-Biographie von 1979 wurde diese These so umschrieben, wie sie in der DDR-Historiographie Axiom war: Danach hatte die KPD stets „Front gemacht gegen die Faschisierungspolitik des Monopolkapitals".[11] Aber die „Führung der Sozialdemokraten" hatte die „Einheitsfront der Antifaschisten" immer „sabotiert", sie „predigte weiter die Kapitulation, schlug alle Warnungen der Partei Thälmanns in den Wind". Der Kunstgriff bestand darin, die Bezeichnung Faschismus, Faschisierung oder Einheitsfront in der DDR ganz anders zu verwenden, als dies die KPD vor 1933 getan hatte.

Aber selbst im Westen wurden vereinzelte Stimmen laut, die die ultralinke Politik der KPD (sogar den Terminus Sozialfaschismus) letztlich

---

[9] Vgl. Bilder die lügen. Begleitbuch zur Ausstellung der Stiftung Haus der Geschichte der Bundesrepublik Deutschland, Redaktion: Hans Walter Hütter, Bonn ²2000.
[10] Vgl. Kinner, Der deutsche Kommunismus [wie Anm. 6], S. 17.
[11] Vgl. Ernst Thälmann. Eine Biographie, hrsg. im Auftrag des Instituts für Marxismus-Leninismus beim ZK der SED von einem Autorenkollektiv unter Leitung von Günter Hortzschansky, Berlin 1979.

der SPD anlasteten, insbesondere als Reaktion auf den 1. Mai 1929, den Berliner „Blutmai".

In der Tat ist die Wirksamkeit der Sozialfaschismusthese auf Funktionäre, Mitglieder und auch Wähler der Partei – also die Bereitschaft der KPD-Anhänger, die Linie der Führung zu akzeptieren – nicht ohne die Feindschaft zwischen SPD und KPD seit 1919 oder vor dem Hintergrund solcher Ereignisse wie den 1. Mai 1929 zu verstehen.

Doch die Ausarbeitung der Generallinie und das Festhalten an der ultralinken Politik erfolgten durch die Komintern, dafür war die Haltung der SPD nur von peripherer Bedeutung. Die von der Komintern entwickelte und den Sektionen oktroyierte Generallinie sollte vor allem den vermeintlichen Interessen der Sowjetunion dienen und orientierte sich am vermuteten neuen revolutionären Aufschwung. Die deutsche Situation war wohl Exerzierfeld für diese Strategie, aber nicht Ausgangspunkt ihrer Entstehung. Auch eine andere Haltung der SPD hätte die Generallinie nicht korrigiert. Die strukturelle Abhängigkeit von der Sowjetunion und der Kampf der KPD gegen die Demokratie waren also dafür entscheidend, daß es zu keiner Zusammenarbeit von KPD und SPD gegen Hitler kommen konnte.

Obwohl Kinner – wie Keßler oder Bramke – durchaus die ultralinke Politik der KPD als katastrophal beschreibt, scheut er sich (wie andere ehemalige DDR-Historiker), diese Konsequenz zu benennen. Vermieden wird zwar die frühere einseitige Schuldzuweisung an die SPD, aber nun wird eine Art „gleichmäßiger" Kritik an beiden Parteien geübt, ohne den prinzipiellen Gegensatz zu thematisieren. Im „Revolutionarismus auf der einen, Legalismus auf der anderen Seite" sieht Kinner die „Lähmung" gegenüber „dem Hitlerfaschismus", und er verdrängt damit die grundsätzlichen Unterschiede.[12] Und selbst der weitaus kritischere Keßler spricht in gleicher Weise vom Versagen der „beiden großen Arbeiterparteien".[13]

Doch wer die Abhängigkeit der KPD von Stalins KPdSU und die darauf folgende ultralinke Politik von 1929 bis 1933 kritisch registriert, kann nicht zugleich die „Fehler" von KPD und SPD auf ein und dieselbe Stufe stellen und damit eine „gleichmäßige" Schuldzuweisung vornehmen. Das wäre ein teilweiser Rückfall in alte Sichtweisen. Mit der Stalinisierung in den zwanziger Jahren und der völligen Abhängigkeit von

---

[12] Vgl. Kinner, Der deutsche Kommunismus [wie Anm. 6], S. 221 f.
[13] Vgl. Keßler, Heroische Illusion [wie Anm. 5], S. 79.

Moskau hat sich die KPD faktisch aus dem deutschen Parteiensystem entfernt. Und in ihrer Struktur hat sie sich vom Typ einer modernen Partei wegbewegt, hin zu einem strenggläubigen, hyperzentralistischen, fast militärischen „Orden" mit entsprechend angepaßten Funktionären. Auch eine sozialgeschichtlich orientierte Untersuchung wird daher die Probleme der KPD nur begrenzt erklären können.

Wichtiger ist es nun, anhand der neu zugänglichen Akten zu prüfen – etwa in Anlehnung an Thomas Weingartner[14] –, welche Motive die Komintern und damit auch die KPD mit der ultralinken Politik ab 1928 verfolgten und warum diese Linie 1929 bis 1933 durchgehalten wurde. Die außenpolitischen wie die innenpolitischen Absichten Stalins mit der Linie des „Hauptstoßes" gegen den „Sozialfaschismus" sind dabei intensiver zu untersuchen. Und ebenfalls wichtig bleibt zu analysieren, wie nach der Stalinisierung der KPD diese Politik in der deutschen Partei mit ihrem großen Mitglieder- und Wählerpotential durchzusetzen und zu praktizieren war, welche Mechanismen das bewirkten. Die neuerlichen Ansätze einer Gleichsetzung von SPD und KPD beim „Versagen" im Kampf gegen Hitler sind dabei allerdings ebensowenig hilfreich wie ein alleiniger Blick auf die kommunistische „Basis". Daher komme ich zu folgendem Resümee:

1. Ebenso entscheidend wie die grundsätzliche Haltung zur Weimarer Republik (die SPD verteidigte sie, die KPD wollte sie vernichten) bleibt der strukturelle Gegensatz: die SPD war eine selbständige Partei, die KPD nur Teil (Sektion) der von Moskau straff geleiteten Komintern.

2. Durch die Stalinisierung der KPD in den 1920er Jahren war die Partei strikt hierarchisch organisiert, so daß die Generallinie – Hauptfeind Sozialdemokratie, Gleichsetzung aller politischen Kräfte außerhalb der KPD mit „Faschismus" – bis an die Basis durchgesetzt werden konnte. Taktische Wendungen (auch die Antifaschistische Aktion) haben an dieser Linie nichts geändert. Gerade das machte von vornherein jeden gemeinsamen Abwehrkampf gegen Hitler unmöglich.

3. Die neuere Literatur stimmt der Kritik an der ultralinken Generallinie generell zu. Allerdings wird teilweise die Politik von SPD und KPD „gleichmäßig" getadelt, ohne dabei den prinzipiellen Gegensatz (Haltung zur Demokratie, Bestimmung der Politik der KPD durch Moskau) genügend zu berücksichtigen.

---

[14] Thomas Weingartner: Stalin und der Aufstieg Hitlers. Die Deutschlandpolitik der Sowjetunion und der Kommunistischen Internationale, Berlin 1970.

4. Wichtige Forschungsaufgabe für das Thema KPD bleibt, anhand sämtlicher Akten die Motive für die Generallinie Stalins ebenso zu untersuchen wie die Mechanismen ihrer Durchsetzung in der KPD und deren Folgen für die Politik in der Endphase der Weimarer Republik.

*Dieter Grimm*

# Mißglückt oder glücklos?
# Die Weimarer Reichsverfassung im Widerstreit der Meinungen

## I. Die „Bewährung" von Verfassungen

Als die Bundesrepublik Deutschland im Mai 1999 auf fünfzig Jahre Grundgesetz zurückblickte, war das Urteil einhellig: Es handelt sich um eine gelungene Verfassung, die beste, die Deutschland je hatte. Die Weimarer Verfassung, die achtzig Jahre zuvor, im August 1919, in Kraft trat, hat keinen so guten Ruf. Sie gilt als mißglückte Verfassung, die sich nach kaum vierzehnjähriger Geltung selbst ihr Ende bereitete. Die dritte deutsche Verfassung, deren Gedächtnis in das Jahr 1999 fiel, die 1849 beschlossene Paulskirchen-Verfassung, fand eine durchaus freundliche Würdigung als relativ fortschrittliche Verfassung, die der deutschen Geschichte eine glücklichere Wendung hätte geben können, wenn sie in Kraft getreten wäre. Ob sich diese Erwartung tatsächlich erfüllt hätte, weiß freilich niemand. Die Paulskirchen-Verfassung profitiert vielmehr davon, daß sie keiner Bewährungsprobe ausgesetzt war und allein an ihrem Text gemessen wird. Dagegen gründet sich das negative Urteil über die Weimarer Verfassung darauf, daß sie sich nicht bewährt habe, während das Grundgesetz gerade wegen seiner langjährigen Bewährung als gute Verfassung gelobt wird.

Die Bedeutung, die der „Bewährung" für das Urteil über Verfassungen zukommt, erklärt auch, warum ihre Güte zu verschiedenen Zeiten ganz unterschiedlich eingeschätzt werden kann. Die Weimarer Verfassung galt keineswegs von Anfang an als mißlungen. Sie erfuhr vielmehr – jedenfalls bei denjenigen, die demokratische Verfassungen nicht rundheraus ablehnten – viel Zuspruch. Auch im Ausland betrachtete man sie als Muster einer modernen, auf die Bedürfnisse des zwanzigsten Jahrhunderts zugeschnittenen demokratischen Verfassung. Dagegen wurde das Grundgesetz 1949 überwiegend kritisch aufgenommen. Während seine Wertschätzung jedoch mit der Konsolidierung der Bundesrepublik stetig zunahm, verfiel das Ansehen der Weimarer Verfassung mit jeder Krise mehr, die die Republik erschütterte. Als es nach dem Zusammenbruch von 1945 um die Wiedererrichtung eines freiheitlichen Staates ging, wurde sie für das Scheitern der ersten deutschen Demokratie verantwortlich gemacht, und dem Parlamentarischen Rat, der 1948/49 das Grundgesetz ausarbeitete, lag vor allem anderen daran, die Fehler der Weimarer Verfassung, die Deutschland ins Unglück gestürzt hatten, zu vermeiden.

Hängt das Urteil über eine Verfassung so sehr von ihrer Bewährung ab, sind allerdings Zweifel angebracht, daß die erfolglose Verfassung stets auch eine schlechte Verfassung ist. Verfassungen bewähren sich angesichts der Herausforderungen, die ihnen entgegentreten. Deswegen wäre der Schluß vom Erfolg auf die Güte nur dann berechtigt, wenn die Verfassung das Los der von ihr konstituierten politischen Ordnung vollständig determinierte. Es genügt, den Gedanken auszusprechen, um ihn wieder fallen zu lassen. Verfassungen richten politische Herrschaft ein, setzen ihr Ziele, ziehen ihr Grenzen und regeln die Verfahren, aus denen kollektiv verbindliche Entscheidungen hervorgehen. Sie sind Rahmen und Richtmaß der Politik. Wie diese den Rahmen ausfüllt und die Ziele verwirklicht, entzieht sich aber der verfassungsrechtlichen Bestimmung. Weder steht aufgrund der Staatsorganisation fest, welche Richtungen und Personen mit welchen Ideen und Interessen in den Staatsorganen wirken, noch steht aufgrund der inhaltlichen Vorgaben und prozeduralen Anforderungen fest, welche Ergebnisse zustande kommen.

Ebensowenig sind Verfassungen in der Lage, ihre Akzeptanz oder Einhaltung selbst zu garantieren, obwohl der Erfolg davon abhängt. Sie können nur mehr oder weniger günstige Voraussetzungen für die Beachtung schaffen. Letztlich kommt es aber darauf an, ob die politischen Akteure gewillt sind, die Verfassung einzuhalten, oder es sich leisten können, sie zu mißachten, wenn sie ihre Pläne stört. Auch Verfassungsgerichte lösen dieses Problem nicht auf, sondern mildern es nur ab. Schließlich liegt es außerhalb des Vermögens von Verfassungen, ihr eigenes Verständnis zu bestimmen, obwohl sich erst in der Deutung einer Norm entscheidet, welche Bedeutung sie in einem konkreten Streitfall haben kann. Deswegen ist die verfassungsrechtliche Konstruktion der politischen Ordnung nur ein Faktor unter anderen, der über Gelingen und Mißlingen des Verfassungsprojekts entscheidet. Das Schicksal einer Verfassung ergibt sich erst aus dem Zusammenwirken von Konstruktion, Situation und Interpretation über die Zeit.

## II. Das Schicksal der Weimarer Verfassung

*1. Konstruktion*

Der Vorwurf, der der Weimarer Verfassung gemacht wird, lautet freilich gerade, daß die Konstruktion mißlungen gewesen sei und die Demokratie bei einer anderen Staatsorganisation nicht gescheitert wäre. Kritik zieht dabei vor allem das Verhältnis von Reichstag und Reichspräsident auf sich. Beide wurden vom Volk gewählt. Zwar nahm der Reichstag den ersten Rang ein. Doch war dem Präsidenten von vornherein die Rolle eines Gegengewichts gegen parlamentarische Fehlentwicklungen zugedacht. Die Regierungsbildung oblag allein ihm, nicht dem Reichstag. Er mußte dabei aber auf das Parlament Rücksicht nehmen, weil ein Mißtrauensvotum im Reichstag die Regierung zu Fall brachte. Im Gegenzug konnte der Reichspräsident den Reichstag auflösen. Außerdem durfte er gegen Gesetzesbeschlüsse des Reichstags das Volk anrufen. Im Fall des Notstands setzte die Weimarer Verfassung ganz auf den Reichspräsidenten. Ihm stand dann eine eigenständige Normsetzungsbefugnis zu, die auch das Recht zur Suspendierung von Grundrechten einschloß. Allerdings war der Reichstag berechtigt, die Aufhebung dieser Notstandsmaßnahmen zu verlangen.

Hinter dieser Gestaltung stand einerseits die bürgerliche Furcht vor „Mehrheitsdiktatur" und „Parlamentarismus", die schon die Verfassungsberatungen der Paulskirche durchzogen und durch die revolutionären Ereignisse der Jahre 1918/19 neue Nahrung erhalten hatte. Andererseits war es das Erlebnis bürgerkriegsartiger Zustände in Berlin, welches die nach Weimar ausgewichene Nationalversammlung bewog, auf die Handlungsfähigkeit des Staates in der Ausnahmesituation besonderes Gewicht zu legen. Daraus erklären sich die weitreichenden Notstandsbefugnisse des Reichspräsidenten. Allerdings lag es in den Augen der Verfassungskritiker gerade an dem Zusammentreffen dieser Befugnisse mit dem Recht zur Parlamentsauflösung, daß aus dem beabsichtigten Gleichgewicht zwischen den beiden demokratisch legitimierten Organen ein schädliches Übergewicht des Reichspräsidenten geworden war.

Frei von dem Einigungszwang, den die parlamentarische Regierungsbildung erzeugt, und im Verlaß darauf, daß der Reichspräsident einspringt, habe sich der Reichstag außerdem allzu leicht seiner Verantwortung entziehen können.

Neben diesen Konstruktionsmängeln sind es vor allem Versäumnisse bei der Sicherung der Demokratie, die der Weimarer Verfassung vorgehalten werden. Verfassungsänderungen seien allein an das Erfordernis einer Zweidrittelmehrheit geknüpft, inhaltlich aber nicht begrenzt worden. So habe einer Selbstpreisgabe der Demokratie nichts im Wege gestanden. Eine Verpflichtung der politischen Parteien auf demokratische Grundsätze und ein Verbot antidemokratischer Kräfte seien nicht vorgesehen gewesen. Das Wahlrecht habe der Parteienzersplitterung keine Grenzen gesetzt. Auch gegen eine Selbstentmachtung des Parlaments durch Delegation von Gesetzgebungsbefugnissen an die Exekutive, unter Umständen restlos wie im Ermächtigungsgesetz vom März 1933, habe die Verfassung keine Vorkehrung getroffen. Ebensowenig seien Vorrang und Geltungskraft der Grundrechte gesichert worden. Da der Staatsgerichtshof im wesentlichen nur Verfassungsstreitigkeiten zwischen Reich und Ländern schlichten durfte, sei die Verfassung im übrigen schutzlos geblieben.

Diese Mängel der Weimarer Verfassung werden nicht etwa grundlos moniert. Soweit sie aber auch für die historischen Folgen ursächlich sein sollen, ist der Hinweis nützlich, daß die damalige Verfassungswelt viele ähnliche Gestaltungen kannte, ohne daß dies überall zum selben Ergebnis geführt hätte. Die Überzeugung, daß das Parlament ein Gegengewicht benötige, war alt und verbreitet. Die unmittelbare demokratische Legitimation von Parlament und Präsident hatte große Vorbilder, so das der Vereinigten Staaten. Notstandsbefugnisse in der Hand des Staatsoberhaupts finden sich in den meisten zeitgenössischen Verfassungen. Die Parlamentsauflösung durch das Staatsoberhaupt als Mittel zur Überwindung von Blockaden war keineswegs unüblich. Möglichkeiten, das Volk in den Entscheidungsprozeß einzuschalten, kamen ebenfalls in verschiedenen Verfassungen vor. In der Kombination der einzelnen Elemente glich keine Verfassung der anderen. Die Weimarer Kombination fiel aber nicht derart aus dem Rahmen, daß sie die Demokratie von vornherein zum Scheitern verurteilt hätte. In der Tat funktionierte das System über längere Zeit leidlich und konnte Störungen der Normalverfassung mit Hilfe der Reserveverfassung auffangen.

Auch mit den behaupteten Versäumnissen stand die Weimarer Verfassung nicht allein. Eine Sicherung des Verfassungskerns gegen Verfassungsänderungen enthielt seinerzeit keine der demokratischen Verfassungen. Verfassungsrechtliche Vorkehrungen gegen antidemokratische Kräfte waren ebenfalls unüblich, ohne daß dies die Demokratie zur Passivität verurteilt hätte. Auch innerparteiliche Demokratie verlangte keine der damaligen Verfassungen. Die ausländischen Verfassungen nahmen ebensowenig wie die Weimarer Verfassung von den Parteien Notiz. Die Fünfprozentklausel setzte sich erst in der Nachkriegszeit durch. Die geringe Geltungskraft der Grundrechte war ein allgemeiner Zustand. Der Gesetzgeber fühlte sich regelmäßig nicht durch sie gebunden, und die Gerichte hielten sich an die Gesetze, nicht an die Grundrechte. Eine andere Tradition herrschte nur in den Vereinigten Staaten. Bis zum Ersten Weltkrieg waren sie auch das einzige Land mit einer Verfassungsgerichtsbarkeit. Nach dem Ersten Weltkrieg folgte Österreich diesem Beispiel, wenngleich mit einem auf die Gesetzeskontrolle beschränkten Gericht. Für das Scheitern der Weimarer Republik müssen also noch weitere Gründe vorliegen.

*2. Situation*

Sucht man nach diesen Gründen, so kommen als erstes die Hauptakteure des parlamentarischen Systems, die politischen Parteien, in den Blick. Reich an Zahl und stark weltanschaulich geprägt, waren sie in jener Kompromißfähigkeit eingeschränkt, nach der gerade ein Vielparteiensystem verlangt. Überdies saßen im Reichstag von Anfang an rechte und linke Parteien, die der parlamentarischen Demokratie fern standen oder sie bekämpften. Jede Krise der Weimarer Republik gab ihnen Auftrieb. Schon in der ersten Reichstagswahl von 1920 verloren – bedingt vor allem durch die Annahme des Versailler Vertrages – die Parteien, welche für die Verfassung gestimmt hatten, ihre Mehrheit und gewannen sie bis 1933 nicht mehr zurück. Die Folge war eine erhebliche Instabilität der Regierung – in den knapp vierzehn Jahren ihres Bestehens erlebte die Weimarer Republik zwanzig Regierungen, von denen die kürzeste weniger als zwei Monate, die längste weniger als zwei Jahre im Amt war. Die Parteien spiegelten damit freilich nur eine über die Folgen des Ersten Weltkrieges innerlich zerrissene Gesellschaft wider, deren Eliten weithin in Reserve zur Demokratie standen und der auch keine anhaltende Prosperität die Chance zu Aussöhnung und Demokratiegewöhnung gab.

Mit dem Scheitern der Großen Koalition unter dem Sozialdemokraten Hermann Müller im März 1930 ging das parlamentarische System in ein Dauerversagen über. Dem neuen Reichskanzler Brüning gelang es nicht, eine parlamentarische Mehrheit zu gewinnen. Seine Regierung stützte sich allein auf das Vertrauen des Reichspräsidenten und dessen Notstandsbefugnisse. Sie hielt sich aber im Amt, weil die Fundamentalgegner von rechts und links auch gemeinsam keine Mehrheit besaßen und die SPD, obwohl der Regierung fern geblieben, diese zur Verhütung von Schlimmerem tolerierte. Die Lage änderte sich mit der Entlassung Brünings durch den Reichspräsidenten Hindenburg im Mai 1932. Die SPD, die Brüning gegenüber auf ein Mißtrauensvotum und auf das Verlangen, die Notstandsmaßnahmen aufzuheben, verzichtet hatte, war nicht bereit, die Tolerierungspolitik gegenüber seinem hochkonservativen Nachfolger Papen fortzusetzen. Während Brüning noch im Rahmen der verfassungsrechtlichen Ausnahmebestimmungen regiert hatte, bestand für Papen also keinerlei Aussicht mehr, die Regierungsfunktion auf dem Boden der Verfassung auszuüben.

Der von der Verfassung vorgesehene Ausweg in einer solchen Lage, die Reichstagsauflösung, führte nicht aus der Krise hinaus, sondern verschärfte sie. In der Reichstagswahl vom 31. Juli 1932 wurde die NSDAP stärkste Partei. Zusammen mit der ebenfalls erstarkten KPD verfügte sie über die absolute Mehrheit. Diese Mehrheit war freilich wegen der fundamentalen Gegensätze zwischen den beiden Parteien nur negativ einsetzbar. Sie konnten die amtierende Regierung stürzen, aber keine neue bilden. Nachdem ein Regieren aufgrund positiver Parteienkompromisse schon 1930 an sein Ende gelangt war, kam nun auch ein Regieren aufgrund negativer Kompromisse nicht mehr in Betracht. Die Bedingungen für eine verfassungsmäßige Ausübung der Regierungsgewalt waren vielmehr völlig entfallen. Das erste Erscheinen der Regierung im Parlament hätte zugleich ihr Ende bedeutet. Das Mittel, das die Verfassung selbst für solche Fälle vorsah, die Neuwahl, versprach unmittelbar nach der Juli-Wahl keine Abhilfe. Seit August 1932 war nicht nur das parlamentarische System, sondern der Verfassungsstaat überhaupt blockiert.

Sollte die Regierungstätigkeit aufrechterhalten bleiben, mußte folglich der Reichstag – zumindest temporär – ausgeschaltet werden. Da der Verfassungstext hierfür keine Handhabe bot, versprach nur eine Verfassungsänderung Abhilfe. Verglichen etwa mit der amerikanischen Verfassung machte die Weimarer Verfassung Verfassungsänderungen nicht besonders schwer. Nur waren sie gerade jenem Organ anvertraut, das seine Befugnisse aufgrund der parteipolitischen Konstellation lediglich destruktiv ausüben konnte. Die Umstände, die die Krise heraufbeschworen, verhinderten also zugleich ihre Lösung. Freilich mußte es erst zu einer solchen, von der Normallage weit entfernten Konstellation kommen, ehe die Lösungsvorräte der Verfassung auch für Ausnahmesituationen erschöpft waren. Daß sie eintrat, ergab sich aus dem verfassungsrechtlich nicht vorwegbestimmten Verhalten des Reichspräsidenten und seiner Berater, der Parteien und der ihnen nahe stehenden Interessenverbände und der Wähler. Keine Verfassung ist vor derartigen Eventualitäten gefeit.

## 3. Interpretation

Selbst in dieser Lage war es aber nicht ausgemacht, daß der einzige verfassungsmäßige Ausweg in der Ernennung Hitlers zum Reichskanzler bestand. Was die Verfassung in einer bestimmten historischen Stunde zuläßt, hängt von ihrem Verständnis ab, das durch den Verfassungstext nicht abschließend festgelegt ist. In diesem Spielraum liegt die politische Bedeutung der Staatsrechtswissenschaft. Die Weimarer Staatsrechtslehre stand noch ganz in der Tradition des Kaiserreichs. Mit seiner Gründung hatte sich der Positivismus als Grundhaltung durchgesetzt. Zum einen trat er als Rechtsgeltungslehre in Erscheinung. Rechtsquelle war danach allein das staatliche Gesetz, während die Gerechtigkeit des Gesetzes keine Bedingung seiner Geltung war. Zum anderen trat er als Rechtsanwendungslehre auf. Gegenstand der Auslegung war danach nur der Gesetzestext. Als Mittel kamen allein Grammatik und Logik in Betracht. Die hinter dem Wortlaut stehenden Ideen und Interessen, die ihnen vorausliegende soziale Wirklichkeit, in der die Verfassung ihre normative Wirkung entfalten sollte, waren dagegen keine zulässigen Auslegungsgesichtspunkte.

Daraus folgte eine formalistische Grundhaltung, die in der Verfassung selbst nicht angelegt war. Formal war das Verfassungsverständnis. Die Verfassung unterschied sich vom Gesetz durch die Notwendigkeit einer qualifizierten Mehrheit. Dieses Erfordernis, nicht der Umstand, daß sie die grundlegenden, identitätsstiftenden Prinzipien einer zum Staat geeinten Gesellschaft enthielt und aus diesem Grund auf höheren Konsens gegründet war, wurde zum Begriffsmerkmal der Verfassung. Deswegen knüpfte auch die Änderung der Verfassung nur an Formerfordernisse an. Der Inhalt der Verfassung stand nach dieser Auffassung ohne jede Einschränkung zur Disposition der verfassungsändernden Mehrheit. Formal war aber auch das Demokratieverständnis. Demokratie wurde mit der Mehrheitsregel identifiziert, eine materielle Rechtfertigung der Demokratie nicht gesucht. Folglich beanspruchte, was immer die Mehrheit im vorgesehenen Verfahren beschloß, bindende Kraft. Unter diesen Voraussetzungen konnte die Demokratie in der Tat im demokratischen Verfahren abgeschafft werden, ohne daß dagegen demokratisch etwas einzuwenden gewesen wäre.

Formal wurde auch der Rechtsstaat verstanden. Rechtsstaat bedeutete Bindung der Staatsgewalt an das Gesetz, gab aber keine inhaltlichen Anforderungen an das Gesetz her. Formal war schließlich auch das Grundrechtsverständnis. Im Unterschied zur Verfassung des Kaiserreichs, die keine Grundrechte enthielt, hatte die Weimarer Nationalversammlung viel Aufmerksamkeit auf den Grundrechtskatalog gewandt und den klassischen Freiheitsrechten auch eine ansehnliche Zahl sozialer Grundrechte hinzugefügt. Die Freiheitsrechte waren freilich durch Gesetz beschränkbar. Ganz in der Tradition des späten neunzehnten Jahrhunderts schloß die Staatsrechtslehre daraus, daß Grundrechte nur im Rahmen der Gesetze galten, nicht umgekehrt Gesetze nur im Rahmen der Grundrechte. Ohne Wirkung für den Gesetzgeber waren sie aber ihrer eigentlichen Bedeutung entkleidet. Ihrer Aushöhlung durch das Gesetz stand auf der Basis dieser Ansicht nichts im Wege. Den sozialen Grundrechten war ohnehin jede Rechtsgeltung abgesprochen worden. Viel von den Versäumnissen, die der Weimarer Verfassung vorgehalten wurden, trifft also nicht diese selbst, sondern die seinerzeit vorherrschende Interpretation.

Gegen den Formalismus formierte sich zwar im Lauf der Zeit eine Strömung, die das Rechtsverständnis wieder den Ideen, denen die Normen Ausdruck geben, und der Wirklichkeit, auf die sie bezogen sind, öffnen wollte und deswegen zu einer materiellen Deutung der Prinzipien und Normen der Verfassung überging. Sie gelangte aber nicht mehr zur Vorherrschaft. Überdies waren sich die Vertreter dieser Richtung nur in ihrer Gegnerschaft zum Positivismus einig, uneinig hingegen darin, was denn der materiale Gehalt der Verfassung sein sollte. Keineswegs alle Interpreten fanden zu einer demokratisch-liberalen Interpretation. Viele, namentlich jüngere, wandten sich unter dem Eindruck der Dauerkrise des parlamentarischen Systems autoritären oder völkischen Vorstellungen zu. Die Unterschiede kamen bei der Zuspitzung der Lage nach der Juli-Wahl 1932 zum Vorschein. Die Positivisten konnten in dieser Situation nur auf einer Erfüllung des Buchstabens der Verfassung bestehen.

Da dies aber zum völligen Stillstand der Staatstätigkeit geführt hätte, kam das Festhalten am Verfassungstext einer Resignation gleich. Die Verfassung dankte ab.

Die antipositivistischen Richtungen waren weniger hilflos. Ihrem materiellen Verständnis zufolge unterschied sich die Verfassung vom Parlamentsgesetz nicht in erster Linie durch ihre erschwerte Abänderbarkeit, sondern durch ihren grundlegenden Charakter für Einheit und Gestalt des Gemeinwesens. Die Verfassung erschien dann nicht mehr bloß als eine Summe der in ihr enthaltenen Rechtssätze. Vielmehr wurde es möglich, zwischen den grundlegenden Verfassungsprinzipien einerseits und den sie ausfüllenden oder konkretisierenden Bestimmungen andererseits zu unterscheiden. Von diesem Ausgangspunkt gab es in einer Situation wie der von 1932 einen Weg, die vorübergehende Nichtbeachtung einzelner untergeordneter Verfassungssätze im Interesse der Wahrung der Verfassungsordnung insgesamt zu legitimieren. Alternativen dieser Art wurden damals vorgeschlagen, aber nicht ergriffen. Statt dessen ernannte Hindenburg Adolf Hitler zum Reichskanzler. Damit war am Ende zwar der Buchstabe der Verfassung gewahrt, der Verfassungsstaat insgesamt aber preisgegeben worden.

## III. Weimar-Lehren und Grundgesetz-Erfolg

Nach dem Zweiten Weltkrieg wurde die Mängelliste der Weimarer Verfassung zur Gestaltungsvorlage für das Grundgesetz. Die Abkehr von einem formalen Verfassungsverständnis hat Ausdruck in Artikel 79 Absatz 3 gefunden, der die Grundprinzipien der politischen und gesellschaftlichen Ordnung der Verfassungsänderung entzieht. Demokratie und Rechtsstaat werden auf die Grundrechte verpflichtet, die unmittelbare Bindungskraft gegenüber sämtlichen Staatsgewalten einschließlich des Gesetzgebers entfalten und auch bei Beschränkungen nicht in ihrem Wesensgehalt angetastet werden dürfen. Im Bereich der Staatsorganisation ist der Dualismus von Präsident und Parlament zugunsten einer rein repräsentativen Demokratie aufgelöst worden, in der das Parlament weder der Konkurrenz des Präsidenten noch des Volkes ausgesetzt wird. Andererseits ist ihm aber auch kein Schlupfloch gelassen, durch das es vor seiner Verantwortung für Regierungsbildung und Gesetzgebung entfliehen könnte. Die Demokratie ist zur streitbaren geworden: Antidemokratische Kräfte dürfen vom politischen Prozeß ferngehalten werden. Zur

Wahrung der Verfassung ist das Bundesverfassungsgericht berufen und mit einer bis dahin ungekannten Kompetenzfülle ausgestattet worden. Liegt es daran, daß Bonn nicht Weimar geworden ist? Für die Antwort ist es aufschlußreich, daß die verfassungsrechtlichen Vorkehrungen gegen eine Wiederholung der Weimarer Erfahrung in der fünfzigjährigen Geschichte der Bundesrepublik wenig aktuelle Bedeutung erlangt haben. Artikel 79 Absatz 3 mußte keine Fundamentalgegner, die die Verfassungsordnung aus den Angeln heben wollten, an ihrem Vorhaben hindern. Auch die streitbare Demokratie mit ihren Instrumenten des Parteiverbots, des Vereinsverbots und der Grundrechtsverwirkung war keinem Ernstfall ausgesetzt. Zwar wurden in der Anfangsphase zwei Parteiverbote beantragt und verhängt, doch betrafen sie Parteien, die schon damals keine große Wählerresonanz hatten. Vereinsverbote sind gelegentlich vorgekommen. Grundrechtsverwirkungen wurden überhaupt nicht ausgesprochen. Auch die Vorkehrungen gegen eine Selbstentmachtung des Parlaments bedurften keiner Anwendung. Die Wahlausgänge ermöglichten stets stabile Mehrheiten, so daß alle Regierungen lange amtierten. Der Anteil der Fünfprozentklausel an diesem Zustand wird von der Wahlforschung als relativ gering eingeschätzt.

Das konstruktive Mißtrauensvotum, das anfangs am Grundgesetz besonders gerühmt wurde, ist zweimal angewandt worden, einmal erfolglos, einmal erfolgreich. Aber auch mit einem gewöhnlichen Mißtrauensvotum, wie es die Weimarer Verfassung enthielt, wäre derselbe Effekt eingetreten, denn eine Situation, in der eine parlamentarische Mehrheit, die sich nur im Negativen einig war, an der Destruktion gehindert werden mußte, lag nicht vor. Auch für die Parlamentsauflösung gab es nur einen unechten und verfassungsrechtlich fragwürdigen Anwendungsfall: Die amtierende Regierung war 1983 nicht in die Minderheit geraten, sondern wollte sich lediglich für einen Koalitionswechsel während laufender Legislaturperiode eine zusätzliche Legitimation verschaffen. Die Notstandsregelungen, die erst 1968, begleitet von starker Weimar-Furcht, in die Verfassung eingefügt wurden, bedurften bisher keiner Anwendung. Als praktisch folgenreichste Reaktion auf Weimar hat sich unter diesen Umständen die Einrichtung des Bundesverfassungsgerichts erwiesen, das durch seine wert- und wirklichkeitsbezogene Interpretation der Verfassung zu einer zuvor nicht erlebten politischen und sozialen Relevanz verholfen hat.

Tragender für das Gelingen der Demokratie war aber wohl, daß sie 1949 nicht mit der Hypothek von 1918/19 ins Leben trat, sondern weithin akzeptiert wurde. Tragend war ferner die Neuformierung, Grundeinigkeit und Konzentration der Parteien, die dem Grundgesetz im wesentlichen vorausging und ihm Fundamentalkonflikte erspart hat. Tragend war schließlich, daß sich in einer langen Phase von Frieden und Wohlstand ein Grundeinverständnis mit der Verfassungsordnung herausbilden konnte, das diese dann auch über Krisenzeiten, die freilich nie Weimarer Dimensionen erreichten, hinwegtrug. Auf dieser Grundlage konnte sich der Verfassungsstaat entfalten. Der gegen die Weimarer Verfassung erhobene Vorwurf, daß sie sich gegen Gefahren gewappnet habe, die dann nicht eintraten, während sie den eingetretenen Gefahren hilflos gegenüberstand, geht am Grundgesetz vorüber. Zwar hat auch dieses sich gegen Gefahren gewappnet, die bislang nicht eingetreten sind. Doch sind ihm unvorhergesehene Gefahren von existenzgefährdender Größe erspart geblieben. Das ist nicht allein sein Verdienst, sondern ebenfalls ein Ergebnis des Zusammenwirkens von Konstruktion, Situation und Interpretation – im Unterschied zu Weimar aber in der glücklichen Variante.

*Martin Sabrow*

# Kampfplatz Weimar.
# DDR-Geschichtsschreibung im Konflikt von Erfahrung, Politik und Wissenschaft

## I.

„Lehren aus der deutschen Novemberrevolution" hieß eine Sendung, die der Rundfunksender „Stimme der DDR" am 19. April 1984 in der Sendereihe „Wissenschaftliche Weltanschauung" ausstrahlte, und sie befaßte sich mit der von einem Hörer aufgeworfenen Frage, ob man diese Zeit nicht besser übergehen sollte, die doch mit einer Niederlage geendet habe: „Unsere Antwort kann nur sein: Nein. Über kein einziges historisches Ereignis sollte der Mantel des Schweigens gebreitet werden; denn die Geschichte ist eine gute Lehrmeisterin. Sie nennt Klassen, Parteien und Personen, die die Welt in verheerende Kriege und Katastrophen stürzten. Sie deckt Widersprüche zwischen Worten und Taten auf. Sie gibt aber auch eine zuverlässige Antwort auf die Frage, [...] wo die Lehren aus der Geschichte beherzigt und wo sie mißachtet werden."

*Historia magistra vitae* – für keine Periode der Vergangenheit galt dies im DDR-Geschichtsdenken stärker als in bezug auf die Weimarer Republik und die ihr voraufgehende Revolution, in der die Schaffung einer sozialistischen Gesellschaft zum erstenmal auf der historischen Tagesordnung stand – und 1933 zum Schaden der ganzen Menschheit wieder abgesetzt wurde, um zwölf Jahre später erneut und mit besserem Erfolg zumindest in einem Teil Deutschlands aufgenommen zu werden. „Gerade die vierzehnjährige Geschichte der Weimarer Republik beweist", schrieb der Bearbeiter des Abschnitts 1917 bis 1933 im Hochschullehrbuch der deutschen Geschichte, „daß der Antikommunismus – die ideologische Hauptwaffe des modernen Imperialismus – das entscheidende Mittel zur Spaltung der Arbeiterklasse und zur antidemokratischen Beeinflussung der Bauern, des Kleinbürgertums und des Bürgertums ist und somit den Zusammenschluß der Volksmassen zum Kampf gegen die Reaktion hintertreibt. [...] Die Geschichte und das Ende der Weimarer Republik zeigen, daß nur die Kommunistische Partei einen den Interessen der Nation entsprechenden Weg wies."[1]

Als Lehre aus Weimar inszenierte der ostdeutsche Teilstaat sich vom ersten Aufruf des ZK der KPD nach dem Ende der nationalsozialistischen Gewaltherrschaft am 11. Juni 1945, der „Keine Wiederholung der Fehler von 1918!" forderte,[2] bis hin zur letzten Liebknecht-Luxemburg-Demonstration im Januar 1989, auf der Joachim Herrmann für das Politbüro mit der Ermordung der KPD-Gründer die „Lehre verbunden [erklärte], nie an der Macht der Arbeiter und Bauern rütteln zu lassen, niemals vor den Feinden des Sozialismus zurückzuweichen",[3] und bis zum letzten Aufbäumen einer parteioffiziösen Geschichtsschreibung, die mit Hanna Wolf im Mai 1989 trotzig verkünden ließ, daß die Geschichte des 20. Jahrhunderts beweise: „Die Antikommunisten haben immer unrecht, und wir, die Kommunisten, haben trotz mancher Fehler und Niederlagen immer recht."[4] Das Argument Weimar bildete im Legitimationsdiskurs des SED-Staates gleichsam eine geschichtspolitische Allzweckwaffe. So wurde der Verweis auf den Ausgleichsvertrag mit Rapallo eingesetzt, um das historische Bündnis mit der Sowjetunion zu legitimieren, und dies sicherte dem vertragsschließenden deutschen Außenminister Walther Rathenau ungeachtet seiner geradezu prototypischen Verkörperung des deutschen Monopolkapitals einen festen Platz im Pantheon der ostdeutschen Straßennamen. Wie selbstverständlich konnte eine dem sogenannten Preußenschlag vom Juli 1932 gewidmete Ausgabe der populären „illustrierten historischen hefte" mit einem faksimilierten Zeitungsartikel des Bonner „Vorwärts" aus dem Jahre 1970 schließen, der sich gegen jede Aktionseinheit mit den Kommunisten aussprach, und darüber als Kommentar des Heftautors stellen: „Ist das die Lehre des

---

[1] Wolfgang Ruge: Deutschland von 1917–1933 (Von der Großen Sozialistischen Oktoberrevolution bis zum Ende der Weimarer Republik), Berlin (O) 1967, S. 480ff.
[2] Geschichte der Sozialistischen Einheitspartei Deutschlands. Abriß, Berlin (O) 1978, S. 81.
[3] In ihrem Sinne verwirklichen wir in der DDR ein wahrhaft revolutionäres Programm. Rede von Joachim Herrmann in der Gedenkstätte der Sozialisten, in: Neues Deutschland, 16. 1. 1989.
[4] Hanna Wolf/Wolfgang Schneider: Zur Geschichte der Komintern, in: Neues Deutschland vom 6./7. 5. 1989.

20. Juli 1932?"[5] Ebenso lud schließlich jede Betrachtung des Endes der ersten deutschen Demokratie zu aktualisierenden Bezügen ein: „Woran ging die Weimarer Republik zugrunde? [...] Die Antwort auf diese Frage ist immer noch von aktuellster Bedeutung und größter politischer Brisanz. [...] Zur Besorgnis besteht in der Tat genügend Grund, rufen doch die Attacken von rechts gegen die sozialliberale Koalition in Bonn und die zunehmenden inneren Spannungen dieser Koalition Erinnerungen wach an analoge Attacken und ähnliche Zerfallserscheinungen in der Großen Koalition der Hermann-Müller-Regierung, mit deren Rücktritt im Frühjahr 1930 die letzte parlamentarische Regierung der Weimarer Republik ihr Ende fand."[6]

Noch so viele Lehren und noch so klare Antworten aber konnten nicht darüber hinwegtäuschen, daß das Ausbleiben der sozialistischen Umwälzung nach 1919 und der Untergang der Weimarer Republik anders als die Niederlage in der Novemberrevolution 1918 nicht auf das Fehlen einer marxistisch-leninistischen Partei zurückgeführt werden konnte. Hier half der Vorwurf des Verrats, mit dem die DDR-Geschichtsschreibung ihre proletarische Konkurrentin, die SPD, belegte. Keine Kennzeichnung war etwa 1954 den Dispositionsautoren des autoritativen Hochschullehrbuchs der deutschen Geschichte stark genug, um sie als „Haupthindernis des nationalen und sozialen Befreiungskampfes", als „Steigbügelhalter der Großbourgeoisie" und „Agentur der imperialistischen Bourgeoisie in der Arbeiterklasse" zu brandmarken.[7] Verrat war Gustav Noskes „Abwiegelungsmission" in den Kieler Revolutionstagen ebenso wie die Besetzung des Rats der Volksbeauftragten „mit den verräterischen Führern der SPD", deren Verrat 1918/19 „dem deutschen Monopolkapital [...] seine ins Wanken geratene Position zu festigen [ermöglichte]",[8] 1920 den bewaffneten Arbeiterkampf im Anschluß an den Kapp-Putsch blutig erstickte und 1923 mit der Bereitschaft zur Großen Koalition unter Stresemann den Ruhrkampf unterminierte.[9] Verrat war in der Zeit der relativen Stabilisierung zwischen 1924 und 1928 die „Zu-

---

[5] Joachim Petzold: Generalprobe für Hitler, in: illustrierte historische hefte 24, Berlin (O) 1980.
[6] Kurt Gossweiler: Das deutsche Monopolkapital und die Weimarer Republik, [o. D.], MS im Besitz des Verf.
[7] Albert Schreiner: Disposition für das Hochschullehrbuch der Geschichte des deutschen Volkes (1918–1945), in: ZfG 2 (1954), S. 701–756, hier S. 717, S. 720 und S. 734.
[8] Ebd., S. 702, S. 704 und S. 708.
[9] Ebd., S. 715.

stimmung der SPD zur völligen Unterwerfung der deutschen Wirtschaft unter das amerikanische Finanzkapital",[10] die die Interessen der Nation mit Füßen trat, und ihr verräterischer Verzicht auf die Nominierung Otto Brauns zum Kandidaten bei der Reichspräsidentenwahl, der „die einheitliche Aktion der Arbeiterklasse gegen die Wahl des ehemaligen kaiserlichen Feldmarschalls" Hindenburg verhinderte. Für die Spätphase der Weimarer Republik listete das historische Schuldbuch der SED-Geschichtsschreibung die Hilfe der SPD zur „Vertuschung der Kriegsvorbereitung des deutschen Imperialismus durch Kriegsächtungsphrasen" im Zusammenhang mit dem Panzerkreuzerbau ebenso auf wie die „Selbstentlarvung der SPD als ‚Arzt am Krankenbett des Kapitalismus'", die mit „der berüchtigten SPD-Politik des ‚kleineren Übels'" einherging.[11] Buchstäblich keine einzige nennenswerte Handlung der SPD-Führung fand Gnade in den Leittexten der historischen Meistererzählung der DDR, und nicht einmal das Erstarken des gemeinsamen nationalsozialistischen Gegners konnte in der parteikommunistischen Perspektive das Verdammungsurteil über die Sozialdemokratie mildern. Im Gegenteil: Die Gründung der „Eisernen Front" 1931 bedeutete abermals „ein Manöver [...] zur Vertiefung der Spaltung der Arbeiterklasse und zur Irreführung ihrer Anhänger" und mündete 1932/33 folgerichtig in den „Verrat der SPD-Führer an den Interessen der Arbeiterklasse und in ihre Handlangerrolle als Wegbereiter der faschistischen Diktatur".[12]

In diesen Zitaten präsentiert sich eine Legitimationsgeschichtsschreibung, in der die Geschichtswissenschaft widerstandslos in der Geschichtspolitik aufgegangen war. Für viele Historiker, die in der Geschichtsschreibung des SED-Staates lediglich die Dienerin ihres politischen Herrn sehen, hat dieser Befund wenig Überraschendes; anderen hingegen erscheint er als ungerechte Verdammung einer Forschungstradition, die stolz auf ihre wissenschaftliche Leistung unter repressiven Bedingungen sein könne. Es gibt nicht wenige Indizien, daß beide Auffassungen plausibel sind: Als die „Arbeitsgruppe 1917–1933" am Institut für Geschichte der DAW im Juni 1962 eine Einschätzung der DDR-Literatur zur Weimarer Zeit gab, lobte sie die in den letzten zehn Jahren verfaßten Arbeiten für ihre Konzentration auf Themen, „bei denen der Widerspruch zwischen den Raub- und Profitinteressen der Monopol-

---

[10] Ebd., S. 719.
[11] Ebd., S. 724 f.
[12] Ebd., S. 731 ff.

bourgeoisie und den Lebensinteressen der Volksmassen besonders offensichtlich zutage tritt. Sie sind deshalb geeignet, beim Leser die Überzeugung zu festigen, daß die imperialistische Großbourgeoisie den Führungsanspruch auf die Nation verwirkt hat und daß die Arbeiterklasse zur Führerin des sozialen und nationalen Befreiungskampfes aller werktätigen und friedliebenden Kräfte geworden ist."[13] Doch dasselbe Gutachten, das etwa der Literatur zur Weimarer Außenpolitik bescheinigte, „Vorbehalte in den Köpfen unserer Menschen gegen die UdSSR auszuräumen und die These zu erhärten, daß die Freundschaft mit der Sowjetunion ein Postulat nationaler deutscher Politik ist", merkte in bezug auf die Themenauswahl kritisch an, „daß die Tendenz zur Umgehung von besonders komplizierten und diffizilen Fragen (sogenannte ‚heiße Eisen') besteht" wie etwa „über so wichtige Fragen der Parteigeschichte wie die Herausbildung des Thälmannschen ZK". Dieselbe Evaluation, die in der ausgewerteten Literatur den Nachweis erbracht fand, „daß der Imperialismus historisch überlebt ist und seinem Untergang entgegengeht" oder die „imperialistischen Politiker, z. B. Adenauer, [...] als Verräter entlarvt" werden, kam zu Schlußfolgerungen, die nicht anders auch in einem westdeutschen Literaturbericht hätten stehen können: „Es gibt jedoch viele Fragenkomplexe, in denen derartige Erkenntnisse lediglich wiederholt und durch Zitate belegt werden, die eigentlich durch neue Forschungsarbeiten auf breiterer Basis begründet und ausgewertet werden müßten. Des öfteren wird die Einschätzung der Märzkämpfe 1921 durch ein Lenin-Zitat, des Hamburger Aufstandes durch ein Thälmann-Zitat, der Gesetzmäßigkeit der Niederlage des deutschen Imperialismus durch ein Ulbricht-Zitat ersetzt." Die Gründe dafür, daß die „Historiker sich davor zurück(halten), neue Probleme anzupacken, neue Verallgemeinerungen zu treffen", sah dieses Papier in der Feigheit der Zunft und in der Struktur einer hierarchisch verkrusteten Erkenntnisgewinnung, ohne damit jedoch den gemeinsamen Anspruch einer parteilichen Geschichte des 20. Jahrhunderts zu zerbrechen: „In der Regel warten die Historiker, bis neue Probleme und Thesen von der Parteiführung gelöst bzw. aufgestellt werden und befassen sich dann vorwiegend mit der Untermauerung und Propagierung derselben. [...] Die Scheu,

---

[13] BArch-SAPMO, DY 30, IV 2/9.04/399, Institut für Geschichte der Deutschen Akademie der Wissenschaften zu Berlin, Arbeitsgruppe 1917–1933, Zur Einschätzung der geschichtswissenschaftlichen Literatur in der DDR über die Periode 1917 bis 1933, 20. 6. 1962.

neue Probleme aufzuwerfen, rührt vor allem daher, daß bei der Erarbeitung neuer Erkenntnisse im allgemeinen auch Fehler unterlaufen, solche Fehler jedoch oft als ideologische Abweichungen abgestempelt werden. In Anbetracht dieser Sachlage entsteht bei den Genossen mitunter die Furcht, daß sie der Partei durch das Aufgreifen neuer Probleme Schaden zufügen könnten. Wichtige Probleme der Geschichtswissenschaft und Fragen der Forschungs- und Publikationstätigkeit werden zum Teil in einem sehr kleinen Kreis führender Historiker diskutiert und entschieden, so daß sich die Masse der Genossen Wissenschaftler daran gewöhnt hat, die Hinweise über das Neue vorgesetzt zu bekommen."[14]

In der Tat hatte die untergegangene Geschichtswissenschaft der untergegangenen DDR viele Gesichter. Sie war Legitimationswissenschaft und zugleich radikale Alternative zum überlebten Historismus; sie brachte bleibende Standardwerke hervor und ein unüberschaubares Schrifttum, das der DDR in den Untergang folgte; sie unterdrückte abweichende Meinungen und setzte sich mit ihnen doch in oft quälend langen Verfahren fach- oder parteiöffentlich auseinander; sie immunisierte sich schließlich gegen alle Einflüsse ihrer westdeutschen Schwesterzunft und blieb doch permanent auf die bundesdeutsche Historiographie fixiert. Vor allem aber stellte die zur Herrschaft gelangte Historiographie in der DDR eine historische Konsenswissenschaft vor, die die Einmütigkeit der Auffassungen und die Geschlossenheit des Geschichtsbildes zur obersten Leitnorm machte. „Marxisten müssen in den Grundfragen zu einem Ergebnis gelangen, wenn nicht, muß diskutiert werden!" notierte ein Geschichtsfunktionär empört an den Rand eines Schreibens, mit dem der Autor einer zeitgeschichtlichen Arbeit sich gegen die Auflage wehrte, seine Arbeit nach den Wünschen eines Gutachters umzuschreiben.[15] Es gehe nicht an, daß in der Frage der Novemberrevolution immer noch jeder seine Privatmeinung vertrete, beschwerte sich 1957 der zuständige Referent der ZK-Abteilung Wissenschaften und verlangte, daß besonders im Hinblick auf den 40. Jahrestag [...] diese Frage durch eine „umfassende Diskussion zu einem einheitlichen Standpunkt geführt werden" müßte.[16] Vergeblich insistierte insbesondere Kurt Hager, seit 1955 ZK-Sekretär für Wissenschaft, Volksbildung und Kultur, immer

---

[14] Ebd.
[15] BArch-SAPMO, DY 30, IV 2/9.04/148, Fritz Köhler an den Kongreß-Verlag, Lektor Ziebarth, 28. 3. 1956, Randglosse Ziebarth.
[16] Ebd., 134, ZK, Abteilung Wissenschaften, Bericht über die Lage in der Geschichtswissenschaft nach dem 30. Plenum des ZK der SED, 5. 7. 1957.

wieder auf einer Verbesserung des „wissenschaftlichen Meinungsstreits". In einem monistischen Geschichtssystem, das dem Dogma der „richtigen Erkenntnis" folgte und die Ermittlung der historischen Wahrheit an die politische Parteilichkeit band, hatte der plurale Gedanke eines Nebeneinander unterschiedlicher Sichtweisen keinen strukturellen Platz, worüber immer neue Klagen über den unterentwickelten Meinungsstreit in den Akten Auskunft geben.

Die Durchsetzung eines allgemeinen Geschichtskonsenses und die Schaffung einer verbindlichen historischen Meistererzählung beschäftigte die DDR-Geschichtswissenschaft von ihren ersten Anfängen mit den Planungen für ein Hochschullehrbuch der deutschen Geschichte bis zu dem Tag in der Wende von 1989/90, als die Arbeit an der zwölfbändigen Deutschen Geschichte abgebrochen wurde. Das Ideal eines historischen Konsenses, der sich in einer von bürgerlichen Manipulationen befreiten Historiographie im Wechselspiel von Historikern und Lesern gleichsam naturwüchsig herstellen würde, begleitete die Erarbeitung des zwölfbändigen Hochschullehrbuches – der wegen ihres farbigen Umschlags so genannten Minol-Reihe –, und es zerfiel mit den Hindernissen, die sich dem auf zwei Jahre geplanten Projekt in den fünfzehn Jahren bis zu seiner endgültigen Realisierung entgegenstellten. An die Stelle des Ideals einer spontanen konsensuellen Verständigung auf dem Boden des historischen Materialismus trat die Realität eines hinter verschlossenen Türen ausgehandelten Geschichtsbildes, das nicht mehr wie das Lehrbuch in seinen Dispositionen zur öffentlichen Diskussion gestellt, sondern in seinen Grundzügen autoritativ festgelegt wurde. Das Problem verschärfte sich in Arbeitsbereichen, die im Sinne von Hans Rothfels Zeitgeschichte waren, in denen also das politisch verordnete oder wissenschaftlich erarbeitete Geschichtsbild auf die Erfahrungen und Überzeugungen der Mitlebenden traf und sich mit ihnen arrangieren oder gegen sie behaupten mußte. Für keinen Bereich der deutschen Geschichte galt dies mehr als für die Weimarer Republik. Anders als die auch von vielen SED-Historikern noch nicht für wissenschaftlich erforschbar gehaltene Zeit nach 1945 und anders auch als die in der Emigration oder in der Unterdrückung erlittene NS-Zeit bildeten die Jahre zwischen 1918 und 1933 ein Feld der Partei- und Nationalgeschichte, auf dem sich Erfahrung und Erkenntnis jahrzehntelang unmittelbar begegneten und Historiker eine Geschichte schrieben, an der sie mehrheitlich passiv als Zeitgenossen oder aktiv in der Arbeiterbewegung teilgenommen hatten. Von dem Fünfgestirn „leitender Genossen Historiker", das in den fünfziger Jahren die fachliche Etablierung der staatssozialistischen Geschichtswissenschaft vorantrieb, war selbst der jüngste, Ernst Engelberg, vor 1933 als Funktionär im Kommunistischen Jugendverband in Erscheinung getreten und nach dem Verbot der KPD verhaftet worden. Sein innerparteilicher Gegenspieler Alfred Meusel hatte schon den Ausbruch der Revolution 1918 in Kiel mitgemacht und sich der USPD angeschlossen, während Leo Stern, Jürgen Kuczynski und Albert Schreiner während der Weimarer Jahre Funktionen in den Kommunistischen Parteien Österreichs bzw. Deutschlands wahrnahmen – wobei letzterer sogar in der Revolutionszeit das Amt des württembergischen Kriegsministers bekleidet hatte und später als militärischer Leiter des Rotfrontkämpferbundes fungierte. Parteichef Ulbricht wiederum war aus der USPD gekommen und hatte anschließend als kommunistischer Spitzenfunktionär die politische Gegenwart der KPD entscheidend mitgeformt, über deren historische Darstellung er später mit Fachkollegen beriet, die dreißig Jahre zuvor nicht selten seine politischen Gegner gewesen waren.

Die „Arbeit am nationalen Gedächtnis" (Aleida Assmann) stellte die DDR-Historiographie in bezug auf die Weimarer Republik also vor eine besonders schwierige Aufgabe. Um ihre Geltungskraft nicht durch Unglaubwürdigkeit zunichte zu machen, war sie gezwungen, Funktionsmechanismen einer historischen Konsensbildung zu entwickeln, die fachliche Erkenntnis und legitimatorischen Anspruch miteinander verbanden und die Kluft zwischen normiertem Geschichtsbild und individueller Erfahrung schlossen. Nicht die schon vor 1989 hinlänglich gewürdigten Forschungsresultate und inhaltlichen Entwicklungslinien der DDR-Geschichtsschreibung zur Weimarer Republik,[17] sondern deren homogenisierende Organisationsprinzipien stehen daher im Mittelpunkt der folgenden Betrachtung, die zunächst am Fallbeispiel Weimar die für die Fragestellung relevanten Merkmale des historischen Herrschaftsdiskurses in der DDR umreißt, bevor in einem zweiten Schritt einige Spannungslinien im Verhältnis zwischen Wissenschaft und Politik sowie zwischen individueller Erfahrung und fachlicher Objektivierung der DDR-Historiographie verfolgt und abschließend die Geltungsgrenzen

---

[17] Reinhart Beck: Die Geschichte der Weimarer Republik im Spiegel der sowjetzonalen Geschichtsschreibung, Bonn/Berlin 1965; Renate Reuther: Die Weimarer Republik im Urteil der DDR-Geschichtswissenschaft – Kontinuität und Wandel, Erlangen 1988.

der herrschaftslegitimatorischen Bemächtigung Weimars in der DDR-Geschichtswissenschaft erörtert werden sollen.

## II.

Am Anfang mag dabei die Feststellung stehen, daß jedenfalls eine für die nicht-sozialistische Historiographie grundlegende Spannung in der gebundenen Geschichtswissenschaft der DDR offenbar nur eine vergleichsweise geringe Bedeutung besaß: der Gegensatz von Vergangenheit und Gegenwart. Tatsächlich frappiert wohl nur wenig den Historiker aus der Rückschau mehr als die unmittelbare Aktualisierung historischer Darstellungen in der DDR. Wie sehr im Sinnhorizont der ostdeutschen Disziplin die Grenze zwischen Gegenwart und Vergangenheit verschwimmen konnte, hatte bereits 1952 die Arbeit am Drehbuch für das Museum für deutsche Geschichte in Berlin gelehrt, bei der sich ein Konflikt zwischen historischer und politischer Chronologie entzündete: „Die Frage war, soll im Museum eine Kritik an der Politik der Partei vor der Machtergreifung durch den Faschismus in Verbindung mit dem ‚Programm zur nationalen und sozialen Befreiung des deutschen Volkes' geübt werden, oder erst bei der Behandlung der Brüsseler Konferenz, wo die Partei selbstkritisch zur Politik vor 1933 Stellung nahm." Letzteres setzte sich durch, um zu verhindern, daß das Ansehen der Partei geschädigt werden könnte.[18] Nach denselben Kriterien arbeitete der Verfasser der „Lehrbuch-Disposition 1918–1933", der der ihm zur Seite stehenden Arbeitsgruppe die Richtlinien für die Fertigstellung seines Abschnitts absteckte, die ihm bei einer Besprechung über das Lehrbuch im Staatssekretariat für Hochschulwesen mitgegeben worden waren: „Zwei Dinge müssen bei Einschätzungen berücksichtigt werden, a) welchen Standpunkt damals handelnde Personen gegenwärtig einnehmen, b) wie bestehen damalige Parteibeschlüsse im Licht heutiger Erkenntnisse."[19]

Vergangenheit und Gegenwart flossen aber nicht anders auch noch 30 Jahre später ineinander, wenn etwa ein internes Verlagsgutachten 1981 eine Studie über die Deutsche Reichsbank für druckwürdig erklärte, weil

---

[18] Joachim Petzold: Parteinahme wofür? DDR-Historiker im Spannungsfeld von Politik und Wissenschaft, Potsdam 2000, S. 120.
[19] ABBAW, ZIG 452/1, Abt. 1918–1945, Protokoll der Arbeitsbesprechung am 17. 2. 1958.

sie „von großem politischem Wert bei der Entlarvung der Politik der herrschenden Kräfte des deutschen Imperialismus und ihres Zusammenspiels mit anderen imperialistischen Partnern, insbesondere dem amerikanischen und britischen Finanzkapital" ist,[20] oder ein Gutachter eine Habilitationsschrift über die Sozial- und Gewerkschaftspolitik vor und während der Weimarer Republik zur Annahme vorschlug, weil es ihr gelungen sei, „die Ergebnisse der Analyse der imperialistischen Sozialpolitik aus der Zeit der Weimarer Republik auch für die Analyse der entsprechenden Politik in der BRD fruchtbar zu machen".[21] Noch als das sozialistische Geschichtsbild aufgrund der Entwicklungen unter Gorbatschow seinen Rückhalt selbst im eigenen Lager zu verlieren begann, konnte 1988 in einer Beratung über den Weimar-Band der „Deutschen Geschichte" gefordert werden: „Es sollten Namen jener Personen genannt werden, die später, in der DDR, eine Rolle spielten: nicht nur Politiker, sondern auch Streikführer, Mitglieder von Arbeiter-, Soldaten- und Bürgerräten."[22] In diesen Äußerungen kommt eine Gegenwartsbezogenheit historischer Erkenntnis in der DDR-Geschichtswissenschaft zum Ausdruck, die sich als historischer Präsentismus bezeichnen läßt. Ein Denkhorizont, der der Vergangenheit kein Eigenrecht zugestand und selbst in der Edition der Reden Wilhelm Piecks einen so schönen Begriff wie den der „aktuellen Vollständigkeit" zu prägen in der Lage war, zählte zum Strukturhaushalt der DDR-Geschichtswissenschaft als eigenständigem System zur Verwandlung von Vergangenheit in Geschichte, und er half der sperrigen Geschichte der Weimarer Republik ihre legitimatorische Funktionalität zu sichern.

---

[20] ABBAW, AV, 3416, Manfred Nussbaum: Gutachten über das Werk: H. Habedank, Die Rolle der Reichsbank in der Politik der Weimarer Republik, 29. 5. 1978.
[21] Ebd., AV 3074, Kurt Gossweiler: Gutachten zur Dissertation B von Dr. Jürgen John: Monopolbourgeoisie, Sozial- und Gewerkschaftspolitik vor und während der Weimarer Republik (Studien zur Geschichte des bürgerlichen Parteien- und Verbändewesens in Deutschland), o. D. [1984]. Im selben Sinne hob auch das Zweitgutachten hervor, daß die Arbeit „mit Fug und Recht als ein anregender, wichtiger und in den wesentlichsten Positionen auch gelungener Beitrag zur marxistisch-leninistischen Analyse imperialistischer Politik und Ideologie gelten [kann], der zugleich generelle Aussagen zur Strategie und Taktik des antiimperialistischen Kampfes in der Gegenwart ermöglicht". Ebd., Manfred Weißbecker: Gutachten zur B-Dissertationsschrift Monopolbourgeoisie, Sozial- und Gewerkschaftspolitik vor und während der Weimarer Republik (Studien zur Geschichte des bürgerlichen Parteien- und Verbändewesens in Deutschland), vorgelegt von Dr. phil. Jürgen John, 18. 4. 1984.
[22] Privatarchiv Prof. Dr. Jürgen John, Jena, Protokoll der Sitzung des Herausgeberkollegiums „Deutsche Geschichte" am 29./30. 6. 1988.

Der Widerständigkeit des historischen Materials begegnete die ostdeutsche Vergangenheitsverwaltung mit einem weiteren Abwehrmechanismus, der sich als Entkonkretisierung beschreiben läßt. Sie kam zur Geltung, wenn beispielsweise ein DDR-Zeithistoriker naiverweise vorschlug, die Reden des 1930 von Hitler abgefallenen Führers des „linken" NSDAP-Flügels Otto Strasser zu edieren, und sich daraufhin von seinen Gutachtern sagen lassen mußte, daß es „politisch nicht vertretbar [sei], das pseudorevolutionäre und pseudosozialistische Geschwätz, den Antikommunismus und Antisemitismus der ‚Schwarzen Front' auf ca. 65 Seiten kommentarlos abzudrucken".[23] Deutlicher noch zeigt sich dasselbe Phänomen einer historischen Entstofflichung an dem Bild, das die Geschichtsschreibung der DDR von dem Industriellen, Kulturkritiker und Politiker Walther Rathenau zeichnete. Als ein Mann, „dessen Füße fest in der kapitalistischen Ordnung standen, dessen Kopf aber in die Sphäre einer besseren Gesellschaft ragte", wie Albert Norden erklärte,[24] hätte Walther Rathenaus Leben und Tod eines der reizvollsten Untersuchungsthemen der DDR-Geschichtswissenschaft sein können, denn mit Rathenau betrat ein Vertreter der herrschenden Klasse die historische Bühne, der in vielverbreiteten Essays sozialistische Vorstellungen entwickelt, Karl Radek im Gefängnis besucht und Sowjetrußland aus seiner außenpolitischen Isolation befreit hatte, bevor seine Ermordung durch Rechtsradikale eine kurzfristige Einheitsfront der deutschen Arbeiterparteien bewirkte und Reichskanzler Joseph Wirth zu seinem vielzitierten Ausruf bewog, daß der Feind, der Deutschland bedrohe, rechts stehe. Dennoch dauerte es bis 1987, bis in der Reihe „Schicksale deutscher Bürger" eine erste knappe biographische Skizze publiziert wurde,[25] und selbst in der Spezialliteratur wurde der 1922 ermordete Rathenau als Politiker ganz auf sein Eintreten für ein Ausgleichsabkommen mit Sowjetrußland reduziert: „Die deutsche Arbeiterklasse ehrte ihn an seinem Grabe als den Verfechter des Vertrages von Rapallo."[26] Ein einziger

---

[23] ABBAW, ZIG 037, Klaus Mammach, Bemerkungen zur Dokumentation von Kurt Gossweiler: Otto Strasser, Dokumente gegen Legende, 18. 9. 1981.
[24] Albert Norden: Der Rathenau-Mord und seine Lehren. Zum 25. Jahrestag der Ermordung des Außenministers der Republik, in: Die Einheit 2 (1947), S. 644.
[25] Wolfgang Ruge: Walther Rathenau. Monopolkapitalist, Träumer, Realpolitiker, in: Olaf Groehler (Hrsg.), Alternativen. Schicksale deutscher Bürger, Berlin (O) 1987, S. 13–54.
[26] Ursula Mader: Minister Walther Rathenau. Wirtschaftsorganisator und Staatspolitiker der deutschen Monopolbourgeoisie, unveröffentlichte Staatsexamensarbeit Humboldt-Universität Berlin 1956, S. 87.

Fachkollege, der Kirchenhistoriker Walter Bredendieck, hatte zuvor an einer Biographie Walther Rathenaus gearbeitet und 1962 mit dem „Mißverständnis" aufzuräumen versucht, „Rapallo und Rathenau als eine Einheit zu betrachten, so, als sei Rathenau der alleinige Inspirator der Rapallo-Politik gewesen oder als hätte ihm gar eine Konzeption der ‚Deutsch-sowjetischen Freundschaft' vorgeschwebt".[27] Doch seine Arbeit fand keinen Verlag.[28] Umsonst auch hatte Günter Rosenfeld schon 1960 den detaillierten Nachweis geführt, daß der westorientierte Rathenau den Abschluß des Rapallo-Vertrages lange Zeit hinausgezögert hatte und erst in letzter Stunde durch seinen Ministerialdirektor Ago von Maltzan umgestimmt worden war.[29] Die Ikonisierung bedurfte im Gegenteil der Entkonkretisierung, um Rathenau zum „rühmlichen[n] Beispiel friedlicher Koexistenz zwischen Staaten unterschiedlicher Gesellschaftssysteme"[30] zu formen, der sein Leben in die Waagschale warf, um den Ausgleich mit Sowjetrußland durchzusetzen. So ist auch zu erklären, daß die DDR-Geschichtswissenschaft den Rathenaumord niemals als Forschungsdesiderat betrachtete und daher auch nie eine quellengestützte Untersuchung über ihn hervorbrachte. Die Gewißheit, daß das Attentat auf den Außenminister von der „präfaschistischen Organisation Consul" verübt worden war und in der „Hetze gegen Sowjetrußland und ganz persönlich gegen Walther Rathenau" nach dem Rapallo-Vertrag wurzelte,[31] war auf empirische Beweissicherung um so weniger angewiesen, als eine genauere Prüfung womöglich den Umstand zutage gefördert hätte, daß die Grenzen zwischen Freund und Feind weniger klar gezogen waren, als das geltende Klischee es wollte, und beispielsweise ausgerechnet das publizistische Sprachrohr der Organisation Consul, aus der die Täter kamen, die Ergebnisse der Konferenz von Genua überraschend positiv gewertet und sich damit unmißver-

---

[27] Fritz Klein: Walther Rathenau in der Historiographie der DDR, in: Mitteilungen der Walther Rathenau Gesellschaft 6 (1996), S. 8–14, hier S. 13. Vgl. Walter Bredendieck: Zur Dialektik im Werke Rathenaus, in: Neue Zeit, 24. 6. 1962.
[28] Klein, Walther Rathenau [wie Anm. 27], S. 13f.
[29] Günter Rosenfeld: Sowjetrußland und Deutschland 1917–1922, Berlin (O) 1960. In dieselbe Richtung hatte bereits Fritz Klein in seiner Dissertation „Die diplomatischen Beziehungen Deutschlands zur Sowjetunion 1917 bis 1932", Berlin (O) 1953, argumentiert.
[30] Martin Richter: Damit die Völker sich die Hände reichen [...] Vor 120 Jahren wurde Walther Rathenau geboren, in: Neues Deutschland, 29. 9. 1987.
[31] So Ruge, Walther Rathenau [wie Anm. 25], S. 52f.

ständlich von der Polemik nationalistischer und nationalsozialistischer Blätter wie etwa des „Völkischen Beobachters" abgesetzt hatte.[32]

Durch Präsentismus und Entkonkretisierung allein war allerdings der Ausgleich zwischen Geschichtsbild und Erfahrung nicht herzustellen, den die konsensuelle Verfassung der DDR-Historie nicht minder benötigte als die Homogenität von Parteilichkeit und Wissenschaft. Weniger ging es dabei freilich um das in der Bevölkerung selbst herrschende Bewußtsein. Hier half bereits die Berufung auf die Avantgarde-Funktion der Herrschaftseliten und damit auch der Historiker, auf die Ulbricht sich beispielsweise stützte, wenn er in seiner Eigenschaft als Vorsitzender des Autorenkollektivs für die Geschichte der deutschen Arbeiterbewegung forderte: „Immer von den objektiven Gesetzmäßigkeiten ausgehen. Den subjektiven Auffassungen in der Bevölkerung entgegentreten."[33] Eine weit problematischere Erfahrungskategorie dagegen verkörperten die Erinnerungen von kommunistischen Parteiveteranen, die die geschichtliche Authentizität des Erlebens mit der parteilichen Autorität des Erlebenden verbanden und dennoch häufig – und oft ganz unfreiwillig – in ihrem damaligen Handeln von einer inzwischen längst revidierten Parteilinie zeugten. Zur Bewahrung und Bearbeitung ihrer Erlebnisse wurde in der DDR ein eigenes Erinnerungsarchiv als Vorbereitung für eine geplante Gesamtdarstellung der Geschichte der deutschen Arbeiterbewegung 1961 angelegt und zugleich im Interesse des historischen Homogenitätsanspruchs das Kriterium ihrer Aufnahme in das kollektive Gedächtnis festgelegt: „Erkennbare Klassenposition und Parteilichkeit des Autors, [...] die Einheit von Objektivem und Subjektivem [...] gehören zu den Hauptmerkmalen von Erinnerungen."[34]

Das Erinnerungsarchiv im SED-Institut für Marxismus-Leninismus (IML) wurde so zum mehrstufigen Reinigungsbad eines Parteigedächtnisses, das möglichst konkrete Erinnerungen ausdauernd suchte – und zugleich negierte. Auf der einen Seite legten interne Richtlinien fest, daß es bei der Aufnahme von Erinnerungen als geschichtliches Quellenmaterial auf eine „Schilderung der Ereignisse an[kommt], wie sie dem Teil-

---

[32] Martin Sabrow: Der Rathenaumord. Rekonstruktion einer Verschwörung gegen die Republik von Weimar, München 1994, S. 116f.
[33] BArch-SAPMO, DR 34119, Besprechung der Arbeitsgruppe, 2. 10. 1962.
[34] Zitiert nach Beate Vierneisel: Das Erinnerungsarchiv. Lebenszeugnisse als Quellengruppe im Institut für Marxismus-Leninismus beim ZK der SED, in: Martin Sabrow (Hrsg.), Verwaltete Vergangenheit. Geschichtskultur und Herrschaftslegitimation in der DDR, Leipzig 1997, S. 117–144, hier S. 127.

nehmer im Gedächtnis haften geblieben sind, und nicht, wie sie den vorhandenen Dokumenten entnommen wurden."[35] Auch sollten die Befragten nach einem orientierenden Vorgespräch ihre Erinnerungen unbedingt selbst zu Papier bringen, um die Authentizität des Festgehaltenen nicht zu gefährden. Auf der anderen Seite wurden die nach ihrer Nähe zu „führenden Genossen" in der Weimarer und in der NS-Zeit ausgewählten Zeitzeugen sorgfältig überprüft, bevor sie ihre Aussagen nach einem detailliert ausgearbeiteten Fragenkatalog abgeben konnten, der zuvor vom Sektorleiter des IML bestätigt werden mußte. Trotzdem weigerten sich viele Befragte, eben diesen Schritt vom mündlichen zum schriftlichen Wort zu gehen, und schrieben, „daß sie ihre eigenen Erfahrungen hätten und es vorziehen, die plaudernd mitgeteilten Dinge nicht festzuhalten". Die nicht von vornherein der Selbstzensur zum Opfer gefallenen Erinnerungen wurden anschließend von geschulten IML-Kräften nach den Kategorien „allgemein zugängliches, vertrauliches oder gesperrtes Material" klassifiziert, was besonders dann zum Tragen kam, „wenn das Material voller Fehler ist und deshalb Verwirrung stiften kann". Die auf diese Weise entstandenen und gefilterten „Wunschbiographien", in denen geschichtliche und persönliche Wahrheit glücklich zur Deckung kamen, wurden nochmals sorgsam nach den Kriterien „objektive Wahrheit" und „Unterstützung der aktuellen Politik" überprüft, bevor sie schließlich in thematischer Auswahl unter Titeln wie „Unter der roten Fahne. Erinnerungen alter Genossen" und „Vorwärts und nicht Vergessen. Erlebnisberichte aktiver Teilnehmer der Novemberrevolution 1918/1919"[36] im parteieigenen Dietz Verlag bzw. in einer fortlaufenden Rubrik der „Beiträge zur Geschichte der deutschen Arbeiterbewegung" publiziert wurden und so die legitimatorische Geltungskraft einer gleichsam „beherrschten" Erinnerung in die sozialistische Lesewelt trugen.

In das kollektive Gedächtnis kultureller Gemeinschaften gehen nach einer Unterscheidung Jan Assmanns zwei voneinander getrennte Stränge der geschichtlichen Vergegenwärtigung ein: zum einen die Erinnerungen, die ein Mensch mit seinen Zeitgenossen teilt und die als „Generationen-Gedächtnis" mit seiner Zeit entstehen und vergehen; zum anderen das durch „Wissensbevollmächtigte" und spezialisierte Vermittlungsagenturen überlieferte Bild generationsübergreifender Vergangen-

---

[35] Ebd., S. 122.
[36] Beide Bücher erschienen Berlin (O) 1958.

heitszeiträume, das sich von den Mitlebenden gelöst hat und als „eine Sache institutionalisierter Mnemotechnik" zeitunabhängig aufbewahrbar bleibt.[37] In diesem Sinne präsentiert das Erinnerungsarchiv des IML sich als Laboratorium einer Erinnerungsarbeit, in dem kommunikatives und kulturelles Gedächtnis rückstandslos miteinander verschmolzen wurden, um so den Homogenitätsanspruch des sozialistischen Geschichtsbildes zu sichern. Wie hilfreich diese kategoriale Unterscheidung zwischen beiden Gedächtnisformen für den Fall der geschlossenen und partiell entdifferenzierten DDR-Gesellschaft überhaupt sein mag; gänzlich unanwendbar ist sie, wenn die Handelnden von einst selbst als professionelle Historiker agierten. In solchen Fällen verlagerte sich die erforderte Anpassungsleistung auf sie selbst und wurde aus der beherrschten Erinnerung eine selbstbeherrschte Erinnerung. Nach ihrer Maßgabe verhielt sich der einstige Abweichler Albert Schreiner, der 1928 aus Protest gegen den linksradikalen Kurs der KPD aus der Partei ausgeschlossen und zur KPO übergegangen war und als Historiker verwarf, was er einst als Politiker selbst getan hatte. Nachdem der Direktor des Museums der deutschen Geschichte den von Schreiner verantworteten Teil der Geschichtsausstellung des Museums mit der Bemerkung attackiert hatte, daß in seinem Museum die Geschichte der Weimarer Republik nicht aus der Perspektive des Rotfrontkämpferbundes dargestellt werde, erklärte er kategorisch: „Eine Kritik an der Politik der KPD vor 1933 in dem hier zur Debatte stehenden Zusammenhang halte ich auch deshalb für verfehlt, weil die Fehler der KPD auf einer ganz anderen Ebene liegen wie die der SPD. Die KPD hat zu keiner Zeit die grundsätzliche Position des Marxismus-Leninismus preisgegeben. Bei der SPD handelt es sich um die konsequente Fortsetzung ihrer Politik des Verrats der Arbeiterklasse."[38] Nichts war, wie Joachim Petzold in seiner Autobiographie zeigt, dem in den dreißiger Jahren zur KPD zurückge-

---

[37] Jan Assmann: Das kulturelle Gedächtnis. Schrift, Erinnerung und politische Identität in frühen Hochkulturen, München 1992, S. 48 ff. Zur Übertragung des Konzeptes auf die DDR: Herfried Münkler: Politische Mythen der DDR, in: Berlin-Brandenburgische Akademie der Wissenschaften, Jahrbuch 1996, Berlin 1997, S. 123–156; ders., „Das kollektive Gedächtnis der DDR", in: Dieter Vorsteher (Hrsg.): Parteiauftrag: Ein Neues Deutschland. Bilder, Rituale und Symbole der frühen DDR, Berlin 1996, S. 458–468, und ders., Antifaschismus und antifaschistischer Widerstand als politischer Gründungsmythos der DDR, in: Aus Politik und Zeitgeschichte B 45/98, S. 16–29.

[38] BArch-SAPMO, NY 4198/86, Albert Schreiner, Stellungnahme zur Kritik Meusels vom 26. November 1952. Zu den Hintergründen: Petzold, Parteinahme wofür? [wie Anm. 18], S. 115 ff.

kehrten Schreiner in der DDR fataler als die Erinnerung an die „elende Scharte in meiner Parteivergangenheit", auf die er 1950 in einem selbstkritischen Unterwerfungsschreiben an Ulbricht selbst zu sprechen kam,[39] um fortan bis zu seinem Tode jeden Angriff auf seine selbstbeherrschte Erinnerung mit der Frage zurückzuweisen, „wem das nütze".[40]

Anderen aber konnte oder wollte eine solche „verantwortliche Verdrängung" ihrer eigenen Vergangenheit weniger leicht gelingen. Der schon 1916 auf der Reichskonferenz der Spartakusgruppe anwesende Altkommunist Rudolf Lindau beispielsweise, erster Leiter der Parteihochschule der KPD, spottete Anfang 1955 über den Entwurf einer Ulbricht-Biographie Fritz Heckerts: „Ich höre zum ersten Male, daß Walter Ulbricht auf dem Gründungsparteitag [der KPD] gewesen ist",[41] und wies mit anderen in vertrautem Kreise gern darauf hin, daß Thälmann und Ulbricht noch in der USPD gewesen seien, während seine Genossen und er längst die KPD gegründet hätten.[42] In den vom Parteichef selbst geleiteten Beratungen über eine verbindliche Darstellung der Parteigeschichte in den sechziger Jahren mobilisierten auch andere Diskutanten eigene Erfahrungen, um widersprechende Einschätzungen zu Protokoll zu geben, wie etwa der Altkommunist und Mitbegründer des Spartakusbundes Fritz Globig demonstrierte, als er die Rolle der Arbeiterjugend in der Novemberrevolution stärker gewürdigt wissen wollte: „Ihr könnt beschließen was Ihr wollt, aber diese Darstellung, die 1958 durch die Presse ging, ist durch die Partei und [!] durch die Wirklichkeit autorisiert".[43]

Nur in der Person Ulbrichts freilich kamen eigene Erfahrung und historische Erkenntnis so weit zur Deckung, daß die Einlassungen des Parteichefs als Vorsitzender des Autorenkollektivs für die achtbändige Geschichte der deutschen Arbeiterbewegung gleichsam einen dritten Erinnerungstypus konstituierten, nämlich den der beherrschenden, der autoritativen Erinnerung. Als das Verfassergremium nämlich den sogenannten Preußenschlag vom 20. Juli 1932 erörterte, meldete Ulbricht

---

[39] Petzold, Parteinahme wofür? [wie Anm. 18], S. 90.
[40] Ebd., S. 124.
[41] BArch-SAPMO, DY 30, IV 2/9.07, Bd. 155, Rudolf Lindau, 27. 1. 1955.
[42] Petzold, Parteinahme wofür? [wie Anm. 18], S. 130.
[43] BArch-SAPMO, DY 30, IV A 2/2.024/58, Stenografische Niederschrift der Beratung des Autorenkollektivs zur Ausarbeitung der dreibändigen Geschichte der deutschen Arbeiterbewegung im Hause des ZK der SED, Sitzungssaal des Politbüros, am 12./13. November 1964, Bl. 98.

sich zu Wort: „Jetzt gibt es noch eine Frage. Auf der Seite IX/C/155 wird die Frage der Papen-Diktatur behandelt. Aber die Darstellung der Absetzung von Severing [...] ist nicht richtig. [...] Im Auftrage von Papen kommt ein Oberleutnant oder Major mit zwei Mann zu Severing und fordert ihn auf, das Zimmer zu verlassen, seine Funktion niederzulegen, da Papen ihn seiner Funktion enthoben habe, worauf Severing sagt, er weiche nur der Gewalt. Da wird er gefragt: Welche Form der Gewalt wünschen Sie? – Dann zieht Severing los. Hier ist das alles viel zu schön, um wahr zu sein. Das war in Wahrheit viel schlimmer. Ich habe selber mit dem Kommandeur, der das gemacht hat, vor 15 Jahren gesprochen. Er hat mir das alles erzählt." Als der zuständige Autor daraufhin einwandte, daß es über den Vorgang eine Reihe von amtlichen und anderen Schriftsätzen gäbe, so auch von Severing selbst, die belegten, daß die Reichswehr an dem Vorgang gar nicht beteiligt war, versuchte Ulbricht sich kurzerhand mit der Bemerkung durchzusetzen: „Der wird doch nicht die Wahrheit schreiben!"[44] Von der autoritativen Erinnerung war es dann nur noch ein kleiner Schritt zur Korrektur der Geschichte selbst, wie ebenfalls Ulbricht demonstrierte, als er sich in demselben Zusammenhang mit der Darstellung des Heidelberger Parteitags der KPD im Oktober 1919 beschäftigte, über den der Entwurf der Geschichte der deutschen Arbeiterbewegung geurteilt hatte: „In den ‚Leitsätzen über

---

[44] Ebd., Bl. 193. In diesem Fall allerdings vermochte der zuständige Bearbeiter Wimmer mit der Autorität der Erinnerung Severings die Erinnerung des Parteichefs zu überbieten, die sich lediglich vom Hörensagen herleitete: „Walter Wimmer: [...] Aber auch in den Erinnerungen verschiedener anderer steht, daß nicht einmal Reichswehr eingesetzt werden mußte, sondern daß Severing den konkreten Verlauf seiner Absetzung selbst mit dem Beauftragten Kommissar, dem Essener Oberbürgermeister, vereinbarte. Er lud ihn deshalb zur Vermeidung von Aufsehen unter den Arbeitern auf der Straße für abends ins Ministerium ein. Dann erschienen der Polizeipräsident für Berlin und der neueingesetzte Polizeikommandeur bei Severing. Sie wiesen sich aus, wie Severing selbst zugibt. Er wußte ja, daß sie den Auftrag dazu hatten. Dann ging er in seine Privatwohnung. (Walter Ulbricht: Lest einmal nach, was Vinzenz Müller darüber geschrieben hat! Severing hat nicht die Wahrheit gesagt.) Nein, nein! Diesen Angaben liegt ein umfangreiches Quellenmaterial zugrunde. (Hanna Wolf: Was der Genosse jetzt schildert, ist ja noch schlimmer als die übliche Darstellung.) (Walter Ulbricht: Lest das noch einmal nach!) Das ist umso schlimmer, als dieser Rücktritt schon vier Tage vorher im Parteivorstand beschlossen wurde. Walter Ulbricht: Das ist schlimm. Vorher hatte er sich krank gemeldet. (Walter Wimmer: Das war Braun.) Richtig. – Also lest das noch einmal bei Vinzenz Müller nach!" Ebd., Bl. 193 f. Die veröffentlichte Darstellung ging über Ulbrichts Einwände allerdings glatt hinweg und folgte Wimmers Argumentation. Vgl. Geschichte der deutschen Arbeiterbewegung in acht Bänden, hrsg. vom IML beim ZK der SED, Bd. 3 1917 bis 1923, Berlin (O) 1966, S. 354.

kommunistische Grundsätze und Taktik' grenzte sich der Parteitag entschieden sowohl vom Zentrismus als auch vom Linksradikalismus ab." Ulbricht griff mit der Autorität einer gestaltenden Erinnerung ein: „Das kann so vielleicht in den Leitsätzen stehen. Ich weiß das nicht mehr genau. Aber der Sinn ist ein anderer. Der Sinn ist – und so müßte man das formulieren –: Die Rolle dieses Parteitages bestand darin, die sektiererischen und ultralinken Auffassungen in den Fragen der Arbeit in den Gewerkschaften, in den Parlamenten usw. zu überwinden und die Fehler, die auf dem Gründungsparteitag zugelassen waren, zu korrigieren."[45] So geschah es; der veröffentlichte Text tilgte den Hinweis auf den Zentrismus und referierte lediglich die gegen den Linksradikalismus gerichteten Partien des Aufrufs.[46]

### III.

Um so eigentümlicher ist, daß das auf einer solchen Grundlage arbeitende Autorenkollektiv letztendlich eine umfangreiche Parteigeschichte zustande brachte, die zwar nur aus taktischen Gründen den umfassenderen Titel einer Geschichte der Arbeiterbewegung trug, aber auch nach dem Urteil westlicher Historiker wie Hermann Weber eine bemerkenswerte Abkehr von stalinistischen Methoden darstellte und etwa in der Erwähnung von verfemten Parteifeinden wie Heinrich Brandler, August Thalheimer und Paul Levi weiter ging als jede andere offiziöse Darstellung vorher oder nachher in der DDR.[47] Tatsächlich verlor sie ihren Status als historische Meistererzählung dann auch schneller wieder, als sie ihn erworben hatte, und zählte nach Ulbrichts Sturz 1971 sehr bald nicht mehr zu den kanonischen Werken, an denen die Geschichtsschreibung sich auszurichten hatte. Ihr kurzlebiges Schicksal zeigt, daß auch ein durch historischen Präsentismus und beherrschte Erinnerung kanalisierter Umgang mit der Weimarer Republik nicht zum bedingungslosen geschichtspolitischen Argument der SED wurde. Immer spiegelten sich in

---

[45] BArch-SAPMO, DY 30, IV A 2/2.024/58, Stenografische Niederschrift der Beratung des Autorenkollektivs zur Ausarbeitung der dreibändigen Geschichte der deutschen Arbeiterbewegung im Hause des ZK der SED, Sitzungssaal des Politbüros, am 12./13. November 1964, Bl. 115.
[46] Vgl. Geschichte der deutschen Arbeiterbewegung, Bd. 3 [wie Anm. 44], S. 259f.
[47] Hermann Weber: Zwischen Stalinismus und Objektivität. Die achtbändige „Geschichte der deutschen Arbeiterbewegung", in: SBZ-Archiv 16 (1966), S. 249–253.

den Auseinandersetzungen um die Lehren aus Weimar auch die alten und neuen Gegensätze in der SED selbst, und sie ergänzten die gewohnte politische Instrumentalisierung der Geschichte durch eine oft erstaunliche Verlängerung historischer Flügelkämpfe in die Gegenwart, wie etwa Joachim Petzold als Assistent Schreiners am Ende der fünfziger Jahre im Konflikt um den Charakter der Novemberrevolution erfuhr: „Ich sah, daß die nach außen so geschlossen wirkende Phalanx der tonangebenden Kommunisten doch recht brüchig war. Es standen sich nicht nur die Parteigründer, von denen man einige ‚Luxemburgianer' nennen konnte, und die ‚Thälmannianer' gegenüber, die die eigentlichen Stalinisten in ihren Reihen zählten. Die Moskauer Exulanten mit Walter Ulbricht an der Spitze wachten auch noch eifersüchtig darüber, daß ihr Führungsanspruch nicht von denen in Frage gestellt wurde, die wie Walter Bartel gern darauf verwiesen, daß sie nicht in die Emigration gegangen seien, sondern in Deutschland gegen den Faschismus gekämpft hätten. Das gemeinsame Mißtrauen beider Fraktionen galt wiederum den West-Emigranten, die angeblich besonders anfällig für Unterwanderungen aller Art gewesen seien und die sich häufig gegeneinander ausspielen ließen."[48]

---

[48] Petzold, Parteinahme wofür? [wie Anm. 18], S. 129f. Notorisch wider den Stachel löckte beispielsweise der mit der Bremer Rätebewegung verbundene Lindau, der nach einer Mitteilung von Ulbrichts Geschichtsreferenten Hans Vieillard an den Parteichef 1962 auf einer Arbeitsberatung in der Abteilung Wissenschaften auch nach dem autoritativen Entscheid über den Charakter der Novemberrevolution anders als Schreiner hartnäckig an seinen „falschen" Auffassungen festhielt: „Der Genosse Lindau diskutierte erst sehr positiv, brachte u. a. das Marburger Beispiel, ebenso den Massenstreik in Belgien, um dann in seinen weiteren Ausführungen offensichtlich die Parteiführung zu diskreditieren. Ausgehend davon, daß die sowjetischen Historiker auch das Vorbild für die deutschen Historiker seien, äußerte er u.a.: ‚Die sowjetische Geschichtsschreibung hat viele Fragen über die deutsche Geschichte behandelt und man darf und kann diese nicht mißachten und einfach dekretieren; aber bei uns ist es so. Die zukünftige Diskussion wird es aber noch zeigen. Wenn es Genossen gibt, die eine andere Meinung haben, so müssen sie diese beweisen und den wissenschaftlichen Meinungsstreit eröffnen." (BArch-SAPMO, NY 4182/1364, Information, 23.1.1962). In diesem Fall schlug die Parteibürokratie vor, den Abweichler unmißverständlich an die Prinzipien einer „beherrschten Erinnerung" zu erinnern: „Es wäre zu empfehlen, daß ein verantwortlicher Genosse mit dem Genossen Lindau einmal ernsthaft spricht, damit er nicht weiter auf Grund seiner Persönlichkeit einen gewissen Kreis junger Historiker beeinflußt; denn auch in der letzten wissenschaftlichen Beiratssitzung des Instituts für Marxismus-Leninismus stellte er ähnliche Fragen und war wieder bemüht, die Rolle der Bremer Linken stark hervorzuheben." Ebd.

Deutlicher noch zeigte der dritte Anlauf zur Formulierung eines verbindlichen Leittextes über die Geschichte der Weimarer Republik in den achtziger Jahren, in welchem Maße der Diskurspanzer zu erodieren begann, in dem Fachwissenschaft und historische Herrschaftslegitimation über Jahrzehnte hinweg zusammengesperrt waren. Die Konfliktgeschichte des geplanten Bandes VII der Deutschen Geschichte zwischen 1917 und 1933 begann 1978 mit der am Ziel der unbedingten Homogenität des Geschichtsbildes ausgerichteten Festlegung, daß eine umfassende Geschichte dieser Zeit erst nach Abschluß einer neuen SED-Geschichte in Angriff genommen werden könne, um den Primat der Partei bei der Fixierung der geltenden Linie zu wahren. Als die Arbeit 1983 unter der Leitung Joachim Petzolds aufgenommen wurde, geschah dies einerseits im Kontext des geschmeidigeren Erbe-Traditions-Paradigmas, das schon lange an die Stelle der alten Zwei-Linien-Theorie einer progressiven und einer reaktionären Strömung der deutschen Geschichte getreten war, und andererseits unter dem Druck des IML als dem zuständigen Leitinstitut für Geschichte, das sich die Abfassung der Kapitel über die KPD selbst vorbehalten hatte. Der voraussehbare Konflikt entzündete sich an der Frage, ob die Weimarer Republik als ein uneingeschränkt imperialistischer Klassenstaat oder als ein gegenüber der faschistischen Diktatur qualitativ friedlicheres und damit schützenswertes Gebilde zu betrachten sei. Die Akademie-Historiker um Wolfgang Ruge, Joachim Petzold und Jürgen John hielten letzteres für richtig. Aber eine solche Auffassung hatte Konsequenzen, wie eine Beratung aller Autoren des Bandes 1986 verdeutlichte: „In der BRD sei manches im Hinblick auf bürgerliche Demokratie weitergehend als in der Weimarer Republik. Wenn man einiges so wie in der Ausarbeitung werte, habe das Konsequenzen für die Darstellung der BRD."[49]

Formal setzten sich die Parteihistoriker durch, die kategorisch „keine Neubewertung der Weimarer Republik" verlangten. Die faktische Erosion des geltenden Vergangenheitsgerüsts aber ließ der Direktor des Akademie-Instituts für Geschichte durchblicken, bei dem das Weimar-Projekt angesiedelt war. Entsprechend seiner Stellung als Leiter dekretierte er einerseits, daß die Übereinstimmung mit der Parteigeschichte gewahrt bleiben müsse und die Entscheidungen der Parteiführung durchzuführen seien, „auch wenn es uns nicht in allen Punkten gefallen sollte"; auf der anderen Seite prophezeite er „Jahre harter Auseinander-

---

[49] Petzold, Parteinahme wofür? [wie Anm. 18], S. 312.

setzungen" und forderte, auf brisante Fragen auch weiterhin nicht zu verzichten.[50] Spätestens damit war die verlangte Konsensualität auch in bezug auf ein einheitliches Weimar-Bild in der DDR-Geschichtsschreibung endgültig einem faktischen Doppelbewußtsein gewichen, das die Geltungskraft des normierten Geschichtsbildes nur mehr zähneknirschend anerkannte und den entscheidenden Hemmschuh der historischen Wahrheitsfindung immer deutlicher in einer Parteiführung sah, die mit Hanna Wolf eine Fehlerdiskussion über die KPD um jeden Preis vermeiden wollte.

Wie stark die inneren Risse eines mittlerweile von Ost wie von West gleichermaßen berannten Diskurspanzers auch die Legitimationskraft von Weimar als geschichtspolitischem Argument brachen, machte der immer auf Ausgleich bedachte Projektleiter im Juli 1988 vor der Parteileitung des Akademie-Instituts unter Bezug auf die Diskussion in der Sowjetunion deutlich: „Wir haben uns schon entschlossen, die Bedenken Rosa Luxemburgs gegenüber dem in Rußland eingeschlagenen Weg zu erwähnen. Aber wie berechtigt war dann der jahrelange Kampf gegen den Luxemburgismus? Er spielte eine wichtige Rolle bei dem Parteiausschluß der alten Spartakusführer um Brandler und Thalheimer, die zudem als Anhänger des heute wieder voll rehabilitierten Bucharin verschrieen wurden. Das sind nur einige Probleme, die aber die ganze Brisanz der zu behandelnden Fragen zeigen."[51] Schon einige Wochen zuvor war der Konsens zwischen Politik und Geschichte, zwischen der Partei und der Fachdisziplin zerbrochen, als in einer Sitzung des Herausgeberkollegiums der IML-Vertreter allen Versuchen, die Weimarer Republik auf- und damit den kommunistischen Kampf gegen sie abzuwerten, mit der kategorischen Feststellung entgegentrat: „Wirtschaft, Rationalisierung und andere Prozesse sollte man vom Klassenstandpunkt aus werten."[52] Sein nachgeschobener Vorwurf, der zuständige Kapitelautor Jürgen John „habe den Klassenstandpunkt verlassen", und überhaupt „seien eine Reihe von Einschätzungen des Autors nicht klassenmäßig", provozierte fast einen Eklat. Gleichviel, ob prononcierter Kaderhistoriker oder heimlicher Oppositioneller, die versammelten Fachkollegen verwahrten

---

50 So hielt Petzold die Äußerung seines Direktors in einer Mitschrift vom 22. 1. 1986 fest. Ebd., S. 320.
51 Privatarchiv Prof. Dr. Jürgen John, Jena, Bericht am 12. Juli 1988 vor der Parteileitung über Band VII der Deutschen Geschichte.
52 Ebd., Protokoll der Sitzung des Herausgeberkollegiums „Deutsche Geschichte" am 29./30. 6. 1988.

sich fast einmütig gegen diese brachiale Erinnerung an die ideologischen Grundlagen der parteilichen Geschichtswissenschaft und gaben mit Rolf Richter zu Protokoll, „daß diese Art der Kritik nicht mehr angängig sei".[53] Die Folgen ließen nicht auf sich warten: Zwei Wochen später und sechzehn Monate vor dem Fall der Mauer forderte Joachim Petzold parteiöffentlich die Entlassung der Weimarer Republik aus ihrem politischem Dienst für die DDR: „Meines Erachtens sollte verzichtet werden, historische Fragen mit Parteiautorität behandeln zu wollen."[54] Die offizielle Kündigung der Kooperation mit dem IML und der endgültige Abbruch des Weimar-Projekts erfolgten erst in der Zusammenbruchsphase der DDR im Winter 1989 und März 1990. Aber sie besiegelten damit nur das äußerliche Ende einer Vergangenheitsverwaltung, deren innere Konsensfähigkeit und damit geschichtspolitische Legitimationskraft sich in bezug auf die Weimarer Republik schon Jahre zuvor erschöpft hatte.

[53] Ebd. In einer detaillierten Kritik forderte die Gruppe der Historiker aus den Partei-Instituten John noch im Januar 1989 in einer ausführlichen Auseinandersetzung mit seinem Kapitelentwurf nicht nur zu „radikaler Emanzipation von Sichtweisen der BRD-Literatur" auf, sondern rügte vor allem die angebliche Ungleichgewichtigkeit seiner Ausführungen: „Insgesamt ist zur Behandlung der gewerkschaftspolitischen Probleme in diesem Kapitel festzustellen, daß immer wieder [...] einerseits das Verhalten der reformistischen Gewerkschaftsführer unkritisch dargelegt und im Grunde entschuldigt wird, ihre antikommunistischen Argumente in den Raum gestellt und nicht widerlegt werden, ihr antikommunistischer Kurs als *eine entscheidende* Ursache sektiererischer Erscheinungen nicht deutlich wird, andererseits die kommunistische Gewerkschaftspolitik unausgewogen dargestellt wird, negative Momente einseitig überbetont werden und die Kritik teilweise überzogen ist." (Ebd., Heinz Karl an Jürgen John, 5. 1. 1989; Hervorhebungen im Original) Vgl. auch die Bemerkungen der Parteikritiker zur heiklen „Sozialfaschismus"-Frage: „Dafür fast 2 Seiten ist nicht möglich – es wäre eine ausgesprochen desorientierende Disproportion. Diese hypertrophe Behandlung [...] suggeriert geradezu die Vorstellung, daß damit selbst der Gedanke an Einheitsfront ausgeschlossen war und das größte Hindernis für die Aktionseinheit die ‚Sozialfaschismus'-These usw. der Kommunisten und nicht der Opportunismus und Antikommunismus der rechten Sozialdemokraten war – denn davon ist nirgends so massiv und grundsätzlich die Rede! D. h. diese Ausführungen müssen entschieden gestrafft werden, wobei der *reale* Platz dieser These deutlich werden muß, man nicht der falschen Tendenz nachgeben darf, sie hochzuspielen." Ebd. (Hervorhebung im Original).
[54] Ebd., Bericht am 12. 7. 1988 vor der Parteileitung über Band VII der Deutschen Geschichte.

# Verzeichnis der Autoren

*Bramke, Werner* (\*1938), Dr. phil., Professor am Historischen Seminar der Universität Leipzig; Mitglied des Kuratoriums der Simon-Dubnow-Stiftung für Jüdische Geschichte und Kultur, Leipzig; Mitglied des Vorstandes des Zentrums für Höhere Studien der Universität Leipzig. Veröffentlichungen u. a.: Der unbekannte Widerstand in Westsachsen 1933–1945, in: Jahrbuch für Regionalgeschichte, Bd. 13 (1986); Handwerk und Handwerker in der Weimarer Republik, in: Jahrbuch für Geschichte, Bd. 36 (1988); (zus. mit Ulrich Heß): Die Novemberrevolution in Deutschland und ihre Wirkung auf die deutsche Klassengesellschaft, in: ZfG, Heft 12 (1988); Hrsg. (zus. mit Ulrich Heß), Sachsen und Mitteldeutschland. Politische, wirtschaftliche und soziale Wandlungen im 20. Jahrhundert (1995); Hrsg. (zus. mit Ulrich Heß), Region und Regionalität in der Sozialgeschichte des 20. Jahrhunderts (1995); Hrsg. (zus. mit Ulrich Heß), Wirtschaft und Gesellschaft in Sachsen im 20. Jahrhundert (1998); Freiräume und Grenzen eines Historikers (1998).

*Grimm, Dieter* (\*1937), Dr. iur., Referent am Max-Planck-Institut für Europäische Rechtsgeschichte in Frankfurt am Main 1967 bis 1979, Professor für öffentliches Recht in Bielefeld 1979 bis 1999, seit 2000 an der Humboldt-Universität zu Berlin, Richter des Bundesverfassungsgerichts 1987 bis 1999, seit 2001 Rektor des Wissenschaftskollegs zu Berlin. Veröffentlichungen u. a.: Solidarität als Rechtsprinzip (1973); Einführung in das öffentliche Recht (1985); Deutsche Verfassungsgeschichte, Bd. 1 ($^3$1995); Braucht Europa eine Verfassung? (1995); Hrsg. (zus. mit Roman Herzog und Jutta Limbach), Die deutschen Verfassungen 1848, 1871, 1919, 1949 (1999).

*John, Jürgen* (\*1942), Dr. phil., Professor für moderne mitteldeutsche Regionalgeschichte an der Friedrich-Schiller-Universität Jena; Mitglied der Historischen Kommission für Thüringen, der Senatskommission zur Aufarbeitung der Geschichte der Universität Jena im 20. Jahrhundert und des wissenschaftlichen Beirates des Fernsehprojektes „Geschichte

Mitteldeutschlands". Veröffentlichungen zur Geschichte der Weimarer Republik, der Industrieverbände und der Sozialpolitik in Deutschland, zur Universitäts-, Studenten- und Stadtgeschichte sowie zur mitteldeutschen und Thüringer Landes-, Kultur- und Regionalgeschichte, zuletzt u. a.: Kleinstaaten und Kultur in Thüringen vom 16. bis 20. Jahrhundert (1994); Zwischen Konvention und Avantgarde. Doppelstadt Jena-Weimar (1995); Die Wiedereröffnung der Friedrich-Schiller-Universität Jena 1945 (1998); Weimar 1930. Politik und Kultur im Vorfeld der NS-Diktatur (1998); Das Dritte Weimar. Klassik und Kultur im Nationalsozialismus (1999); „Mitteldeutschland". Begriff-Geschichte-Konstrukt (2001) sowie mehrere Bände der Reihe „Quellen zur Geschichte Thüringens" (1995–2001).

*Kolb, Eberhard* (*1933), Dr. phil., em. Professor für Neuere Geschichte an der Universität zu Köln, Mitglied und von 1990 bis 2000 Vorsitzender des Beirats der Stiftung Reichspräsident-Friedrich-Ebert-Gedenkstätte. Veröffentlichungen zur deutschen und europäischen Geschichte im 19. und 20. Jahrhundert, u. a.: Die Arbeiterräte in der deutschen Innenpolitik 1918 bis 1919 ($^2$1978); Der Kriegsausbruch 1870. Politische Entscheidungsprozesse und Verantwortlichkeiten in der Julikrise 1870 (1970); Der Weg aus dem Krieg. Bismarcks Politik im Krieg und die Friedensanbahnung 1870/71 (1989); Die Weimarer Republik ($^5$2000); Bergen-Belsen. Vom „Aufenthaltslager" zum Konzentrationslager 1943–45 ($^5$1996); Umbrüche deutscher Geschichte. 1866/71 – 1918/19 – 1929/33 (1993); Hrsg., Albert Grzesinski, Im Kampf um die deutsche Republik. Erinnerungen eines Sozialdemokraten (2001).

*Sabrow, Martin* (*1954), Dr. phil., Privatdozent Freie Universität Berlin, Fachbereich Geschichts- und Kulturwissenschaften; Projektbereichsleiter am Zentrum für Zeithistorische Forschung Potsdam. Veröffentlichungen u. a.: Die Macht der Mythen. Walter Rathenau im öffentlichen Gedächtnis (1998); Die verdrängte Verschwörung. Der Rathenau-Mord und die deutsche Gegenrevolution (1999); (zus. mit Jörg Baberowski/Eckart Conze/Philipp Gassert), Geschichte ist immer Gegenwart. Vier Thesen zur Zeitgeschichte (2001); Herr und Hanswurst. Das tragische Schicksal des Hofgelehrten Jacob Paul von Gundling (2001); Das Diktat des Konsenses. Geschichtswissenschaft in der DDR 1949–1969 (2001); Hrsg. zahlreicher Publikationen zur DDR-Geschichtswissenschaft und zur deutschen Geschichte nach 1945.

*Schönhoven, Klaus* (*1942), Dr. phil., Professor für Politische Wissenschaft und Zeitgeschichte an der Universität Mannheim; Vorsitzender des Wissenschaftlichen Beirats der Stiftung Reichspräsident-Friedrich-Ebert-Gedenkstätte und Mitglied der Wissenschaftlichen Beiräte des Hauses der Geschichte der Bundesrepublik Deutschland und des Hauses der Geschichte Baden-Württembergs. Veröffentlichungen u.a.: Die Bayerische Volkspartei 1924–1932 (1972); Expansion und Konzentration. Studien zur Entwicklung der Freien Gewerkschaften im Wilhelminischen Deutschland 1890–1914 (1980); Die deutschen Gewerkschaften (1987); Reformismus und Radikalismus. Gespaltene Arbeiterbewegung im Weimarer Sozialstaat (1989); Hrsg. (zus. mit Dietrich Staritz), Sozialismus und Kommunismus im Wandel (1993); Hrsg. (zus. mit Hans-Jochen Vogel), Frühe Warnungen vor dem Nationalsozialismus (1998); Verfasser zahlreicher Abhandlungen zur Parteien- und Sozialgeschichte des 19. und 20. Jahrhunderts; Mithrsg. der Quellen zur Geschichte der deutschen Gewerkschaftsbewegung im 20. Jahrhundert (11 Bde., 1985 ff.).

*Weber, Hermann* (*1928), Dr. phil., em. o. Professor für Politische Wissenschaft und Zeitgeschichte an der Universität Mannheim, Leiter des „Arbeitsbereichs Geschichte und Politik der DDR" an der Universität Mannheim bis 1997, dort jetzt Leiter des Projekts „Komintern" der deutsch-russischen Historikerkommission. Zahlreiche Veröffentlichungen zur Politik, Theorie und Geschichte des Sozialismus, des Kommunismus und der Arbeiterbewegung, u.a.: Die Wandlung des deutschen Kommunismus, 2 Bde. (1969); DDR-Grundriß der Geschichte (1976); Hauptfeind Sozialdemokratie. Strategie und Taktik der KPD 1929–1933 (1981); Kommunismus in Deutschland (1983); Geschichte der DDR (1985, erw. Neuauflage 2000).

*Winkler, Heinrich August* (*1938), Dr. phil., Professor für Neueste Geschichte an der Humboldt-Universität zu Berlin; Mitglied der Historischen Kommission an der Bayerischen Akademie der Wissenschaften und der Gemeinsamen Kommission zur Erforschung der jüngeren Geschichte der deutsch-russischen Beziehungen; Mitglied der wissenschaftlichen Beiräte des Hauses der Geschichte der Bundesrepublik Deutschland und des Instituts für Zeitgeschichte, 1990 bis 2000 Mitglied des Beirats der Stiftung Reichspräsident-Friedrich-Ebert-Gedenkstätte. Veröffentlichungen u.a.: Preußischer Liberalismus und deutscher

Nationalstaat. Studien zur Geschichte der Deutschen Fortschrittspartei 1861–1866 (1964); Mittelstand, Demokratie und Nationalsozialismus. Die politische Entwicklung von Handwerk und Kleinhandel in der Weimarer Republik (1972); Hrsg.: Die große Krise in Amerika. Vergleichende Studien zur politischen Sozialgeschichte (1973); Liberalismus und Antiliberalismus. Studien zur politischen Sozialgeschichte des 19. und 20. Jahrhunderts (1979); Arbeiter und Arbeiterbewegung in der Weimarer Republik, 3 Bde. (1984–1987, ²1985–1990); Die Geschichte der ersten deutschen Demokratie (1993, ³1998, ital. 1998); Der lange Weg nach Westen. Deutsche Geschichte vom Ende des Alten Reiches bis zur Wiedervereinigung, 2 Bde. (2000, ⁴2002).

*Wirsching, Andreas* (*1959), Dr. phil., Professor für Neuere und Neueste Geschichte an der Universität Augsburg. Veröffentlichungen u. a.: Parlament und Volkes Stimme. Unterhaus und Öffentlichkeit im England des frühen 19. Jahrhunderts (1990); Vom Weltkrieg zum Bürgerkrieg? Politischer Extremismus in Deutschland und Frankreich 1918–1933/39. Berlin und Paris im Vergleich (1999); Die Weimarer Republik. Politik und Gesellschaft (2000); Deutsche Geschichte im 20. Jahrhundert (2001); Hrsg. (zus. mit Horst Möller und Walter Ziegler), Nationalsozialismus in der Region. Beiträge zur regionalen und lokalen Forschung und zum internationalen Vergleich (1996); Die Bundesrepublik Deutschland nach der Wiedervereinigung. Eine interdisziplinäre Bilanz (2000).

# Abkürzungen

| | |
|---|---|
| ABBAW | Archiv der Berlin-Brandenburgischen Akademie der Wissenschaften |
| ADGB | Allgemeiner Deutscher Gewerkschaftsbund |
| AV | Akademie-Verlag |
| BArch | Bundesarchiv |
| BASF | Badische Anilin und Sodafabrik |
| BLHA | Brandenburgisches Landeshauptarchiv |
| BzG | Beiträge zur Geschichte der Arbeiterbewegung |
| CDU | Christlich Demokratische Union |
| DAW | Deutsche Akademie der Wissenschaften |
| DNVP | Deutschnationale Volkspartei |
| DVP | Deutsche Volkspartei |
| EDG | Enzyklopädie der Geschichte |
| EKKI | Exekutivkomitee der Kommunistischen Internationale |
| HZ | Historische Zeitschrift |
| IML | Institut für Marxismus-Leninismus |
| Inprekorr | Internationale Pressekorrespondenz |
| Komintern | Kommunistische Internationale |
| KPD | Kommunistische Partei Deutschlands |
| KPdSU | Kommunistische Partei der Sowjetunion |
| KPO | KPD-Opposition |
| MS | Maschinenschrift |
| MSPD | Mehrheitssozialdemokratische Partei Deutschlands |
| NL | Nachlaß |
| NSDAP | Nationalsozialistische Deutsche Arbeiterpartei |
| P.C.F. | Parti Communiste Français |
| PDS | Partei des demokratischen Sozialismus |
| RGO | Revolutionäre Gewerkschaftsopposition |
| RMdI | Reichsministerium des Innern |
| SA | Sturmabteilung |
| SAPMO | Stiftung Archiv der Parteien und Massenorganisationen der DDR |

| | |
|---|---|
| SBZ | Sowjetische Besatzungszone |
| SED | Sozialistische Einheitspartei Deutschlands |
| SPD | Sozialdemokratische Partei Deutschlands |
| USPD | Unabhängige Sozialdemokratische Partei Deutschlands |
| VfZ | Vierteljahrshefte für Zeitgeschichte |
| ZfG | Zeitschrift für Geschichtswissenschaft |
| ZIG | Zentralinstitut für Geschichte |
| ZK | Zentralkomitee |

# Personenregister

Adenauer, Konrad  33, 35, 124, 167
Assmann, Aleida  170
Assmann, Jan  176

Baden, Max von  20
Bahne, Siegfried  106
Bartel, Walter  181
Bauer, Roland  64 f.
Bebel, August  79
Bernstein, Eduard  38
Bethmann Hollweg, Theobald von  13 f., 16 f.
Billik, Wladimir. I.  64
Borchardt, Knut  110
Bracher, Karl Dietrich  97
Bramke, Werner  145, 147
Brandler, Heinrich  144, 180, 183
Braun, Otto  97, 99, 124, 166, 179
Bredendieck, Walter  174
Brüning, Heinrich  86–88, 90–96, 119, 125 f., 134, 137, 142, 156
Bucharin, Nikolai I.  107–109, 183

Clausewitz, Carl von  32

Dahlem, Franz  126
Delbrück, Clemens  16
Diehl, Ernst  71, 76, 83, 134
Dominicus, Alexander  111
Drabkin, Jakov S.  64 f., 134

Eberlein, Hugo  144
Ebert, Friedrich  33 f., 36, 39 f.
Eggert, Wilhelm  92
Eisner, Kurt  136
Engelberg, Ernst  170
Erdmann, Karl Dietrich  33–36
Ewert, Arthur  144

Fehrenbach, Konstantin  26

Finker, Kurt  117
Fischer, Fritz  35

Gaus, Günter  133
Geyer, Michael  30
Globig, Fritz  178
Goerdeler, Carl  133
Gorbatschow, Michail S.  79, 81, 132, 172
Gossweiler, Kurt  172 f.
Grotewohl, Otto  59
Grzesinski, Albert  111 f.

Haffner, Sebastian  47
Hager, Kurt  168
Heckert, Fritz  126, 178
Heilmann, Ernst  92
Herrmann, Joachim  164
Hesse, Hermann  136
Hilferding, Rudolf  92, 109 f.
Hindenburg, Paul von  17, 22, 85, 87–89, 96, 156, 159, 166
Hitler, Adolf  31, 85, 91, 94, 103, 105 f., 120, 130, 141, 146–148, 157, 159
Hoffmann, Ernst  65
Honecker, Erich  53, 73 f., 76, 79, 81
Hugenberg, Alfred  91

John, Jürgen  172, 182–184
Jünger, Ernst  27

Kapp, Wolfgang  99, 135, 165
Karl, Heinz  80
Kerrl, Hans  123–125
Keßler, Mario  145, 147
Kinner, Klaus  145, 147
Klein, Fritz  174
Kluge, Ulrich  35, 78
Knorin, Wilhelm  119, 123, 143
Kocka, Jürgen  24

## Personenregister

Köhler, Fritz 168
Kolb, Eberhard 34 f., 131, 134, 137–139, 141
Kuczynski, Jürgen 62 f., 170

Leber, Julius 28, 32
Leibbrand, Robert 64
Lenin, Wladimir I. 39, 55, 72, 167
Leow, Willy 146
Levi, Paul 127, 136, 180
Liebknecht, Karl 40, 53, 135 f., 164
Lindau, Rudolf 178, 181
Loebell, Friedrich Wilhelm von 16
Löwenthal, Richard 37 f.
Ludendorff, Erich 13, 17
Luther, Martin 77
Lüttwitz, Walther von 99
Luxemburg, Rosa 40 f., 52 f., 67, 135 f., 164, 183

Maier, Charles 110
Mallmann, Klaus Michael 117, 135, 143, 145
Maltzan, Ago von 174
Mammach, Klaus 173
Matern, Hermann 66
Matthias, Erich 35, 97
Meier, Helmut 50
Meusel, Alfred 170
Meyer, Ernst 144
Mierendorff, Carlo 28
Miller, Susanne 35
Mommsen, Hans 100
Müller, Hermann 86, 156, 165
Müller, Vinzenz 179

Neumann, Heinz 118, 122, 127
Nimtz, Walter 64 f.
Norden, Albert 66, 173
Noske, Gustav 34, 40, 111, 165

Oertzen, Peter von 34 f., 37
Ossietzky, Carl von 136

Papen, Franz von 96 f., 121, 124–126, 128, 138, 156, 179
Paterna, Erich 59
Petzold, Joachim 80, 177, 181–184
Pieck, Wilhelm 118, 125, 172
Pjatnitzki, Ossip 115

Plechanow, Georgi W. 62
Polak, Karl 59

Radek, Karl 173
Rathenau, Walther 164, 173 f.
Remmele, Hermann 118, 122, 125–127, 145
Richter, Rolf 184
Riezler, Kurt 13 f.
Rohe, Karl 98
Rosenberg, Arthur 34
Rosenfeld, Günter 174
Rothfels, Hans 169
Rudolph, Karsten 135
Ruge, Wolfgang 82, 133, 182
Rürup, Reinhard 35

Schehr, John 144
Scheidemann, Philipp 40
Scherf, Henning 131
Schirdewan, Karl 67
Schleicher, Kurt von 102
Schmidt, Günther 72
Schönaich, Paul von 136
Schönhoven, Klaus 100, 135, 141
Schreiner, Albert 63–66, 68, 170, 177 f., 181
Schumacher, Kurt 28
Severing, Carl 111 f., 179
Stalin, Josef W. 34, 60, 63, 66 f., 101, 108, 136 f., 142–145, 147–149
Stern, Leo 63, 170
Strasser, Otto 173
Stresemann, Gustav 87, 165

Thalheimer, August 144, 180, 183
Thälmann, Ernst 63, 74, 79, 118–125, 127, 138, 143–146, 167, 178
Tittel, Kurt 136
Tormin, Walter 35
Tucholsky, Kurt 136

Ulbricht, Walter 52 f., 59 f., 62, 65–68, 70, 73, 75, 119, 167, 170, 175, 178–181

Varga, Eugen 108 f., 142
Vieillard, Hans 181

Walcher, Jacob 144
Weber, Hermann 101, 106, 117, 137, 180

Weingärtner, Thomas 148
Weißbecker, Manfred 172
Wiegand, Heinrich 136
Wilhelm II. 13, 20 f.
Wilson, Woodrow 13, 38
Wimmer, Walter 80, 132, 179
Winkler, Heinrich August 20, 95, 101 f.

Wirsching, Andreas 131 f., 134, 139, 141, 145
Wirth, Joseph 173
Wittorf, John 144
Wolf, Hanna 66, 164, 179, 183

Zeigner, Erich 135
Ziebarth, (Lektor) 168
Zörgiebel, Karl 111 f.